舞台の上の文化

まつり・民俗芸能・博物館

橋本裕之

追手門学院大学出版会

目次

装　幀：上野かおる（鷺草デザイン事務所）
編集協力：原　章（編集工房レイヴン）

第I部

まつり

第1章　旅人はまつりをめざす

一　旅人がまつりをめざす理由

五木寛之は『青年は荒野をめざす』という小説の最後で、「彼の頭の中に浮かび上ったのは、巨大なビルのスカイラインでもなく、果てないハイウェイでもなく、ただ激しい風と砂漠の続く褐色の世界だった」と書いている。しかも、「そこにジュンは自分が歩み入る、自分のための荒野を見たような気がした」というのである。文字どおり「青年は荒野をめざす[1]」ものらしい。旅人がみずから歩み入るべき何かをめざしているとしたら、まつりもその一つであるということができる。もちろんあらゆる旅人がまつりをめざすわけでもないだろう。また、あらゆるまつりが旅人によってめざされるわけでもないはずである。だが、旅人がまつりをめざすという事態は、少なからず指摘することができる。たとえば、一風変わった旅人であるともいえる文化人類学者や民俗学者がまつりに引きつけられる性癖を持っていることは、文化人類学者の福島真人が指摘している。

文化人類学者にとって、儀礼的行為とは、その顕著な特異性によって最も関心をひきやすい要素の一つである。それは日常的、実践的な行動に比べても格段に人目をひき、「神話的」「象徴的」といった形容詞で一括したくなるような、様々な謎めいた行為と雰囲気に満ちている。その構成はしばしば複雑であるが、その執行は強制的で、多くは当該共同体総出のイベントでもある。遠い外国から苦労してフィールドまで辿り着いた以上、何かハッとする異国情緒を求めるのは、観光客でも文化人類学者（民俗［芸能］学者）でも、大して差はあるまい。儀礼はまさにそうした渇望を満たしてくれる恰好の研究対象なのである。それゆえ、こうした儀礼に対し人類学者が長期に渡って関心を示してきたとしても不思議ではない。というよりも、儀礼にこそ、当該文化の核が集約的に表現されていると考え、その結果儀礼を何らかの形で分析する事が、実質上の文化研究としての役割を暗黙の内に与えられていたのは事実である。(2)

福島がいう儀礼はまつりに置き換えてもいいだろう。まつりはその顕著な特異性によって、異国情緒に彩られた関心を満足させる恰好の素材として対象化されるというわけである。たとえば、私が本章を執筆した当時、在住していた千葉県のまつりを概観してみよう。鬼来迎《きらいごう》（光町）と白間津《しらまづ》のオオマチ（大祭）行事（千倉町）の二件が現在、国の重要無形民俗文化財として指定されている。また、記録作成等の措置を講ずべき無形の民俗文化財として選択されている千葉県のまつりは、鬼来迎（光町）、白間津ささら踊り（千倉町）、加茂の三番叟《さんばそう》と花踊（丸山町）、州崎踊（館山市）、六座念仏の称念仏踊（印西市）、多古のしいかご舞（多古町）、おどり花見（成田市）、関東の大凧揚げ習俗（千葉県）、木更津中島の梵天《ぼんてん》立て（木更津市）の九件である。そして、こうした事例以外にも、数多くのまつりが千葉県の無形民俗文化財や各市町村の無形民俗文化財に指定されている。

まつりが無形民俗文化財として指定されていることじたい、まつりが異国情緒に彩られた「渇望を満たしてくれる恰好の研究対象」として対象化されている消息を暗示しているといえるだろう。ところが近年、まつりは無形民俗文化財という学術的な価値のみならず、伝統文化や地域文化に対する人々の関心を満足させる材料として、もしくは地域のアイデンティティの再構成に貢献する媒体として、社会的な価値をも付与されるばあいが少なくない。また、まつりを観光資源として活用するばあいも数多く見られる。すなわち、「郷土」や「伝統」を表象する現代的な文化現象として、まつりは以前にもまして脚光を浴びているのである。こうした動向は千葉県においても確認することができる。したがって、旅人がまつりをめざすという事態も、以前にくらべて多様化しているはずである。

かくして、あらためて問わなければならない。旅人がまつりをめざす理由は何だろうか。だが、その回答は前述した福島の短い所説に集約されていると考えられなくもない。したがって、本章は問題の所在を転位させて、旅人をまつりに向かわせる要素は何だろうかと問うてみたい。まつりがそもそも旅人を引きつける魅力を備えていると考えて、その秘密をつきとめようとするよりも、旅人がみずから歩み入るべき対象としてまつりを認識する感覚が社会的に形成されていった過程を問うてみたいのである。そして、最後に産業まつりや市民まつり、和太鼓やヨサコイのような新しいまつりの好例として、山形県米沢市において開催されている上杉まつりをとりあげながら、旅人がみずから歩み入るべき対象として新しいまつりを認識する過程をも見通してみたい。まつりが観光資源として脚光を浴びている今日だからこそ、理念的かつ実際的な視座を提出することが求められている。

二 まつりが対象化される過程

旅人がみずから歩み入るべき対象としてまつりを認識する感覚が社会的に形成されていった過程は、どのようなものであったのだろうか。以下、私が発表した成果を利用しながら論述していきたい(3)。平成四年（一九九二）、「地域伝統芸能等を活用した行事の実施による観光及び特定地域商工業の振興に関する法律」、通称「おまつり法」が制定された。まつりを利用して地域を活性化しようというわけである。まつりを観光資源として対象化することを意図しているともいえるだろう。賛否両論を仄聞する。だが、観光とまつりの関係はおまつり法を待つまでもない。両者はそもそも切っても切り離せない間柄であった。したがって、私たちはおまつり法の是非や功罪を問う手前でたちどまり、まつりを対象化する私たちの視線をこそ問いなおさなければならない。

まつりが観光資源として対象化される過程は、まつりに強い関心を払ってきた民俗学の歴史が最もよくしめしている。近代以降、農村の人口が都市に多数流入したばかりか、鉄道・郵便・ラジオ等の近代的な諸メディアが発達した結果として、人々は各地に埋もれていたまつりを対象化する。そして、まつりに対して「伝統」「素朴」「古風」等々を前提する、いわば懐古主義的な視線を獲得していった。また、そのような視線じたい近代的な諸メディアをぐって発現し、広汎に流通していったのである。

とりわけ急速に発達した鉄道網は、まつりの対象化における技術史的な背景として重要である。鉄

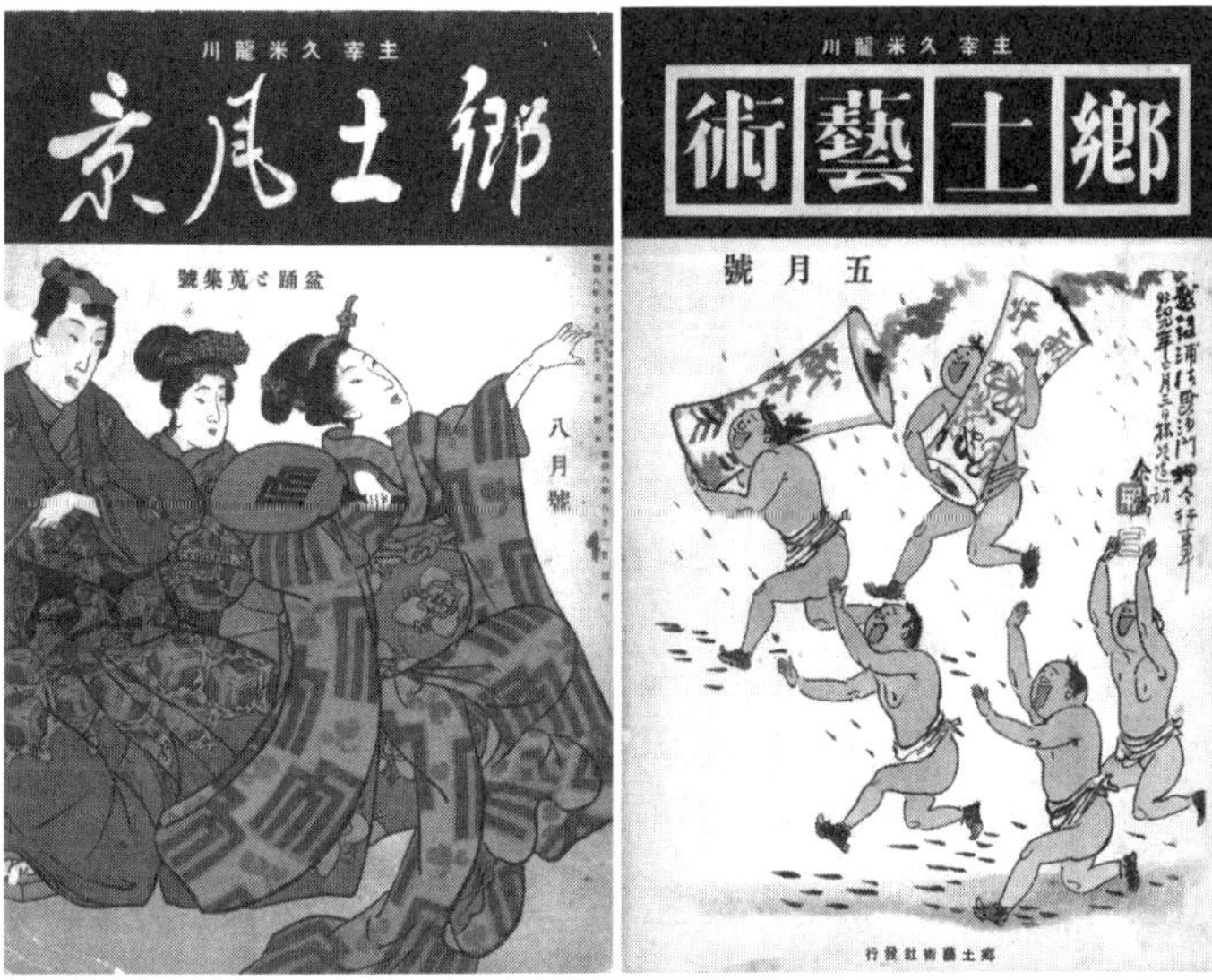

図1　『郷土風景』と『郷土芸術』

道省や関連する団体は各沿線に点在するまつり、風俗、温泉、名勝などを網羅した何種類もの観光案内――いわゆるガイドブック――を刊行した。しかも、鉄道省は旅客数の増大に貢献しそうなメディアに対して無料パスを配布したおかげで、民間にも雨後の筍よろしく旅行雑誌が続々と登場した。かくして、全国に旅行ブームがまきおこる。旅行雑誌は各駅の売店において手軽な旅の手引として売られた以外にも、郵便制度を前提として広汎に流通したと考えられる。

　民俗学もこうした動向が結晶したものであった。すなわち、民俗学はまつりを対象化していった当時の社会的な視線に深く呼応しながら出発していたのである。じっさい、旅行雑誌は民俗学にとっても決定的な役割をはたした。たとえば、昭和三年（一九二八）に趣味的な雑誌として創刊されながらも、徐々に学問的な色彩を強めていった『旅と伝説』は、初期の民俗学における重要な成果を少なからず掲載している。また、ラブレターの収集家として知られた久米龍川が昭和七年（一九三二）に創刊した『郷土風景』は、当初こそ通俗的な旅行雑誌の一つであったが、翌年早くも『郷土芸術』に改称して内容も一新した。そして、まつりに関する記事を多く掲載したのである。だが、漫画家であり民俗学者としても知られた宮尾しげをは、無料パスが欲しくて雑誌を創刊したのだろうと評して、久米の安直な姿勢を批判していたらしい。

以上みてきたような経緯は初期の民俗学がどのような性格を持っていたのか、その一端をしめしている。すなわち、民俗学は各地に埋もれていたまつりを観光資源として利用するという、きわめて功利主義的な発想に沿って出発した。そして、文字というメディアを操作することに長けた、一風変わった旅人が発展させていったのである。とりわけ『郷土風景』という雑誌の名称は、初期の民俗学が持っていた性格を見事に表現している。それは文字どおり「郷土」行きの列車の車窓に映る「風景」を分節／生産することを意味していたのである。

ところが、以降の民俗学はその目的を否定もしくは隠蔽する方向に発展していった。観光客を蔑視して、久米のような人物をも通俗的な好事家として低く評価する。つまり商業主義的な響きを持つ観光というコンテクストじたいを排斥することによって、学問的な存在理由を確定してきたともいえるだろうか。そもそも観光資源として対象化されたまつりは、「伝統」「素朴」「古風」等の価値を持つと考えられた。だが、かくも真正な価値を持っているからこそ、観光資源化してしまうことはよろしくない、文化財として保存しなければならないと考えられたのである。このような発想は昭和二十五年（一九五〇）に制定された文化財保護法が近代化や都市化の過程に対応するべく、昭和五十年（一九七五）に改正されて民俗文化財を追加したことともあいまって、民俗学者のみならず私たちがまつりを対象化するさいも、どうしても前提としてしまう絶対的な信念として長らく君臨してきた。

文化財保護法は「文化財を保存し、且つ、その活用を図り、もつて国民の文化的向上に資するとともに、世界文化の進歩に貢献することを目的とする」ものであり、各種の文化財を定義してその内容と価値を明示した。現在、文化財は有形文化財・無形文化財・民俗文化財・記念物・伝統的建造物群の五種類に分けられている。民俗文化財は「衣食住、生業、信仰、年中行事等に関する風俗慣習、民俗芸能、民俗技術及びこれらに用いられる衣服、器具、家屋その他の物件で我が国民の生活の推移の理解のため欠くことのできないもの」をいう。まつりも重要無形民俗文化財として指定、もしくは記録作成等の措置を講ずべき無形の民俗文化財として選択された。

そのためだろうか、観光とまつりの関係は切っても切り離せないものでありながら、従来あまり積極的に考えられてこなかった。それは民俗学者がおまつり法に対して少なからず感情的に反応したことにもうかがわれる。だが今日、まつりは必ずしも無形民俗文化財としてのみ理解されていない。まつりを観光資源として対象化する一般的な風潮は年々増大しており、むしろ逆説的な事態を感じさせる。おまつり法はいってみれば、まつりを観光資源として利用する動向が行き着いたところ、出るべくして出たものであり、まつりの現在を最もよくあらわしているのかもしれない。

したがって、民俗学者のみならず私たちにしても、まつりを対象化する視線を問いなおす時期にさしかかっているはずであった。おまつり法以降だからこそ、まつりが観光を介して生成した文化であることを銘記しておかなければならないのである。まつりはくわしく論述してきたとおり、おまつり法を待つまでもなく観光資源として対象化されていた。そして、同時に「伝統」「素朴」「古風」等の価値を獲得していったのである。そうだとしたら、旅人がまつりをめざすという事態、ひいては旅人がみずから歩み入るべき対象としてまつりを認識する感覚じたいも、こうした過程において社会的に形成されていったと考えるべきであろう。

三　文化財保護法とおまつり法

かつて民俗学者の柳田國男は『日本の祭』において、「日本の祭の最も重要な一つの変わり目は何だったか」という問いを発して、「一言でいうと見物と称する群の発生、すなわち祭の参加者の中に、信仰を共にせざる人々、言わばただ審美的の立場から、この行事を観望する者の現われたことであろう」と述べた。柳田は祭を祭礼に変化させた契機として観客を想定しており、その審美的な視座にふれながら「多くの土地の祭を「祭礼」にしてしまったのは、全体としては中世以来の都市文化の力であった」というのである。(4)

柳田は祭と祭礼という単語を区別して使っている。祭にしても祭礼にしても私たちは一般に何気なく使用しているが、柳田が両者にはっきりした差異を認めているのは興味深い。その含意するところについて若干注釈しておきたい。柳田がいう祭は行為当事者しか存在しないような儀礼であり、いわば意味論的に沈黙している場であると考えられる。行為当事者の中心的な関心は細則をまちがいなく遵守しているかどうかに向けられている。一方、祭礼は「見る／見られる」関係を前提した意味論的かつ審美論的な場であり、行為当事者の中心的な関心は細則をうまく達成しているかどうかに向けられていると考えられるだろう。

もちろん産業まつりや市民まつり、和太鼓やヨサコイのような新しいまつりは、柳田がいう祭、つまり行為当事者しか存在しないような儀礼でも何でもない。こうしたまつりは行為当事者の価値を共有しない第三者、つまり観客の存在を前提することによって成立した祭礼であるというべきであり、「見る／見られる」関係を前提した意味論的かつ審美論的な場であることが出発点であろう。したがって、柳田の用法にしたがうならば、そもそも祭礼という単語を使用するべきであろうが、本章の最後にとりあげる上杉まつりの名称に敬意を払って、上杉まつりのような大規模な都市祭礼に対してまつりという単語を使用する。

じっさい、現代社会におけるまつりは例外なく対象化の過程を幾重にも経験しており、重度に意味論的な場であるということができるだろう。各々のまつりはさまざまな意味がせめぎあう舞台として存在しており、まつりを文化財として保存する文脈、まつりを地域づくりの中核として位置づける文脈、まつりを地元の経済を活性化する観光資源として活用する文脈などがまつりを対象化する過程の典型をしめしているのである。こうした対象化の過程もまつりが「見る／見られる」関係を前提とした意味論的かつ審美的な場であることに由来している。すなわち、まつりを成立させる「見る／見られる」関係は観客がまつりを見物するという具体的な地平のみならず、さまざまな制度がまつりを対象化するという象徴的な地平をも獲得していると考えられるのである。

まつりに付与された社会的な意味として最も支配的であると思われるのは、やはり文化財と観光資源であろう。前者はまつりを伝統文化や地域文化として保存、活用することを定めた文化財保護法、後者はまつりを観光資源として活用することを奨励する「地域伝統芸能等を活用した行事の実施による観光及び特定地域商工業の振興に関する法律」、通称おまつり法として結晶している。後者に関してあらかじめ付言しておけば、現在は地域伝統芸能活用センターがおまつり法に基づいたイベントを推進する支援事業実施機関として設立されており、地域伝統芸能全国フェスティバルや地域伝統芸能による豊かなまちづくり大会などを開催している。こうした法律が整備されていった過程は、旅人がみずから歩み入るべき対象としてまつりを認識する感覚が社会的に定着していった過程とも対応しているはずである。

しかも、文化財と観光資源という二つの社会的な文脈が併存もしくは複合する事態は、地域社会におけるまつりの存在形態に少なからず影響している一方、まつりにまつわる新しい文化現象、つまり新しいまつりが生み出される契機としても作用している。そう考えていけば、まつりは観光を介して生成した文化、つまり観光文化の一つであるということができるだろう。本章の最後にとりあげる上杉まつりも新しいまつりの好例であるが、近年は現代社会におけるまつりの可能性を知らせるような存在形態をしめしている。そして、旅人がみずから歩み入るべき対象としてまつりを認識する感覚が社会的に形成されていった過程に関しても、上杉まつりはきわめてユニークな事例を提供しているのである。

いずれにしても、文化財と観光資源という二つの社会的な文脈が併存もしくは複合する事態が今日のまつりを規定している以上、本来ならば文化財保護法とおまつり法の両者を概観することが必要不可欠であろう。だが、本章はまつりに関する法律を紹介することを意図していない。また、後述する上杉まつりは新しいまつりであるせいだろうか、文化財という文脈がきわめて希薄であり、専ら観光資源として対象化されている。したがって、こうした過程を俯瞰するべく、おまつり法についてのみ論述しておきたい。

四　おまつり法におけるまつり

「地域伝統芸能等を活用した行事の実施による観光及び特定地域商工業の振興に関する法律」、通称おまつり法は当時の運輸省・通商産業省・農林水産省・文部省・自治省の五省によって立案されて、平成四年（一九九二）に制定された。この法律は「地域伝統芸能等を活用した行事の実施が、地域の特色を生かした観光の多様化による国民及び外国人観光客の観光の魅力の増進に資するとともに、消費生活等の変化に対応するための地域の特色に即した特定地域商工業の活性化に資することにかんがみ、当該行事の確実かつ効果的な実施を支援するための措置を講ずることにより、観光及び特定地域商工業の振興を図り、もってゆとりのある国民生活及び地域の固有の文化等を生かした個性豊かな地域社会の実現、国民経済の健全な発展並びに国際相互理解の増進に寄与することを目的とする」ものであった。

まつりを観光資源として活用することによって、地域を活性化しようというわけであるが、この法律は地域伝統芸能という表現を使用している。地域伝統芸能は「地域の民衆の生活の中で受け継がれ、当該地域の固有の歴史、文化等を色濃く反映した伝統的な芸能及び風俗慣習」をいう。平成三年（一九九一）に出された通達「地域伝統芸能等を活用した行事の実施による観光及び特定地域商工業の振興に関する法律に基づく基本計画の作成等について」は「当該地域に根ざし、民衆の中で受け継がれているものであれば、必ずしも長い歴史を有するものである必要はないので、地域ごとに個別に弾力的に判断すること」を明言しており、歴史的な真正性を欠いた比較的新しいものも含まれる。

だが、地域伝統芸能は文字どおり地域に根ざした土着的なものでなければならないとも明言されている。それは地域伝統芸能が何よりも地域を活性化する契機として期待されていることをしめしている。といっても、実際は国指定重要無形民俗文化財をも含めた各種の無形民俗文化財を積極的に扱うことを明言しているから、無形民俗文化財として指定されているまつりが、指定されていないまつりよりも観光資源として高い価値を持つと考えられているらしい。そのような有用性は皮肉にも、文化財保護法がまつりを国民の文化的な遺産として価値づけ、そして権威づけた結果もたらされた副産物であった。

ところで、おまつり法が成立した平成四年（一九九二）の末、地域伝統芸能活用センターがおまつり法に基づいたイベントを推進する支援事業実施機関として設立された。主要な事業は全国伝統芸能フェスティバルの企画・立案・実行・推進であり、平成五年（一九九三）春に地域伝統芸能全国フェスティバル「日本地域伝統芸能歳時記」を東京都内の国技館で開催した。そして、同年秋に第一回地域伝統芸能全国フェスティバルを石川県金沢市で開催した。以降は毎年一回ずつ各地で開催している。

私は平成八年（一九九六）に岩手県滝沢村の岩手産業文化センターほかで行なわれた第四回、および平成九年（一九九七）に島根県松江市のくにびきメッセほかで行なわれた第五回を実見した。

第四回は「お祭り風土記」と題されており、計四日にもわたる大規模なものであった。最も中心的なイベントである「記念公演」と「地域伝統芸能公演」は岩手県をも含めた全国各地のまつり（その大半は国指定重要無形民俗文化財・国選択無形民俗文化財・県指定無形民俗文化財であった）が参加するものであり、岩手県が国際交流を推進している韓国の扇舞、およびシンガポールのドラゴンダンスも登場した。これはノスタルジアを刺激するナレーション・音楽・照明などを駆使して、観客の想像力に訴えるべく効果的に演出されていたといえるだろう。そして、そのような試みはかなり成功しており、観客を十分満足させるものであったと思われる。

一方、「地域伝統芸能と観光振興シンポジウム」と題して、女優である浜美枝の記念講演「人々の心をとらえる郷土芸能」、および民俗学者も参加したパネルディスカッション「伝統芸能と観光振興」が行なわれた。また盛岡市内でも、岩手県を含めた全国各地の民俗芸能が多数参加して「伝統芸能賑やかパレード」が盛大に行なわれた。しかも、地域伝統芸能活用センターは地域伝統芸能の活用を通じて観光の振興および地域の商工業に貢献したと認められる個人および団体を表彰する「地域伝統芸能大賞」を設けている。これは無形民俗文化財以外にもまつりを権威づける称号が誕生したことをめしていると考えられるだろう。

地域伝統芸能全国フェスティバルに関する企画はいずれも行政が観光振興の戦略として仕掛けたものであり、まつりの観光資源化を促進するものであっても、無形民俗文化財として保存、活用することをめざしていない。これこそが民俗学者をいらだたせる理由であろう。だが一方で、地域社会がまつりを伝統文化や地域文化として認識する機会を提供しているといえなくもない。じっさい、文化財保護法とおまつり法はどちらも慣習的な実践として行なわれてきたまつりを権威づけて、その価値を人々に認識させることに貢献しており、一定の意味を持って意識的に行なわれるまつりを再創造したという意味において共通しているとすらいえるのである。

以上、おまつり法におけるまつりの場所を概観することによって、現代社会におけるまつりの対象化を俯瞰したわけである。本章の冒頭において、旅人をまつりに向かわせる要素は何だろうかと問うてみたいと書いた。まつりがそもそも旅人を引きつける魅力を備えていると考えて、その秘密をつきとめようとするよりも、旅人がみずから歩み入るべき対象としてまつりを認識する感覚が社会的に形成されていった過程を問うてみたいとも書いた。こうした課題に関していえば、旅人が何気なくめざしているまつりがおまつり法として結晶した社会的文脈によって規定されていたこと、そして旅人がみずから歩み入るべき対象としてまつりを認識する感覚じたいもこうした法律によって促進されていたことは、ある程度提示することができたと思われる。

五　上杉まつりが対象化される過程

だが、まつりを観光資源として対象化する過程は、必ずしも法律によってのみ推進されるものでもないはずである。旅人がみずから歩み入るべき対象としてまつりを認識する感覚が予想外の文脈に

図2　上杉まつり（写真提供：米沢市産業部商工観光課、図3も同様）

よって大きく展開するばあいも少なくない。しかも、近年はきわめてユニークなメディアを介して……。かくして、ようやく上杉まつりに言及することができる。私は平成十六年（二〇〇四）に上杉まつりを調査している。本章においてくわしく論述することはできないため、上杉まつりの概略のみ提示しておきたい。

上杉まつりは山形県の米沢市内で行なわれる上杉神社と松岬神社の春まつりである。期間中の人出は二十五万人以上を記録している。毎年四月二十九日に行なわれる上杉神社の例大祭、三十日の松岬神社の例大祭に始まって、五月三日に至る五日間にわたって開催される。上杉まつりの歴史は明治四年（一八七一）の上杉神社の例大祭にさかのぼることができる。「県社のまつり」とか「城下のまつり」とかいわれて、人々に親しまれていたらしい。当時の中心的な行事は二十八日に行なわれる上杉神社と松岬神社の神輿《みこし》渡御であった。

明治三十八年（一九〇五）、日露戦争の旅順陥落を祝う市民大祝勝会が米沢市によって開催されたさい、米沢の旧藩士たちはみずからの家に伝わる甲冑などを着用して、古式武装行列と川中島模擬合戦を実施した。これが米沢における最初の甲冑行列と川中島模擬合戦である。この甲冑行列は昭和十八年（一九四三）ころまで続いたようである。日中戦争が勃発した昭和十二年（一九三七）以降は、ボンボリに「祈武運長久」という文字が書かれたり、神輿渡御にも小学生が少年武者や稚児として供奉したりして、まつりは戦争色を強めていった。軍国主義を鼓舞する機会として対象化されたともいえるだろうか。だが、戦争が激化したため、まつりもしばらく消滅してしまう。

米沢にまつりが復活したのは昭和二十二年（一九四七）であった。そして昭和二十五年（一九五〇）、名称が商工まつりに改称されて、四月二十八日～五月三日の六日間にわたって開催された。米沢市商工会議所は商工まつり協賛会を組織して、商店街のイベントやセールを展開する一方、広告仮装行列を実施している。広告仮装行列はコンクール形式を採用しており、趣向を凝らした山車も登場した。すなわち、産業まつりもしくは市民まつりとして対象化されたわけである。

昭和三十一年（一九五六）、商工まつりは米沢まつりと改称される。広告仮装行列に映画『二等兵物語』で人気を博した喜劇俳優の伴淳三郎（元市長の従弟）が特別参加したこともあいまって、米沢まつりの観客はのべ十五万人を記録している。しかも、この様子がＮＨＫラジオによって全国に中継されたため、米沢まつりは全国的な知名度を獲得した。仮装行列は年々規模を拡大して空前の盛況を見せたため、米沢市も県内や県外の観光客を誘致することに着手する。早くも観光資源として対象化されていたわけである。

図3　上杉まつりの武禘式

　上杉まつりが現在の名称に落ち着いたのは昭和三十八年（一九六三）である。当時の正式な名称は春の米沢上杉まつりであり、米沢市・米沢商工会議所・米沢織物協同組合連合会・米沢観光協会が主催者であった。主催者は第二回目のまつりに向けて新しい行事を構想していた。かくして昭和三十九年（一九六四）、武禘式《ぶていしき》が登場する。武禘式は上杉謙信が出陣するさい、神仏に戦勝を祈願するべく必ず行なっていたといわれる儀式を再現したものである。当時の場所は上杉神社拝殿前広場などであり、きわめて厳粛なものであったらしい。昭和四十三年（一九六八）、広告仮装行列の名称は諸般の理由によって消えてしまうが、新しく上杉行列が誕生する。上杉神社と松岬神社の神輿渡御、および広告仮装行列における甲冑行列を発展させた上杉軍団行列を総称して、そう呼びはじめたのである。

　昭和四十四年（一九六九）、NHKの大河ドラマ『天と地と』が大ヒットしたため、上杉まつりのテーマとしても「天と地と」が採用された。期間中の人出は四十万人を記録して、行列だけでも十二万人の人出であった。また昭和四十六年（一九七一）、上杉二十八将を配した武禘式が創始された。現在も行なわれている武禘式の原型であるが、昭和五十四年（一九七九）に武禘式保存会が発足したことは、武禘式が新しい行事であるにもかかわらず、文化財のように保存しなければならない対象として認識されていた可能性を示唆している。一方、現在の中心的な行事である川中島模擬合戦に関していえば、戦後はじめて実施されたのは昭和四十八年（一九七三）であった。市民の反響は大きく、翌年に日本テレビが全国に生中継したため、広汎な関心を引きつけることにも成功した。そして昭和五十七年（一九八二）、東北新幹線が開通して、上杉まつり観光キャンペーンが開始されたため、上杉まつりをめざす観光客も増加した。

今日、上杉まつりの中心的な行事は、五月二日夜間の武禘式、五月三日午前の上杉行列、そして午後の川中島合戦である。武禘式は現在、伝国の杜前広場で行なわれている。会場に用意された護摩堂における五壇護摩に続いて、軍神勧請、五沾水《ごてんすい》の儀、賜旗などが約一時間にわたって展開される。一方、上杉行列はみこし渡御（上杉神社神輿のみならず直江兼続公山車や小学校鼓笛隊なども参加する）と上杉軍団行列によって構成されており、総勢二千人が市内を練り歩くものであった。

上杉行列が終わったら川中島合戦である。今日の上杉まつりにおいて最大の呼び物である川中島合戦は、松川河川敷において行なわれる。その内容は永禄四年（一五六一）の川中島合戦を再現したものであり、南北に流れる松川の北に武田軍、南に上杉軍が位置する。上杉本陣において武禘式、武田本陣において三献の儀が行なわれた後、火縄銃の一斉射撃によって合戦の火蓋が切られる。両軍あわせて七百人もの武者が入り乱れて激戦を展開するのである。観客は河川敷に伸びる土手の斜面に自分の場所を確保して観覧するが、あらかじめ有料の桟敷席を購入することもできる。

六　旅人が上杉まつりをめざす理由

ところが、平成二年（一九九〇）以降、まったく新しい事態が上杉まつりを席巻する。若い女性の観光客が多数つめかけたのである。同年に刊行された『炎の蜃気楼《ミラージュ》』のファンであった。『炎の蜃気楼』は長編サイキック・アクションとでもいうべき女性向けのライトノベルであり、集英社コバルト文庫の人気シリーズとして刊行されている。作者は桑原水菜である。本編は平成十六年（二〇〇四）に第四十巻をもって完結した。その内容は多岐にわたっており、長らく愛読してきた私にとっても要約することがむずかしいが、せめて設定された状況だけでも紹介しておきたい。

図４　桑原水菜『炎の蜃気楼メモリアル』（集英社コバルト文庫表紙）

歴史上かつて敗れた武将の霊が怨将として甦り、その霊力をもって再び戦いを開始する。こうした闇戦国を鎮めるため、軍神である上杉謙信の命を受けた養子の上杉三郎景虎、そして直江信綱、柿崎晴家、安田長秀、色部勝長という五人の夜叉衆は、換生（死後に霊魂が浄化されることを拒否して、他人の肉体を奪って新しい生を始めること）を反復しながら、霊を強制的に冥界に送りつける調伏を実施することによって、四百年間も怨将たちに挑み続けている。夜叉衆は現世に残る怨将の存在を否定して調伏を実施する一方、他人の肉体を奪いながら生き続けており、自己矛盾を抱えているということができる。人間は死んだら何もかもあきらめなければならないのか。霊はその存在を否定されなければならないのか。生きるとは何か。死ぬとは何か。愛するとは何か。憎むとは何か。こうした問いかけが何度となく変奏されていく。

桑原じしんは平成三年（一九九一）に刊行された第四巻の「あとがき」において上杉まつりを紹介している。この文章に触発されたファンが上杉まつりをめざしたらしい。これは『炎の蜃気楼』のファンが小説の舞台としてとりあげられた場所をめざす、いわゆるミラージュ・ツアーの一つであろう（かつて私も高知県においてミラージュ・ツアーを敢行した）。翌年以降、小説において活躍する武将やその父親を見るため、若い女性の観光客が武禘式や川中島合戦に多数つめかける。また、平成六年（一九九四）に桑原のトラベルエッセイをまとめた『『炎の蜃気楼』紀行』が刊行される。そして、四年後にコバルト編集部も『炎の蜃気楼を巡る　ミラージュ・フォト紀行――東日本編』を刊行する。どちらも上杉まつりを紹介しており、ファンを少なからず触発したはずである。

平成九年（一九九七）、米沢市内の洋酒店がファンに向けて、『炎の蜃気楼』にちなむワインを発売した。これはJR米沢駅、上杉城址苑、大沼デパートなどにおいて販売されており、ファンの土産として定着している。『炎の蜃気楼』にちなむ土産は毎年、種類が増えており、ゼリーやビールなども登場している。また、上杉まつりの主催者は川中島合戦の販売ブースに直江信綱や色部勝長のような武将を配置したり、川中島合戦において直江実綱と高坂昌信に桟敷席前で一騎打ちをさせたりして、

『炎の蜃気楼』に依拠した新しい趣向を工夫していった。

川中島合戦が終了したら、写真の撮影会が予定されている。これはあくまでも観客全体に対するサービスであろう。だが、『炎の蜃気楼』のファンが小説において高い人気を得ている武将やその父親をめざすことはいうまでもない。上杉謙信、色部勝長、直江実綱、柿崎景家、安田長秀、高坂昌信などである。そうした武将の周囲は黒山の人だかり、もしくは長蛇の列ができあがる。当初はこうした現象の理由がわからなくて、上杉まつりの主催者も困惑したらしい。

以上、上杉まつりが『炎の蜃気楼』を介して観光資源として対象化される過程は、前述した内容によってある程度提示することができたはずである。だが、本章は『炎の蜃気楼』のファンが獲得している行動や意識の様式について十分言及することができなかった。あらためて論じてみたいが、みずからもファンである野口彩子はミラージュ・ツアーに関する民族誌的な成果において、「虚構が虚構の世界を飛び出して現実の社会に埋め込まれていくという事態」を主題化している。野口はファンが「ツアーレポートをはじめとするツアーに関する話題の再生産、複数人での行動、『炎の蜃気楼』の記号等によって、自らの中で『炎の蜃気楼』のリアリティを形成していく」という。そして、「そうしたミラージュ・ツアーをとりまく社会が、これに対応し虚構が現実の社会の中で具象化していくさま」(5)を描き出しているのである。

ミラージュツアーなどによって、ツアースポットとなっている地域でそれまで『炎の蜃気楼』とはなんら関係のなかったところに変化が生じる。この文脈に直接関わらないはずの人々が関わるようになったその瞬間こそが、虚構が現実の社会へと乗り込んだ瞬間である、と私は考える。／またこのことは同時に、ファンが虚構と現実社会との媒介者であることも物語る。仮にファンという『炎の蜃気楼』の文脈に直接関与している存在がなかったとしたら、それ以外の社会は当然だが、永遠に『炎の蜃気楼』とは間接的にも繋がることはない。受容者のない文字は、それだけでは何もできないのだ。(6)

すなわち、『炎の蜃気楼』のファンが媒介者として上杉まつりを対象化するのみならず、上杉まつりも媒介者の視線に呼応することによって、上杉まつりじたいが変容しているのである。こうした事態はまつりを観光資源として対象化するさい、ぜひとも考慮しなければならない今後の課題をしめしているともいえそうである。じっさい、上杉まつりのような新しいまつりが大河ドラマやライトノベルのような大衆的なメディアによって対象化／再対象化された結果として、新しい現象を発生させているることは、観光を介して生成した文化、つまり観光文化に関するユニークな実例の一つであると考えられるだろう。そして、『炎の蜃気楼』のファンがみずから歩み入るべき対象として上杉まつりを認識する過程に関しても、そのような文脈において理解することができるはずである。

七　そして旅人はまつりをめざす

私は本章の冒頭において、まつりが観光資源として脚光を浴びている今日だからこそ、旅人をまつりに向かわせる要素を主題化するさいも、理念的かつ実際的な視座を提出することが求められていると書いた。本章はこうした課題を念頭に置きながらも、旅人がみずから歩み入るべき対象としてまつりを認識する感覚が社会的に形成されていった過程を歴史的に追跡してきたわけである。そして、柳田の「祭から祭礼へ」という所説に導かれながら、二律背反的な関係に置かれていると見えなくもない祭と祭礼がむしろ相互規定的な関係を構成しており、柳田が「見る／見られる」関係を前提した意味論的かつ審美論的な場として想定した祭礼こそが一般的に考えられているまつりであったことを強調した。上杉まつりのような新しいまつりもその好例であった。

今日、まつりを成立させる「見る／見られる」関係は、観客がまつりを見物するという具体的な地平のみならず、さまざまな制度がまつりを対象化するという象徴的な地平をも獲得していると考えられる。とりわけ文化財と観光資源はまつりに付与された社会的な意味として最も支配的であり、文化財保護法とおまつり法として結晶していた。こうした法律が整備されていった過程は、旅人がみずから歩み入るべき対象としてまつりを認識する感覚が社会的に定着していった過程とも対応している。しかも、文化財と観光資源という二つの社会的な文脈が併存もしくは複合する事態は、新しいまつりが生み出される契機としても作用している。すなわち、まつりは鉄道・郵便・ラジオ等々の近代的な諸メディアのみならず、法律によっても観光資源として対象化されることによって、いわば観光文化として一般にも浸透していったのである。

かくして、本章は最後に上杉まつりの過去と現在を展望することによって、あらためて旅人がみずから歩み入るべき対象として新しいまつりを認識する過程を見通しておきたい。上杉まつりは三つの段階に分けることができる。第一は上杉まつりが生成する以前の段階であり、上杉まつりが生み出される背景が形成されていった段階であるともいえる。本章においてくわしく言及することはできなかったが、米沢の人々が上杉謙信や上杉鷹山のような人物を長らく崇敬してきたのみならず、みずからをも上杉家およびその家臣団の末裔として理解してきた消息に留意しなければならないだろう。歴史的な背景として上杉という名称じたい「郷土」の誇りを体現していたとしたら、上杉まつりが地域のアイデンティティを再構成する過程に貢献する媒体として効果的に機能したことも十分うなずける。

第二は上杉まつりが幾重にも対象化された結果として、さまざまな意味を付与されていった段階である。この段階はいくつかの過程に細分化することができるだろうが、①上杉まつりが軍国主義を鼓舞する機会として対象化される過程、②上杉まつりが米沢の産業を振興する機会として対象化される過程、③ラジオが上杉まつりを対象化する過程、④テレビが上杉まつりを対象化する過程、⑤上杉まつりにおいて川中島合戦の再現劇が焦点化される過程としてまとめられる。①〜⑤はいずれも上杉まつりを象徴的な消費財として対象化する過程であるともいえるだろう。

だが、まつりは観光地とも同じく、消費財として賞味期限が存在するようにも思われる。したがって、まつりは間断なく新しい意味を付与されることによってこそ消費財として成立する、つまり観光地化されるはずである。上杉まつりに関していえば、実際はさまざまなメディアによって新しい意味を付与されることによって消費されてきたわけである。といっても、おそらく『天と地と』が終わった以降は賞味期限が切れてしまい、もはや多数の観光客を集めることもなかったかもしれない。これは上杉まつりを消費財として対象化するさい、大河ドラマの視聴者という不特定多数を観光客として想定したことに由来していると考えられる。

そして第三の段階である。これは『炎の蜃気楼』のファンが登場した以降であり、第二の段階におけるⓁ～⑤に後続するという意味において、⑥小説が上杉まつりを対象化する過程としてまとめられるだろう。じっさい、上杉まつりはラジオ・テレビ・小説等々の大衆的なメディアが連鎖することによって、大きく変容している。したがって、このような過程の全体は上杉まつりを観光資源として対象化するための、いわばメディアミックスの戦略であったと理解することもできる。そうだとしたら、上杉まつりの過去と現在は観光におけるメディアミックスの戦略を構想することに資するという意味において、理念的かつ実際的な視座を内在させていたともいえそうである。

だが、⑥は特筆大書するべき性格を持っている。というのも、あくまでも不特定多数を想定した消費であった従来の①～⑤に対して、⑥は特定のセグメントを想定した消費であると考えられるのである。こうした特徴は消費に関する現在の動向に対応している。セグメント化された個人や集団を想定した商品は近年少なくないが、上杉まつりもセグメント化された個人や集団を想定した消費財として対象化されており、具体的な商品も開発されているのである。『炎の蜃気楼』にちなむワインはその一例であった。そう考えていけば、観光のマーケティングにおいて、新しく出現したセグメントに対する視座の有効性を打ち出すこともできるはずである。

もちろん前述したような対象化を忌避する人々も存在するだろう。そうした人々は上杉まつりに特別な意味を付与するべく、文化財に代表される普遍的な価値を強調するかもしれない。これは消費文化に対する懐疑とも抵抗とも理解することができるだろう。民俗学者がおまつり法に対して少なからず感情的に反応したことも、その一端をしめしていると考えられる。だが、このような姿勢じたい、祭と祭礼の相互規定的な関係を指摘した柳田の所説を体現しているということができるかもしれない。祭が存在しなければ祭礼も存在しない。そして、祭礼が存在しなければ祭も存在しないのである。

また、本章においてくわしく述べることはできなかったが、おまつり法が法律として理念化していったことに反比例して、文化財保護法がまつりの観光資源化を促進しているとも考えられる方向に変容していることも興味深い。文化財保護法はそもそも文化財を保存することを強調していた。だが、近年は文化財保護法に依拠しつつも、文化財を活用することを推進する施策が登場している。数々の困難に対峙しているまつりを保存するためにも、まつりを伝承している地域の産業じたいを振興しなければならないというのである。したがって、観光資源として消費されるまつりの位相を意識する一方、地域のアイデンティティを再構成する過程に貢献するまつりをも成立させていけるような試みこそが、民俗学者に課せられた役割であろう。そして、旅人はこうした試みをも自在に活用しながら、明日もまつりをめざすのである。

［付記］

本章を執筆するさい、基本的な構想に関する的確かつ有益なコメントを小口孝司氏に提示していただいた。また、関連する資料や情報を野口彩子氏に提供していただいた。両氏の多大なご教示およびご協力が得られなかったら、本章を完成させることは不可能であった。深く謝意を表したい。

1　五木寛之『青年は荒野をめざす』、文藝春秋、一九七四年。
2　福島真人「儀礼とその釈義――形式的行動と解釈の生成」民俗芸能研究の会／第一民俗芸能学会編『課題としての民俗芸能研究』、ひつじ書房、一九九三年、九九‐一五四頁。
3　橋本裕之「民俗芸能の再創造と再想像――民俗芸能に係る行政の多様化を通して」香月洋一郎・赤田光男編『講座日本の民俗学』一〇（民俗研究の課題）、雄山閣出版、二〇〇〇年、六九‐八〇頁。同「明日があるさ――大四日市まつりに寄せて」『文化展望・四日市　ラ・ソージュ』一九号、（財）四日市市文化振興財団、二〇〇二年、二五‐五五頁。同「保存と観光のはざまで――民俗芸能の現在」山下晋司編『観光人類学』、新曜社、一九九六年、一七八‐一八八頁。いずれも本書所収。
4　柳田國男「日本の祭」『柳田国男全集』一三、筑摩書房、一九九〇年、二一一‐四三〇頁。
5　野口彩子『「換生」する虚構――『炎の蜃気楼』と現実社会の関係』、千葉大学文学部日本文化学科二〇〇四年度卒業論文、二〇〇五年。
6　同論文。

第2章　明日があるさ
――大四日市まつりに寄せて

一　私の大四日市まつり

まだ大学生だった昭和五十七年（一九八二）の八月六～八日、私は大四日市まつりを見ている。当時つきあっていた彼女が四日市の出身だったので出かけてみたのである。手元に国鉄（現JR）四日市駅に近いビジネスホテルの領収書が残っている。一泊三千円だった。本章を執筆した当時ですら二十年前である。不正確かつ断片的な記憶しか蘇ってこないのだが、大雨に見舞われて見物するのも大変だったことははっきり思い出すことができる。そして、首を上下させる大入道の山車やビニールシートに覆われた富士の巻狩の練り物も。とりわけ大入道山車を見たときは、その途方もない造型に少なからず驚かされた。当時つけていた日記をめくっていたら、八月八日の感想を書きつけた部分が見つかった。人様に披露するような中身でもないどころか、独りよがりな感想に嫌気がさしてしまうが、民俗芸能に関心を持ちはじめていた大学生の妄言として受け取ってほしい。

さて大入道と鯨船その他を探しに、このくそ暑いのに港の方へ行く。鯨船が踊りの稽古してた。なかなか勇壮ではげしい。それから大入道。ふっと角を曲がるといたいた。まだずいぶん小さくて子供の入道とさして変わんないみたい。からくりの練習してた。（中略）3：30コースへ出かけるが、何か空模様が怪しいゾ。ポツポツ。まず菅公を見て大名行列。それからすいぶん間延びして大入道が踏切の向こう。でも雨のせいかのろのろ。菅公も覆いがかけられてつまらん。大入道のころになると、雨は激しくなり、空は真っ暗。首が伸び目を剥き舌を出して芸をするのは見た。おもしろかった。けどすごい天気。こりゃ帰りてえ。雨のせいか後続がまったく来ない。次なる富士の巻狩。これはすごい。どうして鎌倉武士なんかわからんけど、お稚児さんの姿は美しく、巻狩を演じてみせて、猪が転んでまた逃げ、それを太鼓にあわせて追いかける。さらに猪、兎、猿、文福茶釜を頭にのせた子供が追いかける。いいなあ。次の鯨船になると、もう雨はひどすぎて待機。最後に大念仏の雨の中低く響く太鼓の音と、それに応じる鉦の音。お盆大集合って感じで、霊の招来。巨大な太鼓と鉦を背負う人間の力。音曲と共に心揺さぶる。

こうした趣向はそもそも諏訪神社の祭礼である四日市祭の呼び物として秋に登場していたのだが、戦災によって山車や練り物の大半は焼失してしまったという。大入道山車や富士の巻狩、そして鯨船山車の一部は疎開していて助かった。そして、現在は昭和三十九年（一九六四）以降はじまった人四日市まつりに登場しているというわけである。大四日市まつりはいわゆる産業まつりもしくは市民まつりとして開催されている。「この「大四日市まつり」には、市民総踊りなどの新規のものに加え、

図5　第16回大四日市まつりポスター（昭和54年）

かつての四日市祭を構成していた鯨船（南納屋町）や大入道山車（中納屋町）・大名行列（西町）・獅子舞（浜田）がだしものとして登場した」のであり、「旧四日市市街以外から大念仏（日野町）・つんつく踊り（日永）・お諏訪踊り（水沢町）・獅子舞（北野町ほか）といった民俗芸能や、各種団体、企業グループ参加の総踊りなどが出演するようになっていった[1]」らしい。

しかも、「昭和五十五年からは八月第一土・日曜日を含む三日間とし、実行委員会（文化都市四日市を創る大四日市まつり実行委員会）による運営体制に整えられ現在に至っている」という。「つまり戦後の「大四日市まつり」は、諏訪神社を中心とした四日市市街の賑わいはそのままに、行政や商工組織が企画・運営の中心的な担い手となり、全市民的な参加を企図した夏祭りとして編成された新しいイベントであった」のであり、「そこに登場する山車も郷土の民俗芸能として、イベントの一部を担う出演者のひとつとして位置づけられるものであるといえ[2]」るだろうか。私が見た昭和五十七年の第十九回も大入道や富士の巻狩のような伝統的な趣向を主要な部分として抱えこみながらも、八月六～八日の三日間に無節操とすら感じられるくらい多種多様な趣向を満載していた。この機会を利用して当時の内容を細大漏らさず列挙してしまおう。

七夕笹飾りと提灯。郵便切手展。各地区協賛盆踊り大会。国際親善四都市児童画展。チビッ子ガンダムフェア。手づくり百軒横丁。お化け屋敷。世界の絵本とポスター展。老人クラブ選抜ゲートボール大会。モーターボートによる四日市港遊覧と海の映画。第三回四日市物産展示即売フェア。第一回東海四県選抜学童野球選手権大会。第七回全国少年サッカー大会。施設・文化財めぐり。たばこ試喫・吸い当て大会。子供みこしまつり。四日市家庭婦人バレーボール大会。弓道大会。外洋ヨット体験試乗。諏訪太鼓。七福神パレード。献花式。商品祭。アドカー・パレード。納涼氷まつり。第一回北勢わんぱく相撲大会。お茶席。チンドンパレード。祝賀パレード。郷土文化財行列。伊勢茶コーナー。市民の夕べ。諏訪太鼓競演。カラオケ大会。子供の夕べ。提灯行列。うたごえ広場。おみこしまつり。郷土文化財民謡と獅子舞。青年の夕べ。フォークダンス。ソシアルダンスの夕べ。縁台将棋を楽しむ。

図6　第38回大四日市まつりポスター（平成13年）

現在も大四日市まつりの中心である郷土文化財行列は、大名行列・菅公・大入道・富士の巻狩・鯨船・東日野大念仏、そして郷土文化財民謡と獅子舞は富田音頭・市場町獅子舞・日永つんつく踊り・御館獅子舞・水沢お諏訪踊り・浜田舞獅子がその内容であった。私は謎めいた雰囲気を持つ水沢のお諏訪踊りにかなり惹かれたらしい。当時のメモにも「すごい、神の出現＝人の隠匿か」とか「不気味な三重県の芸能の一つ、迫力」とかいうような気恥ずかしい文字が書きつけられている。だが、私はどうやら各種の獅子舞が見たかったらしい。再び当時の日記をめくっていたら、郷土文化財民謡と獅子舞について書きつけた部分が見つかった。

浜田が一番リズミックだが、ここのは先導役＆獅子に力を与える天狗（＝サルタヒコ）がおもしろい。天狗は直面で稚児のばあいもあり、いずれも耳と腰に羽根をつけており、獅子にあわせてまるで鼓舞するように音をかきならしてついてまわる。本来練り歩いたものだろう。さらに獅子の後ろは子供。そして神社への奉納の意味か、一回舞うごとに休み、頭は台に置かれて念！　聖と俗との出会いが小さな円の線上に浮かびあがった。その中に人は入らない。最後の浜田舞獅子になったら人の山ができて大変な人。獅子には some power が……。

また、関連する趣向として八月四日は四日市港開港記念港めぐりと放水ショーも開催された。思わず首をかしげてしまう珍妙な趣向や時代を感じさせる懐かしい趣向もあって、まさしく百花繚乱というべきか。といっても、大四日市まつりを調査していたわけでも写真を撮っていたわけでもないので、じつは個々の趣向はあまりよく思い出せない。彼女が勧める鰻屋（名前は忘れてしまった）で舌鼓を打ったことは記憶しているのだが。当時入手した四日市市の広報誌が大四日市まつり実行委員会会長であった加藤寛嗣の文章を掲載している。大四日市まつりの理念と実際を要領よく紹介しているので、全文紹介しておきたい。

〝文化都市四日市を創る・大四日市まつり〟は、第十九回を迎え、真昼の祭典としてますます親しみ深い行事となってまいりましたことは、誠に喜びにたえません。／今年も市民のみなさんをはじめ、各界のかたがたの絶大なご理解とご協力によりまして郷土色豊かに、盛大に開催できますことに対し深く感謝申し上げます。今年は「祭りばやしにさそわれて楽しい夏まつり」をテーマに、八月六日（金）から八日（日）の三日間開催いたします。／行事としましては献花式、子どもの夕べ、提灯行列、諏訪太鼓、郷土文化財民謡と獅子舞、施設・文化財めぐり、市民の夕べ、アドカーパレード、祝賀パレード、郷土文化財行列など多彩な催しがくりひろげられます。／〝大四日市まつり〟を通して現在の厳しい生活環境のなかから活力を呼び起こし、人々の豊かな心と連帯の意識を高め、魅力あるまちづくりの推進に役だててまいりたいと存じます。／どうかみなさん、ご家族そろってご参加いただき、大四日市まつりを心いくまでお楽しみください(3)。

大四日市まつりは「文化都市四日市を創る」べく、そして「現在の厳しい生活環境のなかから活力を呼び起こし、人々の豊かな心と連帯の意識を高め、魅力あるまちづくりの推進に役だて」るべく仕掛けられたイベントであったわけである。こうした目的が大四日市まつりの実際にどの程度かなうものであったのかは、今日もはや想像するべくもない。だが、手元に残っていた大四日市まつりに関する資料を見ていたら、大四日市まつりを告知するポスターの意匠が目に入った。昭和五十五年（一九八〇）の第十七回は「こころに残るふるさとの夏まつり」と「ますます楽しさ広がる三日間」、昭和五十七年の第十九回は「祭囃子にさそわれて楽しい夏まつり」と「市民総出で楽しむ三日間」という文字がポスターを飾っている。市民に四日市を「ふるさと」として意識させる機会であったということができるだろう。

やはり手元に残っていた資料を参照しながら、大四日市まつりの歴史を見ておきたい(4)。四日市という土地は伝統的な四日市祭以外にもいくつかのまつりを開催してきたらしい。いずれも新しいまつりであり、その時期は七月と八月に集中していた。昭和三年（一九二八）、四日市商工会議所などが主催する商品まつりや港まつりがはじまった。また、昭和三十三年（一九五八）以降は、戦後に登場した七夕まつりを統合した港まつりが続けられていた。商品まつりは商品に感謝して商品を尊重するという発想に依拠して、諏訪神社に商品を奉納する一方、各々の商店がバーゲンや福引きなどを企画するというもの。港まつりは四日市の生命線であった港の重要性を認識して、港に対する関心を高めようというもの。七夕まつりは織女と牽牛が市内の三滝橋で出会うという行事であり、商店街は多数の笹によって飾りつけられたという。

だが、四日市市・四日市商工会議所・四日市港振興会などはどうやら四日市らしいまつりを求めていたようである。大四日市まつりはこうした諸団体が協議して考案したものであった。平成十一年

（一九九九）に四日市市教育委員会が編集発行した大入道山車に関する報告書は、「四日市祭のおこなわれた夏季には、商工会議所主催で戦前からの伝統のあった「四日市商品祭」をはじめ、商店連合会の「七夕祭り」、あるいは四日市港振興会主催の「港まつり」といった産業振興を目的としたイベント性の強い催しがおこなわれていた」が、「昭和三十三年、これら三行事が一体化され、三者共催の「港まつり」に改まり、期日も八月四日から九日の六日間おこなわれるようになった」のであり、「さらに三十九年には、その名を「大四日市まつり」と改めた[5]」という。かくして、大四日市まつりが誕生する。

地名の上に「大」の字を冠することは、市町村合併により行政規模が一気に拡大していた当時にはよく見られたことであったが、それは海岸線一帯に簇生しつつあった石油化学コンビナートに象徴される、戦後四日市発展の『気分』を象徴するキャッチコピーでもあった[6]。

大四日市まつりの内容は毎年大きく変わっている。以前こそ花火大会・ミス四日市発表会・市中パレード・メロディー歌謡ショーなどもあったらしいが、第一回以降続いており私が見た当時も存在していた趣向は商品祭・諏訪太鼓・港めぐりなどにかぎられていた。昭和五十七年の大四日市まつりはどうだったか。大四日市まつりは国鉄（現ＪＲ）四日市駅前に設けられた稲葉三右衛門翁の銅像前において、翁の孫である中納屋町の稲葉つゆさん以下、関係者が献花することによって開幕する。最初に郷土の偉人を讃える献花式が配されているのも、大四日市まつりが誕生した経緯を考えてみれば十分うなずける。そして、一日目の夕方以降は市民の夕べ・諏訪太鼓競演・子供の夕べ・提灯行列などが行なわれた。鰻を食べたのはその夜だったのかもしれない。

図７　稲葉翁献花式（平成13年）

といっても、本番は市民の夕べ・諏訪太鼓競演・おみこしまつり・郷土文化財民謡と獅子舞・青年の夕べなどが行なわれた二日目の夕方以降である。賑々しく飾りつけられた諏訪栄町商店街や新道通り商店街は各種の露店が軒を連ねる。多数の市民が繰り出した夜のまつりは混雑しており、浴衣姿もめだっていた。また、結婚式でもあったのかと思わせるくらい精一杯装った若い女性が多く見られたのは印象的であった。私も浴衣を着た彼女に連れられて、まつりの雰囲気を味わうことができた。諏訪神社において郷土文化財民謡と獅子舞を見たのもその夜だった。そして、三日目が大雨だったというわけである。夕方の郷土文化財行列は記憶しているが、チンドンパレードや小山田鼓笛隊・海洋少年団・ボーイスカウト・ガールスカウト・浜田キューーティートワラーズ・暁高校などが参加したという祝賀パレードはよく思い出せない。おそらくどこかで時間をつぶしていたのだろう。

当時は三日間で約五十万人の人々がつめかける規模のまつりだったらしい。二十年後、大四日市まつりがどう変化したのか、もしくは変化していないのかについて、私は実際に確認する機会を得ていない。だが、各地で行なわれている産業まつりや市民まつりが、大なり小なり同じような過程を経て、大なり小なり同じような様相を呈していることはまちがいないだろう。行政が主導してきたとも考えられる各地のまつりは大四日市まつりをも含めて、今日いくつかの重要な課題が交差する岐路に立たされている。そして、まつりの明日を再想像／再創造することを迫られているはずである。

とりわけ大四日市まつりはそもそも新しいまつりであり、各種の団体が参加することによって成立している。山車や練り物の保存会もその一つである。また、前述した水沢お諏訪踊りにしても、以前は七月十六日に諏訪神社で水祭りとして奉納してきたのである。したがって、こうした団体についていえば従来どおり大四日市まつりという支配的な文脈に依拠することができる一方、必ずしもそのような文脈にこだわらない活動も十分考えられるだろう。どちらにしても、今後は大四日市まつりにおける伝統的な部分を前面に押し出して、まつりを文化財として保存することや廃絶した要素を復興することが求められているのだろうか。それともまつりを観光や町づくりに貢献する効果的な資源として活用することが望ましいのだろうか。だが、この両者は必ずしも対立しないどころか、表裏一体の関係を構成している。

また、ボランティアやNPOに対する近年の関心とも対応するだろうが、行政がまつりを主導する従来の形態を再考することもできるだろう。むしろ市民と行政が協働する形態を模索することによって、市民がまつりに関与する可能性を大きく拡張するべきなのだろうか。唯一の正解が存在しないことはいうまでもない。21世紀の四日市まつりを創る会などが手がけている現在進行形の活動についての言を弄することはできそうにもないが、各地のまつりが例外なく経験している今日的な状況を素描することによって、まつりの明日に対する視座の可能性をいささかなりとも提出してみたいと考えている。

二　大四日市まつりの現在

ともかく四日市市教育委員会に勤務する友人の東條寛さんにお願いして、平成十二年（二〇〇〇）の第三十七回と平成十三年（二〇〇一）の第三十八回のプログラムを送ってもらった。一瞥してみて案外変わっていないことに気づかされる。現在でも三十万人以上の人々を集めるまつりであり、数多くの露店が出ているらしい。最も大きなちがいは金・土・日の三日間だったまつりが土・日の二日間に短縮されていたことだった。やはり会社や役所に勤務する人数が増加したことや学校のスケジュールに配慮したことが主要な理由だろうか。

といっても、献花式（稲葉翁銅像前）によって開幕することは変わらない。むしろ献花式はオープニング・セレモニーという意味を強調することによって、大四日市まつりに歴史的な正統性もしくは権威性を付与することに貢献しており、大四日市まつりのいわば神話的な始源として動員されているようにも感じられる。平成十三年の第三十八回に登場した趣向をながめておきたい。プログラムを見るだけでも、ある程度は過去と現在を比較することができるだろう。

八月四日。午前中の献花式に続いて、午後以降は長時間にわたって宵まつりが行なわれる。二十年前は三日間だった事情も関係しているのだろうが、一日目や二日目に宵まつりという公式的な意味が付与されることはなかったはずである。これは大四日市まつり実行委員会が本祭に対する宵祭という伝統的な祭礼の文法を引用することによって、大四日市まつりの次第を整備したということができるだろう。大四日市まつりを構造化して一日目と二日目に各々はっきりした意味を付与した試みとしてもきわめて興味深い。

宵まつりは大入道山車などが出る郷土文化財行列が予定されている二日目に比較して、どうしても人出が少ない一日目を盛りあげるべく大四日市まつり実行委員会が新しく企画したものであるという。その内容はドリーム・パレード（一番街・諏訪新道・三滝通り）、都市間ネットワーク「郷土芸能祭」（三滝通り・諏訪新道）、リトルおどりフェスタ（三滝通り）、諏訪太鼓合同演奏（三滝通り）、おどりフェスタ２００１（三滝通り・諏訪新道）であり、耳慣れない趣向も含まれている。いずれも諏訪新道や三滝通りなどが会場であり、宵まつりが一日目のメイン・イベントとして扱われていることを感じさせる。

ドリーム・パレードは二十年前の祝賀パレードが華麗に変身したものであるらしい。というのも、私が見た当時も登場していたボーイスカウト＆ガールスカウト、小山田鼓笛隊、ハマダ・キューティー・トワラーズ、暁高校バトン部などが出演していたのである。浜田キューーティートワラーズもカタカナのハマダ・キューティー・トワラーズとして健在であった。だが、海洋少年団は姿を消しており、新しく三重県警察白バイ隊、四日市消防音楽隊、カラーガード隊、バトン・メイツ・フェニックスなどが参加している。また、私が見た当時は姿を消していたが当初はあったらしいミス四日市発表会が復活していたのは驚いた。現在はドリーム・パレードの出演団体としてミス四日市も参加している。

都市間ネットワーク「郷土芸能祭」は平成十三年（二〇〇一）だけの新しい趣向である。前年は見ることができない。出演団体はやら舞歌（浜松市）・ゴチャンコ（豊橋市）・徹明きらきらダンスメイツ（岐阜市）・アクティブ大曽根（名古屋市）である。名称を見るかぎり郷土芸能といっても伝統的な民俗芸能というよりも、大なり小なり郷土色を取り入れて新しく考案されたパフォーマンスの集団であろうかと思われる。こうした集団は今日、各地で数多く見られるものであり、近年大流行しているよさこい祭りとも共通するところが少なくないはずである。そして、郷土や伝統を表象する現代的な文化現象として郷土芸能もしくは民俗芸能というような固定的な概念を再想像／再創造させる可能性を持っていると思われる。

リトルおどりフェスタとおどりフェスタ２００１は何も知らなかったので、やはり東條さんに大四日市まつり実行委員会事務局が出しているおどりフェスタに関するパンフレットを送ってもらった。「市制百周年を記念して、大四日市まつり音頭をリニューアルし、平成9年より実施されてい」るものであり、「リトルおどりフェスタとおどりフェスタの二部に分かれ、三滝通りからあふれんばかりに踊」るらしい。「基本となる振り付けはありますが、踊り連それぞれに工夫をこらした衣装や振り付けが夏の熱気をさらに盛り上げます」とも書かれている。また、おどりフェスタ表彰式も開催されているようである。「熱気」・「興奮」・「感動」の文字が躍るパンフレットはこう語りかけている。

三滝通りを舞台に熱く繰り広げられる一大ページジェント「おどりフェスタ」。大四日市まつりに、また新たなページが加わりました。生まれ変わった「ポップ調大四日市まつり音頭」にのせて子供から大人まで数千人の参加者たちが披露する熱いおどりの数々。四日市の夏を熱く彩る「おどりフェ

図8　おどりフェスタ2001（平成13年）

スタ」にあなたも参加してみませんか？

私は現物を見ていないので、どの程度の人気を集めているのか実感するべくもないのが残念であるが、こうした字面を見るかぎり数多くの市民が参加する新しい民俗芸能、つまり創られた民俗芸能であるということはできるかもしれない。じっさい、現在は数多くの市民に支持されており、老若男女を問わず熱中している人も多いという。もちろん歴史的に見れば伝統的な民俗芸能でも何でもないだろうが、大四日市まつり音頭にのせて踊るという意味において郷土色と伝統色は十分備わっている。

大四日市まつり音頭は今日ポップ調に改められており、若者にも受ける躍動的なダンス・ミュージックとでもいうべきものであるが、そもそも盆踊りにも使われる音頭の伝統的な曲調を採用している。作曲したのは福田正である。

歌詞を見てほしい。加藤正子が作詞している。一番は「揃い衣装の踊り子揃うた　櫓かこんでひと踊り　櫓かこんでひと踊り　ひと踊り」、二番は「街は賑やか　お諏訪の太鼓　黄金かがやく鯨船　黄金かがやく鯨船　鯨船」、そして三番は「踊るその手でチョイト空見れば　粋な縞目の大入道　粋な縞目の大入道　大入道」であり、いずれもその後に「まつり音頭で　ハイ　ハイ　ハイ　祭り音頭で　ヘイ　ヘイ　ヘイ」という歌詞が付されている。

「櫓かこんでひと踊り」という部分は伝統的な盆踊りの形態をしのばせるものであり、「お諏訪の太鼓」も長らく大四日市まつりの呼び物としてよく知られている。そして「黄金かがやく鯨船」と「粋な縞目の大入道」は、どちらもかつての四日市祭に淵源する伝統的な山車でありながら、長らく大四日市まつりに参加している。したがって、おどりフェスタはその名称こそ現代風であるが、郷土色と伝統色をうまく取り入れた大四日市まつり音頭にのせて演じられることによって、郷土や伝統を表象する現代的な文化現象として存在していると考えられるのである。こうしたユニークな性格は踊り連が着用する各種の「揃い衣装」にも見ることができる。おどりフェスタの衣装は踊り連に委ねられており各々の集団が創意工夫しているというが、実際は大なり小なり伝統的な法被に着想しながらも現代風な趣向を取り入れているばあいが多いようである。

ところが、踊り連の名称はかなり事情が異なっている。赤い羽根、ウェイブクルー、AM FAMILY、大矢知トライそーめん、オジバーズ、KID'S Dance Factory、〝笹〟Sasagawa Junior High School、自己満足クラブ、STUDIO, FIX & ハマダ・キューティー・トワラーズ、青年の集い ひながの会、チーム神前、出た〜！アロバババーオエールズ、日本3B体操、パワフルポストンズ、ビューティィートレーニング、ピヨタンズ、フォルディティエスタしぼりたて岡田哲治 in U. S. A、扶洋サロン四日市、Pretty Girl、Pretty Woman 等々。こうした名称は郷土色と伝統色に何の関心もしめしていない。横文字やカタカナが多いのも特徴的である。ことば遊びに興じている名称もあって、総じて見ても無節操きわまりない。

だが、個人的な趣味を持ち出していわせてもらうならば、こうした集団が郷土色と伝統色を強調するあまり仰々しかったり古臭かったり、妖気すら漂わせたりするような名称を冠するばあいがないわけでもないことに比較しても、むしろ潔くて好感が持てる。郷土や伝統を表象するといっても、それはあくまでも方便に類するようなものであり、踊り連にとってみれば郷土や伝統を鋭く意識しているというよりも、うまく使いまわせる資源の一つとして取り入れていると考えた方が実情に近いだろう。ところで、どうしても目に入ってしまうハマダ・キューティー・トワラーズはここでも登場している。この愛らしい名称を持つ集団はいったいどのような人々が参加しているのだろうか。

宵まつりは前述したとおり、翌日の郷土文化財行列に登場する大入道山車などが今日でも大四日市まつりのメイン・イベントとして君臨していることに鑑みて、人出が比較的少なかった初日を盛りあげるべく組織されている。だからこそ郷土文化財行列に匹敵する趣向としておどりフェスタが考案されたというべきだろうが、四日市諏訪太鼓振興会の諏訪太鼓合同演奏（三滝通り）も宵まつりの一環として位置づけられている。四日市諏訪太鼓振興会は宵まつり以外にも、終日の諏訪太鼓競演（ふれあいモール舞台）を披露している。これは二日間の大四日市まつりを通じて開催される。一方、夜は郷土文化財民謡と獅子舞（諏訪神社）が登場する。出演する団体は浜田舞獅子・日永つんつく踊り・市

図9　四日市諏訪太鼓（平成13年）

場町獅子舞・椿岸神社獅子舞・御館獅子舞・新正町獅子舞・水沢お諏訪踊り。郷土文化財民謡と獅子舞は二十年前にも行なわれており、出演する団体の内訳も大同小異であった。

二日間を通じて開催される趣向はほかにもある。ストリートミュージシャン通り（駅前広場他）とフリーマーケットin大四日市まつり（中央通り）であり、どちらも現代の流行を取り入れた新しい趣向である。市民公園会場でも二日間を通じて、四日市市駅西発展会が協賛する納涼夜店が軒を連ねる。そして、市民公園会場は新旧の趣向が一日ずつ開催されている場所でもあった。この両者は大四日市まつりが変化している消息を最もよくしのばせているということができるかもしれない。

四日は21世紀の四日市まつりを創る会が担当するBODY REQUEST。その内容はアマチュアバンドの演奏やファッションショーなどであ

図10　郷土文化財行列の大入道（平成12年）

り、こうした新しい趣向が21世紀の四日市まつりを創る会によって企画されていることに留意しておきたい。五日は四日市フォークダンス・民踊協会が担当する市民の夕べ（盆踊り・フォークダンス）である。二十年前にも開催されており、大四日市まつりにおけるいわば伝統的な要素である。といっても、当時は三日間を通じて開催されてきた市民の夕べも、今日もはや一日に縮小されている。また、おどりフェスタ用のポップス調大四日市まつり音頭が登場した結果として、盆踊り用の正調大四日市まつり音頭は少しばかり日陰に追いやられてしまった感があった。だが、市民の夕べは現在でも盆踊りを楽しむ機会として存続しており、当初の大四日市まつりを少なからずしのばせる趣向であると考えられるのである。

八月五日。午前中は商品祭（諏訪神社）と港まつり（霞ヶ浦地区ポートビル周辺）が開催される。この両者は大四日市まつりが創始された事情に深く

図 11　郷土文化財行列の鯨船（平成 12 年）

かかわっているという意味でも、やはり大四日市まつりの伝統的な要素であるということができる。午後は再び諏訪太鼓合同演奏（三滝通り）が披露される。そして、ようやく大四日市まつりのメイン・イベントである郷土文化財行列（三滝通り・諏訪新道）が登場する。その内訳は大名行列・御諏訪神輿・甕割・大名行列・岩戸山・菅公・大入道・鯨船・東日野大念仏であるが、私が二十年前に見た富士の巻狩は出ていなかった。

ところが、二十年前に存在しなかった甕割山車・岩戸山山車・御諏訪神輿が郷土文化財行列に加入していたのは驚いた。甕割山車と岩戸山山車は平成二年（一九九〇）、かつての趣向を現代的に再現したものである。御諏訪神輿は「諏訪神社膝下の商店街有志が、江戸神田祭の神輿をまねて、演出をはかったものであ」り、「もともと諏訪神社に備わった神輿ではないので、一種の山車ともいえるが、神社では行事の間これに協賛して神輿に準

図 12　Kai–Kou ～めぐりあい～の甕割山車（平成 13 年）

ずる扱いをしている」らしい。「山車の復興ともあわせ、旧氏子域住民の「祭り」に寄せる独特の心情・心境を反映した動きと考えることもできよう[7]」か。そして、夕方は市民総踊りである。出演団体は各種の婦人会が中心であるというから、ここでも正調大四日市まつり音頭にのせた踊りを十二分に堪能することができるのである。

五日の趣向として最も注目したいのは、夜に開催されるKai-Kou～めぐりあい～（中央通り）である。これは前述した21世紀の四日市まつりを創る会が企画・製作・運営する新しい趣向であり、「まつりを市民みずからの手で創りあげようと結成された「21世紀の四日市まつりを創る会」プロデュースによる「新・旧のまつりの融合」をテーマにした山車・太鼓・おどりをミックスした一大エンターテイメント」であるという。実際に見ていないのが何とも歯痒いが、「新・旧のまつりの融合」という表現を見るだけでもまつりの明日を再想像／

再創造することをめざした意欲的なプロジェクトであることが伝わってきた。郷土や伝統、そして未来をも表象する現代的な文化現象であるといってもいいだろう。

こうした試みは今日、各地に見ることができる。だが、どう評価したらいいのかについていえば、概して毀誉褒貶が相半ばするといったところであろうか。まつりを文化財として保存することや廃絶した要素を復興することが求められているのか、それともまつりを観光や町づくりに貢献する効果的な資源として活用することが望ましいのか。この両者が必ずしも対立しないどころか、表裏一体の関係を構成していることは前述したばかりであるが、「新・旧のまつりの融合」という課題もそのような事態に対応したものであると考えられるだろう。私じしんは少なくともその理念に関して積極的に評価したいと考えているが、現代社会において伝統文化を再構成する実践は興味深い諸問題を内在させている。また、市民と行政が協働する方法の可能性についても一定の針路をしめしていると思われるので、あらためて後述したい。

ところで、大四日市まつりはほかにも協賛行事が数多く開催されている。四日は二十年前にも見られたうたごえ広場である。うたごえ広場実行委員会が主催している。また、両日とも開催される協賛行事は以下のとおり。諏訪新道発展会が企画する「お祭提灯だよ。すわしんどう」、諏訪商店街振興組合が企画する祭山車こにゅうどうくんジャンボ、沖の島町発展会が企画する中央地区子供諏訪太鼓競演、御諏訪神社神輿実行委員会が担当する御諏訪神輿、岩戸山山車保存会が担当する岩戸山山車、四日市商店連合会山車保存会が担当する甕割山車、菅公山車保存会が担当する菅公山車、サマーナイトフェスティバル実行委員会が企画する諏訪公園サマーナイトフェスティバル、四日市相撲協会が企画する第二十回北勢わんぱく相撲大会、四日市商工会議所・四日市物産観光ホールが主催する「四日市港まつり」にちなんだ〝四日市港PR展〟等々。

協賛行事だけでも多数の団体が関与していることに驚かされる。その内訳としても伝統的な要素を保持する各種の保存会がある一方、各々の地区において町づくりを企画する発展会や地元の経済を活性化するべく結成された商店街振興組合なども見受けられる。そして、協賛行事のみならず大四日市まつりの全体に対しても四日市に存在する数多くの企業が協賛企業として名前を連ねていることも看過することができない。したがって、まつりを文化財として保存する文脈、まつりを地域づくりの中核として位置づける文脈、まつりを地元の経済を活性化する観光資源として活用する文脈がここでもしっかり出揃っているというわけである。

以上、私じしんが見ていないにもかかわらず、平成十三年（二〇〇一）八月四～五日に開催された第三十八回の内容を紹介してきた。私は二十年前の昭和五十七年（一九八二）八月六～八日に開催された第十九回を見ただけであり、残念ながら以降の様子を実見する機会に恵まれていないが、この両者を比較しただけでも大四日市まつりがどう変化したのか、もしくは変化していないのかについて、ある程度は見通すことができたはずである。そして、大四日市まつりが経験してきた過程の一端をいささかなりとも知ることができた。そのような過程はあくまでも大四日市まつりに関する個別的な事例でしかなかったが、同時に現代社会におけるまつりの過程という一般的な地平とも連動している。したがって、以下は大四日市まつりの過程を念頭に置きながらも、むしろ視野を拡大することによって、まつりの明日を再想像／再創造する手がかりを提供することに費やされる。

三　現代社会におけるまつりの対象化

(1)　文化財保護法とおまつり法

かつて民俗学者の柳田國男は『日本の祭』において、「日本の祭の最も重要な一つの変り目は何だつたか」といふ問いを発して、「一言でいふと見物と称する群の発生、即ち祭の参加者の中に、信仰を共にせざる人々、言はゞたゞ審美的の立場から、この行事を観望する者の現はれたことであらう」(8)と述べた。柳田は祭を祭礼に変化させた契機として観客を想定しており、その審美的な視座にふれながら「多くの土地の祭を「祭礼」にしてしまつたのは、全体としては中世以来の都市文化の力であつた」(9)というのである。

柳田は祭と祭礼という単語を区別して使っている。祭にしても祭礼にしても私たちは一般に何気なく使用しているが、柳田が両者にはっきりした差異を認めているのは興味深い。その含意するところについて若干注釈しておきたい。柳田がいう祭は行為当事者しか存在しないような儀礼であり、いわば意味論的に沈黙している場であると考えられる。行為当事者の中心的な関心は細則をまちがいなく遵守しているかどうかに向けられている。一方、祭礼は「見る／見られる」関係を前提した意味論的かつ審美論的な場であり、行為当事者の中心的な関心は細則をうまく達成しているかどうかに向けられていると考えられるだろう。したがって、祭礼に埋めこまれた身体技法を強調したばあいは民俗芸能とも呼ばれるわけである(10)。

もちろん大四日市まつりはそもそも産業まつりもしくは市民まつりとして出発したものである以上、柳田がいう祭、つまり行為当事者しか存在しないような儀礼でも何でもない。大四日市まつりは行為当事者の価値を共有しない第三者、つまり観客の存在を前提することによって成立した祭礼であるというべきであり、「見る／見られる」関係を前提した意味論的かつ審美論的な場であることが出発点であろう。したがって、柳田の用法にしたがうならば、大四日市まつりについても祭礼という単語を使用するべきであろうが、本章は大四日市まつりという名称に敬意を払って(?-)、大四日市まつりのような大規模な都市祭礼に対して「まつり」という単語を使用する。

じっさい、現代社会におけるまつりは例外なく対象化の過程を幾重にも経験しており、重度に意味論的な場であるということができるだろう。大四日市まつりにしてもさまざまな意味がせめぎあう舞台として存在しており、まつりを文化財として保存する文脈、まつりを地域づくりの中核として位置づける文脈、まつりを地元の経済を活性化する観光資源として活用する文脈も大四日市まつりを対象化する過程の典型をしめしているのである。こうした対象化の過程はまつりが「見る／見られる」関係を前提した意味論的かつ審美的な場であることに由来している。というのも、まつりを成立させる「見る／見られる」関係は観客がまつりを見物するという具体的な地平のみならず、さまざまな団体がまつりを対象化するという象徴的な地平をも保証していると考えられるのである。

まつりに付与された社会的な意味として最も支配的であると思われるのは、やはり文化財と観光資源であろう。前者はまつりを伝統文化・地域文化として保存、活用することを定めた文化財保護法、後者はまつりを観光資源として活用することを奨励する「地域伝統芸能等を活用した行事の実施による観光及び特定地域商工業の振興に関する法律」、通称「おまつり法」として結晶している。もちろん本章の目的はまつりに関する法律を紹介することに向けられていないが、大四日市まつりに登場する山車のみならず各種の民俗芸能、そして諏訪太鼓やおどりフェスタにしても、こうした法律に深くかかわっている。現代社会におけるまつりの対象化を俯瞰するためにも、まつりを構成する要素の一つである民俗芸能に留意しながら若干論述しておきたい(11)。

とりわけ民俗芸能に留意するのは、私が民俗芸能研究に従事しているという事情に由来している。だが一般的にいっても、民俗芸能がまつりの花形であるばあいは少なくないはずである。そして、文化財と観光資源という二つの社会的な文脈が併存もしくは複合する事態は、地域社会における民俗芸能の存在形態に少なからず影響しているのみならず、民俗芸能にまつわる新しい文化現象、つまり創られた民俗芸能が生み出される契機としても作用している。これはくわしく後述するが、現代社会におけるまつりの存在形態を最も端的にしめしているようにも感じられるのである。

文化財保護法は第二次世界大戦後の昭和二十五年（一九五〇）に制定された。文化財保護に関する法律は戦前にも古社寺保存法、史蹟名勝天然紀念物保存法、国宝保存法などが存在していたが、個々の法律が限定的な対象を扱うだけであった。ところが、文化財保護法は「文化財を保存し、且つ、その活用を図り、もつて国民の文化的向上に資するとともに、世界文化の進歩に貢献することを目的とする」ものであり、各種の文化財を定義してその内容と価値を明示した。また、文部省の外局として文化財保護委員会（後の文化庁）を設置して、文化財保護行政を統一的に推進することが定められた。

文化財保護法は従来の法律が扱っていなかった無形文化財をも包含しており、民俗芸能もその範疇に含まれて助成と公開の措置を講じることが定められたのである。だが、指定制度は採用されなかった。

そして昭和二十九年（一九五四）、文化財保護法が一部改正される。文化財に関する定義を整備して、文化財を有形文化財・無形文化財・民俗資料・記念物の四種類に分けるものであった。無形文化財は世界にも類例を見なかった重要無形文化財、いわゆる人間国宝を指定する制度を設け、重要無形民俗文化財以外の無形文化財についても必要なものを選択して記録作成等の措置を講じることが定められた。また、民俗資料は有形の民俗資料を重要民俗資料として指定すること、無形の民俗資料についても選択して記録作成等の措置を講じることが定められた。

無形の民俗資料は「衣食住、生業、信仰（主として民間信仰をいう。）、年中行事等に関する風俗慣習そのもの」をいう。無形の民俗資料を指定しなかったのは、それが時代によって変化するものであり、指定制度になじまないと考えられたからであった。民俗芸能は無形文化財と無形の民俗資料のどちらにも含まれる曖昧な基準であったが、実際は昭和二十六年（一九五一）に定められた「助成の措置を講ずべき無形文化財の選定基準」にしたがって、昭和四十五年（一九七〇）以降は記録作成等の措置を講ずべき無形文化財として毎年選択を受けた。

ところが、高度経済成長期を経て近代化や都市化の過程が急速に進行した結果として、文化財は数々の困難に対峙せざるを得なかった。かくして昭和五十年（一九七五）、文化財保護を強化するべく文化財保護法が再度改正される。文化財は有形文化財・無形文化財・民俗文化財・記念物・伝統的建造物群の五種類に分けられた。民俗資料は民俗文化財という名称に改められて、有形のみならず無形民俗文化財にも指定制度が導入された。民俗文化財は「衣食住、生業、信仰、年中行事等に関する風俗慣習、民俗芸能、民俗技術及びこれらに用いられる衣服、器具、家屋その他の物件で我が国民の生活の推移の理解のため欠くことのできないもの」をいう。

民俗芸能に関して最も大きく改変された部分は、民俗芸能を民俗文化財として統一的に位置づけたことであった。旧法上は民俗芸能がどの文化財の種別に属するかについて明文が規定されていなかった。運用上は無形文化財と民俗資料のいずれにも属するものとして取り扱われてきたが、こうした状況をあらためて民俗文化財に属するものとして明記したわけである。以降、民俗芸能は重要無形民俗文化財として指定、もしくは記録作成等の措置を講ずべき無形の民俗文化財として選択された。その基準は（1）芸能の発生又は成立を示すもの、（2）芸能の変遷の過程を示すもの、（3）地域的特色を示すものであり、平成八年（一九九六）三月現在でも百件以上が指定を受け、三百件以上が選択を受けている。一方、地方公共団体も文化財保護法に倣って文化財保護条例を漸次制定したため、全国各地の民俗芸能が都道府県および市町村の無形民俗文化財として指定されていった。

だが近年、民俗芸能は学術的な価値のみならず、伝統文化・地域文化に対する国民の広汎な関心を満足させる材料として、もしくは地域社会が地域のアイデンティティを再構成することに貢献する文化的なシンボルとして、社会的な価値をも付与されるばあいが少なくない。町づくりや村おこしの道具として活用されるばあいは増大する一方である。平成六年（一九九四）に文化財保護企画特別委員会が作成した審議経過報告「時代の変化に対応した文化財保護施策の改善充実について―報告―」はこうした動向を受けて、文化財保護に関して今後検討するべき課題の一つとして「文化財の活用の推進」をあげている。そして、数々の困難に対峙している民俗芸能を保存するためにも、そもそも民俗芸能を伝承している地域の産業じたいを振興しなければならないというのである。

また、無形の文化財についていえば、時代にしたがって変化する性格を備えているため、「その文化財の基本的な部分を残しながらも、時代に合わせた種々の工夫を重ねつつ継承と発展が図られるよう配慮する必要がある」ことを強調した上で、有形の文化財を想定した保存と活用という基本的な理念じたいを再検討する時期が到来していることをも示唆している。これも文化財保護法における民俗芸能の場所を問いなおしたものと考えられるはずである。

この報告はあくまでも文化財保護法に依拠して作成されているが、同時に文化財が持つ社会的な文脈に対する広汎な視座を呼びおこすものであった。じじつ「企画、観光、商工、農林水産、建設等の関連行政部局と適切な連携を図り、施策の展開に務める必要がある」ともいうとおり、従来の文化財行政が扱ってきた範囲を大きく逸脱する可能性を秘めている。とりわけ民俗芸能は今日もはや複数の社会的な文脈が併存もしくは複合するアリーナとして存在しており、文化財行政をも含めて民俗芸能に係るさまざまな行政の思惑が複雑に交錯している。民俗芸能の観光資源化もその一つであり、しかも後述するおまつり法によって、最も強大な社会的な文脈として正当化されたのであった。

「地域伝統芸能等を活用した行事の実施による観光及び特定地域商工業の振興に関する法律」、通称おまつり法は当時の運輸省・通商産業省・農林水産省・文部省・自治省の五省によって立案されて、平成四年（一九九二）に制定された。この法律は「地域伝統芸能等を活用した行事の実施が、地域の特色を生かした観光の多様化による国民及び外国人観光客の観光の魅力の増進に資するとともに、消費生活等の変化に対応するための地域の特色に即した特定地域商工業の活性化に資することにかんがみ、当該行事の確実かつ効果的な実施を支援するための措置を講ずることにより、観光及び特定地域商工業の振興を図り、もってゆとりのある国民生活及び地域の固有の文化等を生かした個性豊かな地域社会の実現、国民経済の健全な発展並びに国際相互理解の増進に寄与することを目的とする」ものであった。

つまり民俗芸能を観光資源として活用することによって、地域を活性化しようというわけであるが、この法律に民俗芸能という表現はまったく登場しない。地域伝統芸能という表現が使用されている。地域伝統芸能は「地域の民衆の生活の中で受け継がれ、当該地域の固有の歴史、文化等を色濃く反映した伝統的な芸能及び風俗慣習」をいう。民俗芸能にほぼ重なると考えられるが、平成三年（一九九一）に出された通達「地域伝統芸能等を活用した行事の実施による観光及び特定地域商工業の振興に関する法律に基づく基本計画の作成等について」は「当該地域に根ざし、民衆の中で受け継がれているものであれば、必ずしも長い歴史を有するものである必要はないので、地域ごとに個別に弾力的に判断すること」を明言しており、歴史的な真正性を欠いた比較的新しいものも含まれる。創られた民俗芸能もその範疇であるというわけである。

だが、地域伝統芸能は文字どおり地域に根ざした土着的なものでなければならないとも明言されている。それは地域伝統芸能が何よりも地域を活性化する契機として期待されていることをしめしている。民俗芸能という表現を避けたのは、民俗芸能が文化財保護法にも登場する学問的な術語であり、言外に保存を含意しているため、その束縛を回避するためだろうか。といっても、実際は国指定重要無形民俗文化財をも含めた各種の無形民俗文化財を積極的に扱うことを明言しているから、無形民俗文化財として指定されていない民俗芸能よりも指定されている民俗芸能が観光資源としても高い価値を持つと考えられているらしい。そのような有用性は皮肉にも、文化財保護法が民俗芸能を国民の文化的な遺産として価値づけ、そして権威づけた結果もたらされた副産物であった。

（2）大四日市まつりの対象化

以上見てきた状況は大四日市まつりにも確認することができるだろう。たとえば、郷土文化財行列に登場する大入道山車や鯨船山車はどちらも三重県指定有形民俗文化財である。有形民俗文化財は無形民俗文化財に用いられる衣服、器具、家屋その他の物件を意味している。東日野大念仏は四日市市指定無形民俗文化財である。また、諏訪神社における郷土文化財民謡と獅子舞に登場する市場町獅子舞・日永つんつく踊り・御館獅子舞・水沢お諏訪踊りなどはいずれも四日市市指定無形民俗文化財である。こうした伝統的な要素は文化財という学術的な価値のみならず、人々が地域文化に対して抱いている広汎な関心を満足させる材料として、もしくは地域社会が地域のアイデンティティを再構成することに貢献する文化的なシンボルとして、社会的な価値をも備えていると考えられる。

それは「戦前すでに人気のあった大入道山車をはじめとして、山車に対する人々の関心は格別のものがある」のみならず、「平成二年に四日市商店連合会が、もと上中町が持っていた司馬公甕破りの山車を新たに建造し、本町商店街が戦前は蔵町の山車として知られていた岩戸山を現代的に再現したことや大入道が祭りのシンボルとしてキャラクター化されていること」にも見られるところであり、総じて「山車を核とした祭礼文化の根強さを感じさせる」[12]ということができるだろう。諏訪神社に登場する民俗芸能についても「特に獅子舞の場合は、浜田のもののように、かつての四日市祭の大山との関連が指摘されるようなものがあって、ここでの公開はたいへんな意義のあるものである」[13]と考えられているから、やはり民俗芸能を文化財として保存する文脈が強調されているのである。

だが、大四日市まつりの全体についていえば、まつりを文化財として保存する文脈だけが全域化しているわけでもない。むしろ複数の文脈が錯綜して全体を構成しているというべきであろう。じっさい、「その他のイベントは交通規制された街路や公園などが会場にあてられ、あらかじめ設定されたタイムテーブルによって進行」しており、「規模の極めて大きな催しであり、内容も盛りだくさんで、伝統的な色彩のあるものと、パレードや踊りなど、「市民参加」的な色彩を持つものからなっている」[14]のである。ここで再び柳田の所説を見ておきたい。

村の経済の豊かな年には、農民はいつもこの「見られる祭」を美しくしようと心掛けつゝ、しかも一方には彼等伝来の感覚、神様と祖先以来の御約束を、新たにしたいといふ願ひを棄てなかつた故に、勢ひ新旧の儀式の組合せが起り、マツリには最も大規模なる祭礼を始めとして、大小幾つと無き階段を生ずることになり、一つの名を以て総括するのも無理なほど、さまざまの行事が含まれることになつたのである。[15]

もちろん大四日市まつりは戦後に新しく誕生した産業まつりもしくは市民まつりである。村の祭が

「見られる祭」、つまり祭礼に変化したわけでも何でもない。だが、その出自はともかくとしても、山車や獅子舞などを郷土文化財として組みこむことによって成立しているという意味において、やはり重層的な構造を持っているということができる。しかも、大四日市まつりの主役が今日でも大入道山車や鯨船山車などであることは興味深い。人々は郷土文化財行列という新しい趣向に臨みながらも、かつて四日市祭に登場した伝統的な要素を見ることに最も大きな価値を発見しているのである。

郷土文化財という表現にも言及しておかなければならない。というのも、こうした表現は前述した文化財保護法に登場しないどころか、管見した範囲でいえばどうやら大四日市まつりにおいてのみ使用されているらしいのである。だが、大四日市まつりが「文化都市四日市を創る」べく、そして「現在の厳しい生活環境のなかから活力を呼び起こし、人々の豊かな心と連帯の意識を高め、魅力あるまちづくりの推進に役だて」るべく仕掛けられたイベントであったことを思い出してほしい。

大四日市まつりが市民に四日市を「ふるさと」として意識される機会であったとしたら、大四日市まつりに登場する各種の文化財じたい何よりも郷土を体現するものであり、「地域社会に埋もれているさまざまな資源をいわば自前の文化財として主体的に発見していく試み[16]」の一環であったとも考えられるのである。ここにも文化財がそもそも学術的な価値を内在させていたにもかかわらず、人々が地域文化に対して抱いている広汎な関心を満足させる材料として、もしくは地域社会が地域のアイデンティティを再構成することに貢献する文化的なシンボルとして、社会的な価値を付与されていった過程を確認することができるはずである。

こうした事態を成立させる条件として、四日市祭と大四日市まつりが時期的にも場所的にも近似し

図13　図録『郷愁の四日市祭』表紙（四日市市立博物館、平成9年）

ており、大入道山車や鯨船山車に代表される伝統的な要素が両者を観念的に連合させることに貢献している可能性を指摘しておきたい。たとえば、私は四日市市立博物館の平成九年度企画展「郷愁の四日市祭」を見る機会に恵まれたが、今日もはや存在しない四日市祭に関する展示が来館者に伝統的な要素の本来的な存在形態を知らせるのみならず、文字どおり郷愁を呼びおこす契機として機能していたことを確認している[17]。とりわけ年配の来館者は展示物を見たり記念撮影に興じたりしながら、まつりを文化財として保存する必要性を再確認していたようにも見受けられたのである。

この企画展はもはや見ることができないが、常設展示としても戦前は東海三大祭りの一つとして知られていた四日市祭に関するコーナー展示が設けられている。四日市祭を代表する山車や練り物の模型、そして昭和九年（一九三四）に市民によって撮影された映像がその内容であり、大四日市まつりに継承された伝統的な要素が強調されている。ここでもまつりを文化財として保存する文脈を確認することができるだろう。したがって、四日市市立博物館もまつりを文化財として保存することに多少なりとも貢献しているといえそうであるが、近鉄四日市駅に近いという利便性にも助けられて、市民のみならず四日市を訪れる人々にも四日市祭ひいては大四日市まつりに対する多種多様な関心を抱かせる役割をはたしているはずである。

地域博物館が概して学術的な関心に対応していることはいうまでもないだろう。だが、同時にノスタルジアやエキゾティシズムを呼びおこすという意味において、地域博物館はまつりを地域づくりの中核として位置づける文脈、そしてまつりを地元の経済を活性化する観光資源として活用する文脈とも対応する可能性を持っている。そうだとしたら、四日市市立博物館にしても四日市祭という過去を介して大四日市まつりを対象化する装置の一つであったということができるかもしれない。

じっさい、まつりを観光資源として活用する文脈は、大四日市まつりにも少なからず確認することができる。大入道山車を模した大入道玩具もその一つであろう。大入道玩具は「紙と竹で作った首を伸ばして、目をむきながら舌を伸ばす玩具であ」り、「現在では大四日市祭りの時に販売されている」(18)が、大正期のものも確認されている。大入道山車はおそらく江戸時代に出現する見越入道という妖怪とも関係しており、あらためて両者を図像として検討してみたいところであるが、いずれにしても最も多くの人々に親しまれてきた。したがって、大四日市まつりの土産物として大入道玩具が出現したのも当然であろう。これは大四日市まつりの花形である大入道山車の趣向を玩具に転位させることによって、大四日市まつりを観光資源として活用する、というよりも文字どおり商品化することに成功した事例として興味深い。

しかも、大入道玩具は購入した人々によってどこかへ持ち運ばれるため、大四日市まつりの印象が大四日市まつりというかぎられた時間と空間の外部へも伝えられることに少なからず貢献しているはずである。私じしんもかつて国立歴史民俗博物館に勤務していた当時、三重県出身であった同僚がオフィスの入口に大入道玩具を飾っていたため、十年近くも大入道玩具を見続けるという幸運（？）に恵まれた。一般的にいっても、まつりに題材を得た郷土玩具はまつりに関する観光活動を彩る土産物としても、まつりの記憶を更新するメディアとしても欠かせない一品であろう。大入道玩具じたい大四日市まつりを対象化する装置であるのみならず、人々の記憶に刻みこまれた大四日市まつりを呼びおこす装置でもあったということができるかもしれない。また、大四日市まつりの土産物といえば、大入道煎餅も忘れられない一品である。

だが、本章はまつりを観光資源として活用する文脈の実際に接近するべく、とりわけ民俗芸能、というよりもおまつり法が定める地域伝統芸能に留意してみたい。文化財と観光資源という二つの社会的な文脈が併存もしくは複合する事態は前述したとおり、地域社会における民俗芸能の存在形態に少なからず影響しているのみならず、民俗芸能にまつわる新しい文化現象、つまり創られた民俗芸能が生み出される契機としても作用していると考えられる。その典型こそがおどりフェスタであった。

四　創られた民俗芸能の現在

(1)　諏訪太鼓のばあい

実はおどりフェスタ以外にも、創られた民俗芸能が存在する。諏訪太鼓である。といっても、諏訪太鼓とおどりフェスタを同一視することはできない。おどりフェスタが近年に登場した新しい趣向であるとしたら、四日市諏訪太鼓振興会に所属する約四十団体によって演じられている諏訪太鼓は今日もはや大四日市まつりに欠かせない伝統的な要素として認知されているということができるだろう。じっさい、諏訪太鼓は歴史的な真正性を強調する言説が幾重にも付与されており、前述してきた各種の民俗芸能とも変わるところがないようにも感じられる。四日市諏訪太鼓振興会のパンフレットは「諏訪太鼓のいわれ」について、こう述べている。

太鼓は日本に古来より伝わる楽器で、日本の各地でそれぞれ独特の演奏がなされ、神仏への祈り、祭礼、催物などにもちいられてきました。／諏訪太鼓は、その名の示すとおり長野県諏訪地方で人々の信仰を集めていました諏訪大社に、蝦夷におもむく途中、たち寄った坂上田村麻呂が武運長久を祈り、神楽太鼓を奉納したのが始まりと伝えられています。／又、戦国時代（一六世紀）の武将武田信玄はその勇壮な音色に軍鼓として活用することを考え七人を一組、三組二十一人の太鼓演奏隊を編成し、軍の士気を鼓舞し歴史に名高い川中島合戦に兵を集めたとも伝えられています。即「お諏訪太鼓」は諏訪神社を中心とした奉納太鼓、それに農村の信仰による田園の楽、さらに軍楽が加わり現代に伝わったものです。

といっても、長野県の御諏訪太鼓が戦後に小口大八によって創始されたことはよく知られている。八木康幸は一般的に見ても、「和太鼓はふるく行われていた民俗文化そのものでもなければ、それに修正や変形が加えられたものでもない」のであり、「その多くは近年の流行であり、あたかも伝統的な民俗芸能であるかのように言説が構成され、パーフォーマンスがなされることを特徴としている」(19)

ことを強調している。そして、「その全てが創作太鼓であることから、さすがに古くから継承されてきたもの、何百年の伝統をもつものなどと積極的に本物を自称し、真正性（authenticity）を売り物にするケースはほとんどない」が、「創作であることについての直接的言及を巧みに避けながら、遠い過去との繋がりを強調し、その由緒と伝統をほのめかすものはけっして少なくない[20]」というのである。

長野県諏訪地方に生れた諏訪太鼓は、鎌倉時代のはじめ、源頼朝がその家人を全国の守護、地頭に任じましたが、その一人北勢四郡の守護加藤判官景廉が建仁二年（一二〇二年）に「諏訪神社」を四日市に勧請し、太鼓若衆により神楽太鼓を奉納したのが「四日市諏訪太鼓」のはじまりと云われております。／江戸時代に至り、大小の華麗な山車が例祭の中心となり、いつしかその華やかさの影にかくれ、奉納太鼓の存在も忘れられたものになっていきました。しかし、昭和二十年六月の戦災で山車の大半が焼失し、再び奉納太鼓の存在が見直され、有志の方々の努力で大四日市まつりの花形として市民に親しまれるようになりました。

これは「諏訪太鼓と四日市」について説明したものであり、やはり前述したパンフレットに記載されている。八木も長崎県の和太鼓をとりあげながら指摘しているが、一度は忘れられてしまったり途絶えてしまったものを復活したという言説は数多く見られるものであり、「本来なら継承・存続（survival）されていたはずのものを再生・復活（revival）された、というのが正当性（legitimacy）を正当化する論理となっている[21]」わけである。だが、実際は四日市の諏訪太鼓についても、前述したような事態を確認することができる。

「諏訪太鼓はいわゆる創作太鼓の古典とでもいうべきもののひとつで、その土地の囃子などとともにアレンジされ発展しているものが多い」のであり、「その名が諏訪神社にも符合することから、早くから大四日市まつりに参加しており、特にここ十年余りは太鼓ブームとも相俟って盛んとなってきている」[22]ものである。したがって、諏訪太鼓は文化財保護法が定める民俗芸能の範疇に属していない。むしろ創られた民俗芸能とでもいうべきものであり、おまつり法が定める地域伝統芸能の典型をしめしていたのである。八木は「多くの和太鼓が太鼓名や自己紹介などの紹介を通じ、あるいは衣装や幟の助けを借りて目指そうとするのは、地元に根付き郷土を代表する芸能となりゆくことである」[23]とも述べているが、諏訪太鼓もその好例であったといえるだろう。

幸いにも入手した「四日市諏訪太鼓振興会名簿」に掲載されている各団体の名称を見るだけでも、諏訪太鼓に対する当事者の意識が浮かびあがってきそうである。各団体の名称を全部紹介することはできないが、おどりフェスタの踊り連が名乗る方法とも見くらべてほしい。筆頭は四日市諏訪太鼓保存会。いうまでもなく民俗芸能の保存会を思わせる名称であり、創られた民俗芸能であるにもかかわらず保存会を名乗っているのは興味深い。こうした現象は全国の和太鼓に関して数多く見られる。八木は「本来、保存会は、無形民俗文化財としての民俗芸能を継続維持するための組織として、各地の伝統芸能の継承者の間に誕生したもので」[24]あった消息を指摘した上で、こう述べている。

文化財行政の対象でない和太鼓が、保存会名の組織を持たねばならない直接の理由はない。おそらくは、創出した芸能を地域の新たな伝統としてもり立てていこうという強い意志と、それを実現させバックアップするための機構の必要性が、保存会という組織を要請したものにちがいない。そこには同時に、自らの芸能を伝統的な民俗芸能のイメージに重ねて理解をはかろうとする心理がうかがえる[25]。

諏訪太鼓は各種の企業・青年会議所・ライオンズクラブ・ロータリークラブなどにおいて結成された団体が存在する一方、子供会や自治会も重要な母体であるらしい。地域づくりに関係していると思われる団体も含まれている。そして、強い喚起力を持つ漢字を使用した名称も少なくない。しばらく続けてみよう。中部近鉄百貨店諏訪太鼓、伏龍、四日市青年会議所太鼓チーム、住友電装諏訪太鼓チーム、四日市諏訪太鼓遊鼓会、桃太郎諏訪太鼓女組、岡本総本店諏訪太鼓、玄竜組、きたしん諏訪太鼓チーム、諏訪太鼓楽鼓隊、萬古太鼓、普賢会、鼓会（鬼神衆）、四日市ライオンズクラブ太鼓チーム、四日市東ロータリークラブ諏訪太鼓チーム、紅つばき、綾音会、蒼雷、浜田子供諏訪太鼓、慈光太鼓、轟天太鼓、諏訪栄町子供会鼓会、諏訪町子供会、浜蔵子供会諏訪太鼓、共同地区子供会諏訪太鼓、中央地区育成会……。

大人の団体は十〜三十人、子供の団体は三十〜百人程度であり、子供会や自治会に依拠した団体は市内の中心部に集中しているようである。「特に子供太鼓は地区子供会の育成事業のひとつとなって、地域づくりのよりどころと意識されている[26]」という。各団体は大四日市まつりの前日（金曜日）以降、太鼓をトラックの荷台にのせて市内をまわって演奏することが多い。その経費は大四日市まつり実行委員会が負担しており、演奏してもらった企業等が一定の祝儀を渡すことも一般的であるという。こうした祝儀は諏訪太鼓の演奏のみならず、大入道山車や鯨船山車の演技に対しても渡されており、かつての四日市祭における伝統が踏襲されているということもできるだろう。創られた民俗芸能である諏訪太鼓においても、伝統的な要素が摂取されているというわけである。

八木は全国で数千もの団体によって演じられている和太鼓が例外なく創作芸能として出発しながらも、今日もはや伝統的な民俗芸能の地位を獲得していることを強調している。八木は「和太鼓を民俗芸能視すること」について、「両者の現状に代替性を認めるにしても、土着の民俗芸能が文化財行政によって市町村文化になりゆく過程と、「太鼓はふるさとの音」といった戦略的言辞を梃子にして、創られた郷土芸能である和太鼓が市町村を代表する権威と役割を獲得してゆく過程とは、たしかにベクトルの向きが逆であるように見える」という。だが、「にもかかわらず、民俗芸能と和太鼓との差異が限りなく小さいのはなぜだろうか[27]」とも問いかけるのである。

八木は「一九七〇年代以降、祭りの再興や地域芸能の見直しが始まり」、「一九七五年の文化財保護法の改正をはさんで、一九八〇年代から「ふるさと創生」を経て現在までの、いわばフォーク・リバイバルの大きなうねりの中で、多くの民俗芸能が再評価され、活発化し、復活していった」過程が「和太鼓グループが全国に簇生してゆく過程」とも対応しており、どちらも「地域文化が再編されゆく広範な過程として理解することができる」ことを指摘している。「それは、伝統ある民俗芸能の数々も、創設間もない和太鼓も、ともに「地域文化」化される再編過程にほかならない[28]」といえるだろう。八木はこう続けている。

国レベルでは通産省、運輸省、自治省などの関与するものから、市町村規模では企画課、商工観光課などを主担とするイベントにいたる、観光発展や産業振興を目的とした文化政策は、いまや文化庁から市町村教育委員会の系列に連なるセクターが担当する文化財行政を凌駕して、はるか強力にローカルな芸能を再編しつつある。その状況の中で和太鼓は、すでに重要な演目としての不動の地位を確立している。地域に密着した歴史と伝統を装いながら、無形民俗文化財がもつような因習の呪縛（言葉が悪ければ、文化財であることの制約）からは自由な和太鼓は、行政にとってはきわめて操作しやすい郷土芸能なのである。おそらくその価値は、操作しにくいが高い権威が売り物になる指定文化財に匹敵するにちがいない(29)。

そもそも文化財保護法が定める民俗芸能は明治以前に淵源するものに限定されており、明治以降に誕生したものは除外されている。したがって、戦後に誕生した和太鼓は文化財保護法に沿っていえば、民俗芸能の範疇に入らないわけである。文化財保護法におけるイデオロギーの所在を端的に知らせているともいえそうであるが、和太鼓が地域に根ざしており伝統的な雰囲気を醸し出す芸能である以上、おまつり法が定める地域伝統芸能の概念に合致することはいうまでもないだろう。それは歴史的な真正性を欠いているかもしれないが、今日もはや郷土や伝統を表象する現代的な文化現象として民俗芸能とも変わるところがないのであり、創られた民俗芸能であるということができる。すなわち、「いわば地域文化としての両者は対等なのであり、伝統ある民俗芸能に与えられてきたのと同じ「ふるさと」を表象する資格を、すでに和太鼓は手中にしている」[30]のである。

(2) おどりフェスタのばあい

おどりフェスタのばあいはどうだろうか。前述したような事態はおそらくおどりフェスタにも揺曳しているはずである。興味を持った私は再び東條さんにお願いして、地元の放送局であるCTYが平成九年（一九九七）の第三十四回における宵まつりを実況中継した番組「大四日市まつり'97」のビデオを見せてもらった。平成九年は四日市市の市制施行百周年を記念して、大四日市まつりにおいても特別な趣向が用意された、というよりも大四日市まつりじたいが大きく改変された年である。最大の目玉は何といってもおどりノフェスタであろう。実際は大四日市まつり実行委員会が総力を結集して考案したものであり、大四日市まつりの新しい呼び物として成長することが期待されていたのである。一方、正調大四日市まつり音頭にのせた踊りは二日目の夕方、やはり三滝通りにおいて演じられたらしい。

ビデオを見て驚いた。おどりフェスタの会場である三滝通りは、阿波踊りやディズニーランドのパレードでも見ることができるような、階段式の巨大な観覧席が設置されている。これは平成九年に登場したものであり、おどりフェスタのみならず郷土文化財行列が登場するさいも観客の便宜に供された。おどりフェスタひいては新しい大四日市まつりが以前にも増して「見る／見られる」関係を鋭く意識していることがしのばれるだろうか。観覧席が出現した場所（三滝通りと諏訪新道の交差点）はかつて舞台が設置されており、前年もサンバ・フェスティバルが行なわれていたが、新しく企画された宵まつりに備えて変更されたのである。新しい舞台は三滝通りを広く使っており、中央分離帯を囲む回遊式の街路劇場とでもいうべき趣向である。一人でも多くの観客に見てもらおうというわけだろうか。

こうした意識は少なからず確認することができた。たとえば、郷土文化財行列は普段こそ二日目にしか見ることができないが、特別に一日目にも郷土文化財山車&諏訪太鼓競演という趣向が登場した。これはリトルおどりフェスタの後、おどりフェスタの前に挿入されており、やはり三滝通りにおいて行なわれた。観客が普段は一日しか見ることができないどころか、雨天だったら中止されてしまう山車を見物する機会を増やしたという意味においても好評だったらしい。大入道・甕割・岩戸山・菅公の山車が勢揃いしたのだが、関連する趣向として大四日市まつりのマスコットである小入道くんも初登場している。岩戸山山車は巫女が突然狸に変身して睾丸を膨らませるというものであり、近年そのユニークな趣向が観客の人気を集めている。

また、くわしく知ることはできなかったが、二日目の郷土文化財行列において三十数年の月日を経て帰り山が行なわれた。帰り山は山車が倉庫に戻るさい山車の人形が変装するという趣向であり、昭和二十六年（一九五一）の九月に行なわれた四日市祭において大入道が吉田茂首相に扮したという。これはサンフランシスコ講和条約が締結されたことを記念した趣向であった。いずれにしても、一人でも多くの観客に大四日市まつりに対する関心を持ってもらおうという意図を汲み取ることができるだろう。郷土文化財山車&諏訪太鼓競演について付言しておきたい。諏訪太鼓は三滝通りの五カ所に設けられた諏訪太鼓トラックにおいて模範演技が披露された。観覧席の正面は岡本総本店諏訪太鼓である。そして各団体が次々登場したのであり、女性だけで結成された桃太郎諏訪太鼓女組の勇姿も見ることができたようである。

といっても、最大の目玉がおどりフェスタであったことはまちがいない。だからこそ地元の放送局は二日目の郷土文化財行列のみならず、一日目の宵まつりをも放送したのであろう。私もビデオであったとしても、ようやくおどりフェスタを見ることができたのである。番組において実況中継されたおどりフェスタの様子を簡単に紹介しておきたい。恒例のドリーム・パレードが終わったら、日中は子どもが演じるリトルおどりフェスタである。リトルおどりフェスタは十団体が参加していた。

西久保由美子モダンダンス教室、あやめほいくえん、ひかり幼稚園新体操クラブ、ハマダ・キューティー・トワラーズ、川島たけのこ鼓笛隊、ハッピーズ（中央保育園）、四日市ジュニアアンサンブル、サマーチルドレン（四日市幼稚園）、黄色いシャボン玉（中川新体操クラブ）、ナヤ幼（納屋幼稚園）。子どもによって構成される踊り連が愛らしい演技を披露する様子が印象的であった。リトルおどりフェスタはおどりフェスタの子ども版とでもいうべきものであり、使用される曲も踊る場所もいっしょだが、おどりフェスタに相違して審査もなければ各賞もない。楽しく参加することが最優先されているようである。

おどりフェスタは前年のサンバ・フェスティバルに替わる趣向としてはじまった。初年度は二十六団体、約六百人が参加した。リトルおどりフェスタも含めたら、約千人という大人数である。これは前年が十前後の団体しか参加していなかったことを考えてみれば、上々の出来であるといえるだろう。最近の大四日市まつりは見るだけであるという意見に対応するべく、できるだけ多くの人々に参加してもらうことを想定していたが、同時に観客に見せることや何らかのメッセージを伝えることに配慮したようである。応募する条件は十人以上揃っていることのみ。踊り連は大四日市まつり実行委員会がいわば教則本として作成したビデオによって、おどりフェスタの基本を習得することができる。だが、実際はあくまでも手がかりとして参照する程度であった。基本を忠実に再現することは必ずしも求められていない。むしろ自由に創作することが奨励されている。

おどりフェスタの実際はどうだったか。おどりフェスタは三滝通りに出現した、中央分離帯を囲む回遊式の街路劇場において、文字どおり踊りの輪をつくって回遊しながら演じられる。最初は会場の二カ所においてエキシビション、つまり模範演技が披露された。さすがというべきだろうか、メリハリがあってよく鍛えられた演技である。観覧席の正面に登場した踊り連の一つはそう、あのハマダ・キューティー・トワラーズだった。彼女たちは今日もはや大四日市まつりにおける輝かしい伝統として、歴史的な真正性に根ざした権威をも獲得しているのかもしれない。ビデオを見ていても、何となく女王の風格が備わっているようないないような。

おどりフェスタに使用されるポップ調大四日市まつり音頭は歌が入ったヴァージョン、歌が入らないヴァージョン、ギター・ヴァージョンの三種類がある。約三分半の曲を九曲連続して流すため、踊り連は約三十分踊り続けるわけである。そして二、三分休憩したら再開するというものであり、踊り連は最終的に一時間半以上も踊り続けていた。しかも、三滝通りを時計回りの逆方向に移動しながら、である。したがって、沿道につめかけた観客はどこにいても変わらない条件で見ることができる。また、観客が一カ所に集中して混雑するような事態も回避することができるというわけだろうか。ハマダ・キューティー・トワラーズが再び観覧席の正面に押し出されてきた。どうやら一周したら終わるらしい。相当な長丁場であるといえるだろう。最後は路上ディスコとでもいいたくなるような、高揚した雰囲気がまきおこっていた。そしてフリーダンスが披露される。

ところで、おどりフェスタはコンテストの形式を採用している。おどりフェスタはあくまでも踊りによって盛りあがるフェスタ（まつり）である。したがって、踊り連が踊り続けている最中も、観覧席の最前列に鎮座する審査員は踊り連の演技に真剣な視線を投げかけている。審査員は大四日市まつり実行委員会実行委員長（四日市市の助役が務めた）、四日市青年会議所理事長、四人のミス四日市、一般市民代表（ボランティア・スタッフでもある）が担当する。また、会場の四カ所に配された四人のＤＪも審査員を兼ねている。審査員は観覧席のみならず会場の数カ所に配されているから、演技のみならず観客の拍手や喝采も十二分に考慮しながら評価することができるのである。また、ＣＴＹのカメラが意図的に選び出しているのかもしれないが、外国人の観客も多く見られた。概して好意的なコメントを寄せていたようである。

そして、コンテストである以上は当然だろう。おどりフェスタを盛りあげることに貢献したと見なされた踊り連は、輝かしい栄誉によって祝福される。一位はおどり大賞であり、十万円の賞金が贈呈される。二位が優秀賞、三位が熱演賞であるが、ほかにも各賞が用意されている。チームワーク賞は振り付けや掛け声が揃っていた踊り連へ、クリエイティブ賞は振り付けがすばらしかった踊り連へ、コスチューム賞は衣装がすばらしかった踊り連へ、そしてスマイル賞は笑顔がすばらしかった踊り連へ贈られるのである。こうした各賞は踊り連を少なからず惹きつけているらしい。「優勝したい」とか「賞は何か必ずほしい」とか「十万円を取り、かつ体力をつける」（？）とかいう台詞は、ビデオを見ているだけでも聞こえてきた。

八木はおまつり法が定める地域伝統芸能の現在を主題化した論文において「創られた郷土芸能」という表現を使っている。これは「近年の地域振興に関わる動きの中で、町おこしや地域振興などを目的とし、あるいはそういった動向に呼応しつつ創り出された、様々な芸能やイベント型の祭り」を意味しており、「その多くは「ふるさと」や地域の伝統を強く意識して結成・案出され、伝統的な民俗芸能や古い歴史を持つ行事や祭りの一部であるかのような装いをこらしている」[31]という。私が本章において使用している「創られた民俗芸能」という表現も力点の所在こそ異なっているが、ほぼ等しい領域を含意しているといっていいだろう。おどりフェスタが地域伝統芸能として認定されるかどうかは知らない。だが、私はおどりフェスタもやはり創られた民俗芸能であるといっておきたい。

もちろんおどりフェスタは必ずしも郷土色と伝統色を前面に押し出していないという意味において、和太鼓とも異なるところが少なくないだろう。おどりフェスタにおいて郷土や伝統がはたす役割は、和太鼓にくらべたらあまり大きくないようにも感じられる。郷土や伝統を表象するといっても、それがあくまでも方便に類するようなものであることは前述したとおりである。踊り連にとってみれば郷土や伝統を鋭く意識しているというよりも、うまく使いまわせる資源の一つとして取り入れている、つまり流用しているだけであるかもしれない。

にもかかわらず、おどりフェスタが創られた民俗芸能であるといってみせたのは、そもそも市民に四日市を「ふるさと」として意識させる機会であった大四日市まつりにおいて仕掛けられたおどりフェスタが、今日もはや数多くの市民によって支持されていることを知ったせいでもある。また、おどりフェスタが現代風の名称にもかかわらず、郷土色と伝統色をうまく取り入れた大四日市まつり音頭のヴァージョンであった以上は、やはり郷土や伝統を表象する現代的な文化現象として存在しているといわなければならないだろう。

しかも、おどりフェスタは大四日市まつり音頭という創られた民俗芸能を再構成したものであり、いわば二重に創られた民俗芸能であるとも考えられる。創られた民俗芸能に依拠して創られた民俗芸能であるというわけである。あらためて現代社会におけるまつりの対象化が幾重にも屈折しながら進行している事態を思い知らされるが、こうした事態がまつりの明日であったとしたら、私たちは歴史的な真正性を欠いていることを嘆き悲しむよりも、むしろその最中にこそまつりの明日に対する視座の可能性を発見していかなければならないのかもしれない。そうだとしたら、まつりの明日を再想像／再創造する手がかりにしても、おどりフェスタの実際に隠されているはずである。かくして、本章も再びおどりフェスタに接近することが求められている。

平成九年（一九九七）はおどりフェスタがはじまった年である。もしかしたら大四日市まつり実行委員会が企業などに依頼して参加してもらったというような裏の事情もあったかもしれない。だが、ビデオを見ているだけでも、踊り連の大半がおどりフェスタを自由自在に満喫していることは伝わってきた。まったく恣意的にいくつかの踊り連について、登場した順番にしたがって紹介しておきたい。紹介しなくても他意はあるはずもないので堪忍してほしい。たとえば、おどりやれせ隊。男性が大半であったが、女性の衣装が人目を惹いていたようである。なぜか。彼女たちは丈が短い浴衣にハイヒールをあわせていた。伝統的な要素と現代的な要素がうまく折衷されており、どこでも見かけそうな衣装でありながら、実際は相当ユニークな和洋折衷の発想であるといえるかもしれない。いかにもおどりフェスタにふさわしいという印象を持った。

赤い羽根。これも踊り連の名称である。昔懐かしい竹の子族を思わせる赤の長い法被を着用しており、手にも頭にも赤い羽根が。赤い羽根にも赤い法被にも何らかの理由が隠されているのかとも思われるが、とにかく印象的である。ビューティートレーニング。六十三人の大所帯であるが、何よりも名称が物凄い。平均年齢は四十五歳であるという。この踊り連はおどりフェスタの基本を変化させて踊っており、ピンクの法被に半丈の黒いスパッツをあわせて、祭足袋を履き黒のたすきもかける。やはり和洋折衷の衣装である。

そうかと思ったら、四日市農芸高校ラグビー部（オーネッツ）のような踊り連も。五十人弱の踊り連は踊り連というか何というか、衣装もラグビーのジャージを着用しており、スクラムは組むわラグビーボールは飛び出すわ、どう見てもラグビー部のデモンストレーションである。おどりフェスタの基本は恥ずかしいので、振り付けにこだわらないで、とにかく元気よく飛び跳ねるということらしい。そして、本当に飛び跳ねているから驚かされる。「アホになってやるとおもろい」そうだが、そりゃあそうだろう。平均年齢十七歳が見せつける体育会系のノリに圧倒されてしまった。

ポストンは四日市郵便局が母体である。前年のサンバ・フェスティバルでも賞をもらった実力派であり、四体のぬいぐるみも混じった約三十五人は法被・浴衣・短パンなどを着用していた。長い鉢巻も「衣装のポイント」だそうである。ヤングドリームジャパン。踊りこそ揃っているが、男性の衣装は自由自在というか無節操というか、したい放題。短パンとTシャツが基本だが、女装した一群やらカッパ男やらも登場しており、何といってもかぶりもの攻撃が強烈である。これもおどりフェスタらしいと思ったのは私だけだろうか。四日市商工会議所の職員および会員によって結成された四日市商工会議所まつり対策委員会が母体である。まじめな名称が笑わせるが、本人たちはどういうつもりだったのか。おどりフェスタが未知数であったことを考えてみれば、案外ウケを狙ったというよりも、真剣であったのかもしれない。総勢七十人、平均年齢は二十五歳であるという。

ジャスコっち。注釈するまでもないだろうが、ジャスコの四日市店の有志が結成した踊り連である。祭の文字を染め抜いた法被に短パンを履いているが、プラカードを持つ男性はシャグマを被っている。演技はよく揃っており、創意工夫も施されている。とりわけ鳴子を持つのは、高知で火がついて今日もはや全国的に大流行しているよさこい祭りの趣向を取り入れているのだろう。「見てる方は楽しんでいただいて、やってる方も楽しめるというのが一番の目標」であるという。3B体操。これもよくわからない名称である。平均年齢四十歳。スパッツを着用しているが、頭部を飾るビニール製のかぶりものがめだっていた。健康体操の団体に所属しているせいもあって、演技はさすがである。ピヨタンズ。愛らしい名称だが、保育所の保母さんと親御さんが結成したと聞いて納得した。Tシャツとジーパンもしくは短パンという軽装の十人は平均年齢二十五歳であるという。

ふるさとひょっとこ踊りの会もユニークである。というのも、この踊り連は全員がひょっとこであった。ひょっとこのお面、そして赤い法被を着用している。一方、City スポーツ四日市は黒ずくめのアーミー調、見方を変えたら忍者スタイルのようでもある。黒のベールも使っており、派手な衣装が多いおどりフェスタにおいて異彩を放っている。City スポーツ四日市のインストラクターと会員が結成した踊り連である。平均年齢は三十歳であるという。ミヤオカンパニーリミテッドも異色の踊り連であった。市内の会社が母体であるというが、マレーシア人の研修生と日本人の社員によって結成されている。平均年齢二十二歳の十九人。もちろん民族的なダンスが売り物であり、九曲中の二曲はマレーシアの民族舞踊を取り入れているらしい。だが、衣装はむしろカジュアルであり、カラースプレーを使って何やら描いたＴシャツとジーパンというものだった。

ＮＴＴも社員が踊り連を結成している。「アキレス腱に自信あり」というだけあって、「踊り好き」が集まっているらしい。自分たちで考案した振り付けは大きく、しかもよく揃っている。「おちゃめな小入道くんを表現した」そうである。衣装はＮＴＴのマークが入った法被とジャスコで買った濃紺のショートパンツだった。ガーキーズは町内の仲良しグループ十五人が結成した踊り連であり、小学校の五・六年生が参加している。リトルおどりフェスタに出てもよさそうなものであるが、ガーキーズという名称はもしかしたら悪ガキ、に由来しているのかもしれない。男の子は青、女の子はピンクの法被を着用している。振り付けは基本に沿いながらもかなりアレンジしたという……。

五　おどりフェスタが意味するもの

ところで、以上見てきたおどりフェスタの実際は、各地で勃興している新しいまつり、とりわけ高知のよさこい祭りを思わせる。近年はよさこい祭りを扱った成果が数多く発表されているが、阿南透もこうしたまつりについて考察している一人である。阿南は伝統的なまつりのみならず新しいまつりをも概観しており、現代社会におけるまつりが持つ存在形態の一つとして「集団の踊りの祭り」をあげている。つまり「同じ踊りをすることで一体感を強め、興奮と心地よい疲労を共有するものである」[32]が、よさこい祭りはその好例であるというのである。もちろん大四日市まつりじたいは多種多様な趣向を満載している。だが、少なくともおどりフェスタについていえば、やはり「集団の踊りの祭り」である。阿南はよさこい祭りが誕生した経緯について、こう述べていた。

祭りの発端は、徳島の阿波踊りに刺激を受け、阿波踊りに匹敵するような祭りを作ろうと、商工会議所観光部会の構想を中心に始まった。観光客誘致が頭にあったようである。最初は、高知の民謡『よさこい節』をアレンジしたテーマ曲に合わせて、日本舞踊の五流派のお師匠さんたちが作った『よさこい鳴子踊り』を浴衣姿で踊るという、どこにでもあるような夏祭りであった。踊っているのも、町内会、商店街、地元企業などのグループであった。[33]

これは昭和二十九年（一九五四）の出来事であり、矢島妙子も指摘するとおり「戦後の経済復興と夏枯の景気対策を目的に」していたと考えられる。矢島は「もともとお座敷踊りであった「よさこい踊り」を外でも踊ることができるようにと振り付けを変え、一九五〇年の博覧会、「南国博」の「芸能館」で披露し、これが人々の人気を集めたが」が、「一九五三年に隣県・徳島の「阿波おどり」を見学し、これに感銘を受けた商工会議所のメンバーが、高知でも「阿波おどり」に負けないような市民の祭りをつくりたいとして行政にも働きかけて、一九五四年から開始された」という。そして、「祭りを始めるに際して曲作りを依頼された高知在住の作曲家である武政英策氏が、歴史のある「阿波おどり」に対抗するには素手ではかなわないので、〝鳴子〟と呼ばれる楽器を手にすることを思いつ」き、「こうして「よさこい鳴子踊り」という曲が作られる(34)」のである。

おどりフェスタに登場したジャスコっちは、おそらくこうした趣向を取り入れたのであろう。全体として見ても、おどりフェスタがよさこい祭りに影響されている可能性は少なくないと思われる。そもそも行政が観光客を誘致して地元の経済を活性化するべく主導していたこと、そして新しい趣向の基礎としてあらかじめ存在していた民謡や踊りを流用したことは、おどりフェスタにも見られる特徴である。ところが、よさこい祭りは行政が主導していたにもかかわらず、参加者が創意工夫することによって、次第にその性格を大きく変貌させていった。阿南はいう。

最初の変化のきっかけは、一九七二、七三年にフランス・ニース市のカーニバルに出場した際、サンバのリズムを取り入れたハイテンポな曲を作ったことである。「この曲なら踊れる」と若者が自発的に祭りに加わっていった。さらに一九八一年からは、自由な創作を公認した。曲に『よさこい鳴子踊り』の一節を含み、両手に鳴子（木製の楽器）を持ってさえいれば、後は自由になったので、グループごとに自作の曲と振り付けと衣装を競い始めたのである。こうして、若者が大挙して参加し、バンドの載った地方車（先導車）の後ろで、若者たちが路上ディスコさながらに踊り狂うという、熱気ムンムンのパワフルな祭りになったのだ。最初二一チームで始まった祭りは、ニースのカーニバル出場前の一九七一年に四三チーム、自由化直前の一九八〇年には六六チームであったが、五年後の一九八五年には一〇〇チームを突破した。一九九三年には、踊り子隊一四四チーム、一万六五〇〇人が参加した。高知市の人口三二万人の二〇人に一人が参加したことになる。観客も、県の人口に匹敵する八五万人に及んだという。[35]

現在のよさこい祭りは八月九〜十二日の四日間、高知市の中心部において開催されている。よさこい祭りを長らく調査している内田忠賢は「一四〇〜一五〇団体、約一万六〇〇〇人前後が出場し、観光客約一〇〇万人を集める、高知市、いや高知県最大の年中行事となっている」という。よさこい祭りは当初こそ多種多様な趣向が寄せ集められたが、まもなく「『鳴子踊り』と呼ばれる踊りのパレードがメインの祭り」に脱皮したようである。「現在の鳴子踊りは、一九五四年に創作された正調（和風）や、一九七二年頃から始まったサンバ調、一九八三年頃から導入されたジャズダンス風の踊り、などさまざまなタイプが見られる」が、いずれも「『鳴子』という木製のシンプルな楽器を両手に持ち、音楽の一部に『よさこい鳴子踊り』という曲を含めさえすれば、後はリズム、音楽、振り付け、衣装などは自由で、ほとんど制約のない踊りが特色となっている[36]」らしい。

内田はよさこい祭りが十二分な魅力を獲得した理由として、見せるまつりとして成熟したことをあげている。内田は「よさこい祭りの場合、企業ＰＲやＴＶ中継、他所のイベントへの参加、そこでの披露が起爆剤とな」り、「参加者が見せる技を磨いたことで、魅力ある祭りに脱皮した」ことを指摘する一方、「地域のイベントなので、誰でも参加できる気安さは不可欠である」ともいう。そして、「新しい都市祝祭では、素人が参加できる部分を残しつつ、セミプロの域に達した技を見せる努力が必要である」という所感を書きつけていた。新しいまつりは見せるまつりでありながら、同時に参加するまつりでもあることが求められているのだろう。[37]

おどりフェスタは必ずしもよさこい祭りが獲得したような地平に到達していないかもしれない。だが、にもかかわらずその萌芽を感じ取ることはできるだろう。というのも、おどりフェスタも行政が主導するものでありながら、参加者が創意工夫することを奨励しているようにも感じられるのである。自由な踊りが公認されたこと、観覧席が設置されたこと、TV中継が行なわれたこと、そして各賞が用意されたことは、いずれもおどりフェスタがよさこい祭りに負けず劣らず「見る／見られる」関係を鋭く意識している消息をしめしている。そして、それは参加者にも少なからず影響しているのである。たとえば、衣装はその典型である。

衣装はというと、古典的な浴衣やハッピ、カラフルなTシャツ、タンクトップ、レオタード、サッカーのユニフォーム、和洋折衷、その他描写困難なデザインが入り乱れている。派手ななかにも和風の要素を取り入れたり、ハッピの形を残しながら独特のデザインを施したり、伝統を活かしながらの創作が目に付く。またヘアメイクや髪飾りも派手だ。編み笠、鉢巻き、ヘアバンド、バンダナ、造花を挿しまくった花瓶頭や、ヘアスプレーで染め上げた髪もある。化粧も凄く、歌舞伎調のメイクも登場した。[38]

これは阿南がよさこい祭りに登場する踊り子隊の衣装について紹介したものであるが、おどりフェスタに登場する踊り連の衣装であるといっても、おそらく誰もが納得してしまうだろう。丈が短い浴衣にハイヒールをあわせるのも、法被に短パンやスパッツをあわせるのも、おどりフェスタが見せるまつりとして意識されていることに由来しているはずである。しかも、こうした趣向は御諏訪神輿のような、いわば伝統的な雰囲気を醸し出している要素にも見ることができる。「御諏訪神輿」は、その形態や担ぎ方（公募による）の衣装など、まさに江戸・東京風であるが、このことはイベントの一つである「おどりフェスタ」における女性の髪形にもうかがえる」のであり、「ここでは東京風が人々に祭りの「理想形」として、あるいは「かっこよさ」として映じているようである[39]」とも考えられるだろうか。

じっさい、「江戸・東京風への指向は東日本から東海の祭礼に近年共通に見受けられる傾向である」[40]という。おどりフェスタが江戸・東京風であるかどうかはともかくとしても、「かっこよさ」を見せるまつりとして意識されているのはまちがいない。私はＣＴＹの実況中継においても、おどりフェスタに関して興味深い談話に接することができた。それは前年のサンバ・フェスティバルとおどりフェスタを比較するものであったが、「サンバはグチャグチャになっちゃって踊りにならなかった」というのである。どうやらサンバ・フェスティバルは「見せるっていうんじゃなくて、自分たちが楽しんでやってるだけで、パフォーマンスが全然なかった」といわせてしまうようなものだったらしい。

一方、おどりフェスタは『まとまってて振り付けがあるから、見てる人もおもしろい」とも「自分たちが発散するだけじゃなくて、内輪ノリを一つ超えたところで楽しめる」とも評されていた。したがって、「評価されることも必要」であるというのである。サンバは一般的にいっても新しいまつりに取り入れられるばあいが多いが、まつりを盛りあげることに少なからず貢献しているにもかかわらず、かくも否定的な感想を生み出してしまいかねないものでもあるらしい。ところが、おどりフェスタは審査員のみならず多数の観客にも評価されることを意識した趣向として、いわば肯定的に受け入れられていたのである。

もちろんおどりフェスタが登場したことによって、以前の正調大四日市まつり音頭にのせた総踊りが追いやられてしまったという意見も存在するだろう。よさこい祭りについていえば、「流行に敏感に反応し、ロック、ラップ、レゲエ、ヘビメタ、ジャズ、パラパラ、何でもありで、さまざまな踊りが披露されている」今日、「元気で大規模な祭りに成長した反面、中高年齢層には少々違和感がある、参加しづらい祭りに変貌したことも事実である」[41]が、近年の動向として高齢者や障害者の踊り子隊が登場していることも無視することができない。森田三郎は「よさこい系の祭り」の全体的な傾向として、こう述べている。

祭りへの参加資格の面からいえば、一定の年齢に達した地元の男性が中心であった伝統的な祭りに対して、よさこい系の祭りでは、地域、年齢、性別の壁を破ったところに特徴がある。結果的には、女性（それも若い）参加者が圧倒的に多いし、子供、老人、障害者の参加も、伝統的な祭りに比べると断然多い[42]。

文字どおり「地域、性別、健常・障害、世代、人種、民族、国籍などの区分を取り払い、なおかつ踊り子チームや祭りのスタッフとして、仲間意識を醸成している」[43]というわけである。おどりフェスタが高齢者や障害者の踊り連を登場させたという話は聞いていないが、新しいまつりがバリア・フリーやユニヴァーサル・デザインの発想を実現する可能性を持っているとしたらどうだろうか。それは伝統的なまつりにおいて排除されてしまいがちであった存在（女性、新住民、外国人、障害者……）にもまつりに参加する機会を等しく提供する可能性を持っているともいえそうである。じっさい、おどりフェスタにおいても女性の参加者数はきわめて多い。また、ミヤオカンパニーリミテッドがその好例であったが、外国人も参加していたのである。そう考えていけば、やはり見せるまつりでありながら誰でも参加することができるまつりこそが新しいまつりであるといえるだろうか。

内田はよさこい祭りについて、「一見、行政側が強力に主導しているように思える」が、「実態は、参加者が創意工夫を重ね、祭りを自主的に創り変えながら、現在の隆盛に至っている」のであり、「商工会議所内のよさこい祭り振興会は、自然発生的な成長を追いかける形で、祭りのバックアップをするにすぎない[44]」という。だからこそ近年は諸々の問題も指摘されているが、そもそも行政が仕掛けたまつりが市民のみならず全国各地の人々にも受け入れられて、誰にでも主体的に参加することができるまつりとして成長していったのはなぜだろうか。

「一般に、新しい祭りには若者たちが参加に消極的で、行政側がテコ入れをして、どうにか維持する場合が多い」のだが、「よさこい祭りの参加者の大半は若者たちであり、しかも非常に積極的に参加している」らしい。内田は「踊りに流行を柔軟に取り入れ、伝統的な型にこだわらないことで、祭りが活性化してきた」という。つまり「この祭りは変化することが前提であり、その前提があるからこそ、成長する」のであり、「文化財に指定され、付加価値を付けることで、どうにか生き延びる伝統的な祭礼とは違」い、「財政的な支援が弱くとも、自主的な参加がうながされ、パワーダウンしないのである」[45]とも述べている。私はおどりフェスタにもこうした可能性が秘められていると考えているのだが、どうだろうか。矢島は「よさこい」というまつりの形式じたいについて、こう述べている。

「よさこい」は年齢・性別に関係なく参加でき、集団となる契機の方法が多様で、身体表現の方法も多様、踊り自体も楽しみを追求したり技術を追求したりと、あらゆる面の許容範囲が広い。それらを個人で自由に設定して参加できる。祭りを主催する側も、どのような形の祭りにするか設定が自由である。従来の伝統的な祭りがさまざまな決まり事のもとで成立し、それを継承し保存することを大事としていたのに対して、「よさこい」は形式にとらわれずに祭りを創造していくことができる。また、何よりも地域性も強く出すことができる。多様なローカルアイデンティティの表出ができる。そのうえで、同じ「よさこい」というつながりももてる。つまり、差異化と統一化の両方の性質をもてるのである。[46]

そう考えてみれば、よさこい祭りが郷土や伝統を体現するという意味において、創られた民俗芸能として存在していることとは、もはや強調するまでもないようにも感じられる。じじつ「「よさこい」の踊りに使用する曲は〝民謡〟が多いという点に土着的なものの必要性もうかがえる」のであり、「新興住宅地の〝ふるさとづくり〟や、盛り上がりに欠けてきた地域の祭りの活性化には、「よさこい」

はまさに適当な形式の祭りである」(47)ともいえるだろう。事態はおどりフェスタにおいても変わらない。おどりフェスタの参加者は意識的であろうがなかろうが、例外なくこうした文脈にこそ自己を投企しているのである。

だが、まつりに参加するといっても、その方法はさまざまである。おどりフェスタに参加する方法はいうまでもなく踊ることだが、大四日市まつりじたいに関しても、市民が主体的に参加するという新しい動向が見受けられる。21世紀の四日市まつりを創る会が企画・製作・運営したKai-Kou～めぐりあい～はその好例であった。それは「まつりを市民みずからの手で創りあげようと結成された「21世紀の四日市まつりを創る会」プロデュースによる「新・旧のまつりの融合」をテーマにした山車・太鼓・おどりをミックスした一大エンターテイメント」であったという。現代社会において伝統文化を再構成する実践として興味深いが、行政がまつりを主導する従来の形態を再考して、市民と行政が協働する形態を模索する実践であるということもできるかもしれない。

近年は町づくりの梃子として、かつての四日市祭を秋の四日市祭として復興する実践も試みられている。これは四日市の旧市内における商店会が主導する秋の四日市祭実行委員会が実施しているものである。中心的な商店街が空洞化してきている現状に鑑みて、平成十年(一九九八)以降の三年間は三重県のモデル商店街振興資金を利用して三年間実施された。そして、平成一三年(二〇〇一)以降は四日市市の大四日市まつり等補助金を利用して実施している。といっても、実際はそうした補助金が十分であるはずもないので、参加者の自主的な尽力に大きく依存しているようである。平成十三年の第五回秋の四日市祭は東海道四〇〇年祭inちゅうぶに呼応して十月十四日に開催された。諏訪栄・

図14　東海道400年祭inちゅうぶの大名行列（平成13年）

諏訪地内において大入道山車、甕割山車、菅公山車、岩戸山山車、御諏訪神輿などの郷土文化財が集結したという。

東海道四〇〇年祭inちゅうぶは四日市市が東海道四〇〇周年記念事業として地元の自治会や社会福祉協議会などに委託した成果であり、ハマダ・キューティー・トワラーズ、浜田子供諏訪太鼓、浜田舞獅子、富士の巻狩によって構成されるパレード、大名行列、諏訪太鼓、ふれあいひろばが実施された。また、中部地区の地域社会づくり事業の受け皿として各種の団体によって組織された中部地区地域社会づくり推進委員会は四日市市教育委員会文化課とも協働しながら、中部西小学校の地域コミュニティ室において「四日市宿四〇〇周年」を謳う資料展「四日市代官所跡を顧みる」を共催して一般に公開した。あわせてウォークラリーの手引きとして東海道四日市宿漫歩マップも配布された。

こうした実践はいずれも中部地区において四日市祭を復興することに事寄せて、市民と行政が協働しながら町づくりに着手する方法の可能性について一定の針路をしめしているはずである。たとえば、富士の巻狩が登場したのは平成九年（一九九七）以来の出来事である。これは南浜田町などによって演じられてきた練り物であるが、近年は少子化などによって町内の人口が減少したせいもあって、上演する機会も稀であるという。そのような伝統文化が町内にかろうじて残されていたことが、市民と行政が共働する町づくりという新しい文脈において再び脚光を浴びているのである。ここでも見せるまつりでありながら参加するまつりでもあるという二重性が存在している。すなわち、外見上はまったく似ていなくても、その存在形態はおどりフェスタが意味するものとも呼応しているのである。

もちろん大四日市まつりは多種多様な趣向を満載している。阿南が現代社会におけるまつりの存在形態として提出した類型に沿っていえば、大四日市まつりは大入道山車や鯨船山車ひいては諏訪太鼓を登場させているという意味において、「「歴史」と「伝統」の祭り」、つまり「地域にゆかりの歴史上の人物、特産品、伝説などを核として作られた祭り」であるとも考えられるだろう。これは「自治体や商工会議所などが主催する、行政主導のものに多い[48]」という。一方、「行政主導の祭りには別のタイプ」も存在している。「それは、何でもよいから祭り風のものを寄せ集め、希望者はどんどん参加させるというものであ[49]」り、「子供神輿からブラスバンド、郷土芸能からカラオケ大会まで、祭りに関係のありそうなものならば何でも取り込んでしまう、多様性を強調した（としかいいようのない）祭り[50]」である。大四日市まつりはこうした類型にもぴったり合致する。

しかも、大四日市まつりは諏訪神社において獅子舞などが奉納されるという意味において、「神をはじめとした、宗教的な「聖なるもの」を結集の核とした祭り[51]」として機能している部分も、若干であるが存在している。また、大四日市まつりはおどりフェスタを加味したという意味において、まちがいなく「集団の踊りの祭り」でもある。したがって、大四日市まつりはこうした多種多様な性格を温存することによって、むしろ多種多様な人々が多種多様な方法に依拠しながらまつりを見ること、まつりを見せること、そしてまつりに参加することを保証しているようにも感じられるのである。

大四日市まつりが一見してやや過剰なほどに多彩に感じられるのは、それらがその時期その時代における課題に対応して創案されたものであり、その総和であるからといえるだろう。「市民主体」あるいは「参加型イベント」ということが全国的にもいわれて久しいが、この祭りにおいても、常にそのことは意識され、改良工夫がおこなわれているようである。おなじく「見せる祭り」であり「自ら楽しむ祭り」であったかつての四日市祭や、今日も賑わいを見せる全国の歴史的都市祭礼の姿を考え合わせるとき、なおよりよき姿への模索が今後もつづけられるであろう[52]。

これは前述した大入道山車に関する報告書に綴られた文章である。だが、「歴史的都市祭礼」に限定しなければならない理由はどこにも存在しない。かつての四日市祭が「見せる祭り」であり「自ら楽しむ祭り」であったとしても、大四日市まつりは現代社会におけるまつりの対象化が幾重にも屈折しながら進行した結果として、今日もはやあまりにも遠く来てしまったのかもしれない。だが、それは嘆き悲しむようなことでも何でもないはずである。大四日市まつりは今も昔も「変化する状態が伝えられる」、もしくは「変化する状態が変わらない」[53] ようなまつりであった。大四日市まつりに登場する大入道山車も諏訪太鼓も、そしておどりフェスタもこうした消息を意味していたのである。もちろんハマダ・キューティー・トワラーズもそう。だから明日があるさ。おそらく四日市に生まれた元彼女だったら、明日があるにぃ、とかいうのだろうが。

［付記］

本章で使用した写真・図版は、図13を除き、『文化展望・四日市 ラ・ソージュ』一九号（財団法人四日市市文化振興財団（現、四日市市文化まちづくり財団）、二〇〇二年三月刊）に掲載されたものを許可を得て転載した。

1 四日市市教育委員会編『三重県祭礼行事記録調査報告書 大入道山車』、四日市市教育委員会、一九九九年、二〇頁。
2 同書、二〇-二一頁。
3 加藤寛嗣「ご家族そろってお楽しみを…」『広報よっかいち』昭和五七年七月下旬号付録大四日市まつり特集号、四日市市役所、一九八二年、一頁。
4 事務局社会教育課編『郷土の文化遺産――四日市の指定文化財と地域の祭り』、四日市市教育委員会、一九八一年、一七四-一七七頁、参照。
5 四日市市教育委員会編、前掲書、二〇頁。
6 同書、二〇頁。
7 同書、二二頁。
8 柳田國男「日本の祭」『定本柳田國男集』第一〇巻、筑摩書房、一九六九年、一八二頁。
9 同論文、一九二頁。
10 橋本裕之「「民俗芸能」再考――儀礼から芸能へ、芸能から儀礼へ」たおフォーラム編『「東アジアにおける民俗と芸能」国際シンポジウム論文集』、「東アジアにおける民俗と芸能」国際シンポジウム論文集刊行委員会、一九九五年、六〇-六一頁、参照。こうした視座はほぼ全面的に福島真人の卓抜な所説を踏襲している。福島真人「儀礼とその釈義――形式的行動と解釈の生成」民俗芸能研究の会/第一民俗芸能学会編『課題としての民俗芸能研究』、ひつじ書房、一九九三年、および同「儀礼から芸能へ」福島真人編『身体の構築学――社会的学習過程としての身体技法』、ひつじ書房、一九九五年、参照。

11　以下、民俗芸能に係る行政の現況を主題化した私の論文を部分的に再利用した。橋本裕之「民俗芸能の再創造と再想像――民俗芸能に係る行政の多様化を通して」香月洋一郎・赤田光男編『講座日本の民俗学』一〇（民俗研究の課題）、雄山閣出版、二〇〇〇年（本書所収）、参照。

12　四日市市教育委員会編、前掲書、二一頁。

13　同書、二一-二二頁。

14　同書、二二頁。

15　柳田國男、前掲論文、一八二頁。

16　橋本裕之「狭められた二元論――民俗行政と民俗研究」『日本民俗学』第二二七号、日本民俗学会、二〇〇一年、二六四頁、本書所収。

17　企画展じたいは終わってしまったが、充実した図録がその内容をよく伝えている。四日市市立博物館に行けば、現在も閲覧もしくは購入することができるだろう。四日市市立博物館編『平成九年度企画展　郷愁の四日市祭』、四日市市立博物館、一九九七年、参照。

18　同書、五六頁。

19　八木康幸「ふるさとの太鼓――長崎県における郷土芸能の創出と地域文化のゆくえ」『人文地理』第四六巻第五号、人文地理学会、一九九四年、二五頁。

20　同論文、三二-三三頁。

21　同論文、三三頁。

22　四日市市教育委員会編、前掲書、二二頁。

23　八木康幸「郷土芸能としての和太鼓」『たいころじい』第一五巻、十月社、一九九七年、二一頁。

24　同論文、二二頁。

25　同論文、二二頁。

26　四日市市教育委員会編、前掲書、二二頁。

27　八木康幸「郷土芸能としての和太鼓」、二二四頁。
28　同論文、二二四頁。
29　同論文、二二五頁。
30　同論文、二二五頁。
31　同「「地域伝統芸能」の現在――全国フェスティバルの現場から」『比較日本文化研究』第二号、待兼山比較日本文化研究会、一九九五年、一三八頁。
32　阿南透「伝統的祭りの変貌と新たな祭りの創造」小松和彦編『現代の世相』五（祭りとイベント）、小学館、一九九七年、九五頁。
33　同論文、九六頁。
34　矢島妙子「「よさこい祭り」の地域的展開――その予備的考察」『常民文化』第二三巻、成城大学常民文化研究会、二〇〇〇年、二七頁。
35　阿南透、前掲論文、九六―九七頁。
36　内田忠賢「変化しつづける都市祝祭――高知「よさこい祭り」」日本生活学会編『祝祭の一〇〇年』、ドメス出版、二〇〇〇年、一三一―一三二頁。
37　同論文、一三五頁。
38　阿南透、前掲論文、九七頁。
39　四日市市教育委員会編、前掲書、二二一頁。
40　同書、二二一頁。
41　内田忠賢、前掲論文、一三七頁。
42　森田三郎「祭りの創造――よさこいネットワークを考える」日本生活学会編『祝祭の一〇〇年』、二四九頁。
43　同論文、二五七頁。
44　内田忠賢「都市の新しい祭りと民俗学――高知「よさこい祭り」を手掛かりに」『日本民俗学』第二二〇号、日本民俗学会、一九九九年、三七頁。
45　同論文、三九頁。
46　矢島妙子「祝祭の受容と展開――「YOSAKOIソーラン祭り」」日本生活学会編『祝祭の一〇〇年』、一六七頁。

47　同論文、一六八頁。
48　阿南透、前掲論文、七七頁。
49　同論文、八三頁。
50　同論文、七二頁。
51　同論文、七二頁。
52　四日市市教育委員会編、前掲書、二二頁。
53　内田忠賢「都市の新しい祭りと民俗学――高知「よさこい祭り」を手掛かりに」、三四頁。

第3章　『大田楽』がはじまりだった
——芸能考証論・序説

一　『義経』の芸能考証を手がける

十二世紀の後半に後白河院が作成させたといわれる『年中行事絵巻』は、平安京における年中行事にまつわるさまざまな光景を描き出していることによってよく知られている。とりわけ祇園御霊会の様子を描いた巻九や稲荷祭の様子を描いた巻十二は、当時流行していた芸能の実際をしのばせる手がかりとして有益である。前者はある屋敷の門前において演技を披露する田楽法師の一座に始まり、大幣、巫女、王の舞、獅子舞、神輿、田楽、細男が行列を構成している。また後者は細男、巫女、田楽、獅子舞、大幣、王の舞、神輿を次々に登場させている。私が長らく調査してきた王の舞に関していえば、どちらも神輿の前方に位置しており、鳥甲と鼻高面を被り裲襠装束を着用している。王の舞、そして田楽や獅子舞。こうした芸能は当時の人々を楽しませるものであり、熱狂の渦をまきおこしてしまうばあいも少なからず存在したらしい。

たとえば、巻九は二人の少年が街路を踏み鎮めるかのように舞う王の舞に近づき、拍手喝采する光景を躍動的な筆致によって描き出している。「王の舞を見に行こう!」——私が平成十六年（二〇〇四）度にかかわった福井県立若狭歴史民俗資料館特別展のタイトルを拝借した——といって誘いあう声が聞こえてきそうである。その光景は王の舞が子供を喜ばせるような性格を持っていたことをしのばせる。いかにも唐突な発想だと笑われてしまうかもしれないが、もしかしたらあの源義経も遮那王を名乗ったころ、平安京の街路を舞いながら進む王の舞を見て拍手喝采する少年の一人だったのかもしれない。じっさい、遮那王が「王の舞を見に行こう!」とかいいながら平安京の街路を駆け抜けたとしてもけっしておかしくないはずである。むしろ十分考えられることであろう。

不用意にも唐突な発想だと書いてしまったが、実はそうともいえない事態が進行していた。というのも、私はこの一年間、平成十七年（二〇〇五）のNHK大河ドラマ『義経』の芸能考証を担当しており、こうした発想を具体化する作業に従事していた。原作である宮尾登美子の『宮尾本平家物語』は王の舞・田楽・獅子舞が平安京の祭礼において演じられていた時代の物語であり、『義経』においても古代末期〜中世前期の芸能が次々に登場する。実際は静御前が披露する白拍子や後白河院が愛好した今様やら平家の公達が舞う舞楽やら当時流行していた雑芸やらを映像化する過程にかかわった。王の舞こそ登場しなかったが——提案したのだが採用されなかった——、『義経』という大河ドラマを通して源平合戦がもたらす劇的な緊張感のみならず、王の舞・田楽・獅子舞に代表される古代末期〜中世前期の芸能がもたらすもう一つのドラマをも実感していただけたはずである。

二　田楽を現代に甦らせよう

そもそも『義経』の芸能考証は長年の畏友であった和泉流狂言師の野村万之丞が担当していた。だが、彼は平成十六年（二〇〇四）六月十日、突然この世を去ってしまった。彼は生前、自分の身の上に何かあったら、私に芸能考証の仕事を引き継いでもらいたいといっていたらしい。正直な話あまりにも荷が重すぎる仕事であり、当初は本人の遺言だといわれても、突拍子もない無理難題であるとしか感じられなかった。だが、現在は彼の遺志を継承して、芸能考証という新しい分野を発展させていくことが私の役割であろうと考えている。それにしても、このような大役が私にまわってきた理由は何だったのか。芸能考証論を展開する手がかりを獲得するためにも、その経緯について簡単に説明しておきたい。

昭和六十三年（一九八八）五月二十六日、私はある研究会において、田楽に登場する高足という曲芸について発表した。当時の私は王の舞・田楽・獅子舞に代表される古代末期〜中世前期の芸能をとりあげながら、「見る／見られる」関係によって紡ぎ出される演劇的な想像力を記述する試みに着手しており、高足に関する発表もこうした構想の一端を担うものであった。一同は質疑応答が終わった後も、御茶ノ水の古書店街に近い居酒屋に移動して田楽談義を続けていたのだが、しばらくして参加者の一人であった野村万之丞が私に話しかけてきた。当時は野村耕介といった。彼は私の発表を気に入ったらしく、突拍子もないことを口走りはじめたのである。田楽を現代に甦らせたいと思っている

図 15　赤坂・日枝神社での大田楽上演。参道で舞う田楽法師（写真提供：特定非営利活動法人 ACT.JT、図 16 も同様）

んだ。よかったら一緒にやらないか……。

中世の人々を熱狂させた田楽の祝祭的な時空を現代に再生させよう。私じしんもこの壮大なプロジェクトの監修者兼役者として一部始終にかかわった。実際は民俗芸能として残っている事例や個性的な演技を記録した史料を検討した上で、その成果を役者の身体にぶつけながら、田楽の演技をつくりあげていったのである。いわば学者と役者のコラボレーションであるが、こうした過程を力強く牽引した存在こそが、両者を自在に往還しながら構成・演出を手がける野村万之丞であった。しかも、私たちは学術的に考証した内容に大胆なデフォルメを施して、現代の観客にも楽しめるエンターテイメントをめざした。それは田楽の古い形態を復活することのみならず、田楽にまつわる精神史的な景観を再生させることをも意味していたといえるだろう。

こうした作業は今日でも芸能考証の方法論的な基礎として継承されている。

平成二年（一九九〇）六月十四日、およそ二年の歳月を経て、赤坂の日枝神社に平成の田楽が登場した。『大田楽』という。現代の田楽法師は能狂言・太神楽・日本舞踊・新劇・アングラ演劇・京劇・バレエ・モダンダンス等々、さまざまな領域において活躍する約六十名。居酒屋の田楽談義が日本のカーニバルとして開花した瞬間であった。しかも、このプロジェクトは大きく展開する。平成三年（一九九一）のＮＨＫ大河ドラマとして、『太平記』が予定されていたのである。この大河ドラマが田楽や白拍子が何度も登場するものであったため、ＮＨＫは前年に『大田楽』の構成・演出を手がけて大成功を収めた野村万之丞に芸能考証として参加することを要請してきたのだった。『大田楽』じたいも『太平記』に出演した。当然の成り行きとして、私じしんも彼のブレーンとして協力した。

野村万之丞は以降もＮＨＫの大河ドラマに参加して、芸能考証という新しい分野を確立していった。そして十数年の歳月を経て、再び古代末期〜中世前期の芸能が登場する大河ドラマとして、今度は『義経』が企画されたわけである。静御前の白拍子はいうまでもないだろうが、田楽についても大河ドラマに再登場させるべく、彼が新しい趣向を練っていたとしてもおかしくないはずである。いずれにしても、彼の意欲が普段にも増して高まっていたことはまちがいないだろう。そうだとしたら、彼の死はやはり痛恨の極みであるとしかいえないのだが、同時に私が「彼の遺志を継承して、芸能考証という新しい分野を発展させていくこと」を決意した理由もわかっていただけるだろうと思う。

ところで、『義経』はともかくとしても、『大田楽』に王の舞が登場することは強調しておかなければならない。『大田楽』における王の舞の必要性は私が強く主張したことであった。私は当時を振り返って、「私の博士論文のテーマでしたから強硬に、中世において祭礼の芸能は、王の舞が最初に先導をして、鎮めという形で行なわれると力説し、導入した」ことを明かしている。それは私じしんも「最初すごく長くて退屈だったんです（笑）」というような内容であったが、「最初に儀式的なものがあってこそ、田楽の熱狂的なものが生きてくるんだと、一所懸命いったりした[1]」ことを記憶している。かくして、王の舞は『大田楽』の冒頭を飾って「段上がり」という部分に登場する栄誉に浴したのである。その様子は初演時のチラシにも若干触れられている。

> 大太鼓の鳴り響く中、正面五十三段の階段を田楽法師達が登ってゆく。矛を持った王の舞が境内で先払いの舞を舞い、次いで獅子がリズミカルな段上がりの舞を見せる。今回はより古い形態を目指し、頭をもった双頭の獅子とした。今日の獅子舞とはかなり異なった演出で、二頭の対照的な動きが眼目となっている。田主の開口により、田楽は次の総田楽へと移る。

図16　大田楽の王の舞

私たちが生み出した王の舞は鳥甲と赤い鼻高面を被り、赤い装束を着用して長い鉾を持つというものだった。こうした扮装は王の舞の基本的な特徴を踏襲している。だが、赤い鎧を着用させたのは新しい趣向であった。これは王の舞が「邪霊を払い道行く先を鎮めるために行なわれた呪術性の強い芸能であった[2]」ことを強調するためであり、平安期において武士が邪霊を払うという呪術的な役割を持っていたことをも意識している。実際は福井県三方上中郡若狭町気山の宇波西神社の祭礼に登場する王の舞を参照しつつも、大胆なデフォルメを施した。また、『大田楽』の冒頭に登場することについても、工の舞が古代末期〜中世前期の祭礼において行列を先導して場を清めるべく、田楽や獅子舞などに先立って演じられるものであった消息を念頭に置いていたのである。

三　芸能考証の基礎をつくる

『大田楽』は今日でも、地域における市民参加型の文化活動として各地で実践されており、新しい存在形態の可能性を模索しながら発展している最中である。たとえば、石川県加賀市山代温泉の夏を彩る『大田楽』は、地元の市民が多数参加することによって、長らく演じられてきた。私はかつて「十年たって市民参加型で、ある意味ポストモダン的な形態で田楽が文脈化されてきている」という現状に関して、「中世の田楽には、市民参加型というフレームは存在しない」以上、「その新しい位相というのはこの大田楽の中にのみ存在するような新しい歴史だと思うのです[3]」と述べた。そうだとしたら、私じしんも監修兼役者として最初期の『大田楽』に参加して、新しい歴史を描き出す試みの第一歩にかかわることができたことは、僥倖であったといわなければならない。

だが、私が演劇にかかわる研究者として自分の方法を模索する過程においても、『大田楽』は決定的な役割をはたしていたはずである。『大田楽』は私にとってみれば、芸能考証の方法論的な基礎を形成する揺籃であった。にもかかわらず、『大田楽』が大きく展開していった一方、芸能考証は必ずしも十分に理解されてこなかったようにも思われる。それは野村万之丞が芸能考証について多く語ってこなかったことに由来するのかもしれない。かろうじて残された手がかりにしても、「芸能考証とは、台本を読み、文化芸能部分に誤りがないかを正すと同時に、各俳優さんたちが劇中で歌ったり、舞ったり、演奏する曲や、舞いの演技を作詞作曲し、振り付け指導する役目である」という程度である。これは平成十四年（二〇〇二）一月六日の『北國新聞』朝刊に掲載された野村万之丞の「ドラマ工房利家とまつ1　制作の現場から「加賀の國」全国に発信」という文章の一部である。

また、平成十七年（二〇〇五）に日本放送出版協会が発行した『NHK大河ドラマ・ストーリー義経』前編の一二三頁にも、「「芸能考証」とは?・」という囲み記事が掲載されている。「もともと時代劇には「時代考証」と「風俗考証」のふたつがあったが、この中から特に芸能の分野に関する考証（その時代にどのようであったかを歴史的資料に基づいて検証すること）と再現を取り出したのが、「芸能考証」であり、この分野を確立した野村万之丞は「大河ドラマ「太平記」「秀吉」「利家とまつ」の芸能考証を行ったほか、NHK古代史ドラマ「聖徳太子」「大化改新」でも総合文化監修を務め、その一連の活動の集大成としてこの「義経」の芸能考証にも深く携わってきた」という。そして、「残念ながら制作の途中で逝去されたが、本作品の芸能考証は氏の作り挙げた土台を引き継ぐ形で行われている」ことを強調しているのである。

すなわち、芸能考証はそもそも野村万之丞という横断的な個人が持つ稀有な才能に帰せられてきたのであり、芸能考証の理念と実際をわかりやすく説明して一般的な地平に接続する必要性に迫られていなかったともいえるだろうか。だが、今後はそうもいかないとしたら、芸能考証を方法化もしくは理論化することが求められている。『義経』のエグゼクティブ・ディレクターを務めた黛りんたろうは、芸能考証についてこう述べている。この文章は芸能考証の理念と実際について語っているのみならず、私が『義経』の芸能考証を引き受けた経緯についても言及しており、芸能考証論を展開する手がかりとして有益である。

野村万之丞氏亡きあとの〈芸能考証〉につき、千葉大学の橋本裕之氏を中心とする「義経芸能グループ」が立ち上がった。／橋本氏は、野村万之丞氏が生前親交を持っていた方で、中世及び鎌倉末期の芸能研究についての専門家である。／橋本氏の指導のもと、野村万之丞劇団の方々、和泉流狂言師の方、笛の専門家などを含む集団を結成し、年間を通じ劇中の芸能関係の場面の具体化に協力していただくことになった。／前述した通り、この時代、日本舞踊はおろか能すらまだ始まっていない。出雲のお国も歴史に登場していない。／したがって、古資料や絵巻をもとに田楽や神楽、舞楽などを参考にしながら、謡いと振りを文字通り「起こして」ゆかなければならない。ただでさえ相当に根気の要る作業なのに、それを、時間に追われる撮影に対応させてというのは想像を超える大変さだ。／橋本氏も万之丞事務所のスタッフの方々も、万之丞氏の弔い合戦のつもりでこの難事業を引き受けてくださった。有難いことだ。／今回、中世以前の舞いや謡いや笛など、今まで誰も見たことも聞いたこともない音曲が劇中で展開されるだろう。それが、ドラマをどれだけ豊かにしてくれるか計り知れない。／こうした遺産を残してくれた万之丞氏にあらためて深く感謝したい。(4)

かくして、芸能考証はコースケ事務所の赤坂明子が私宛の私信においていみじくも指摘したとおり、「個人でなく団体競技となって通じたような思い」を獲得するべく、未発の可能性を模索していった。そうせざるを得なかったのである。実際は私が芸能考証の学術的な部分を担当して、劇中で歌われる各種の歌謡に関していえば作詞も手がけた。そして、雅楽演奏家の稲葉明徳、和泉流狂言師であり野村万之丞の一番弟子であった小笠原匡などが芸能考証の実践的な部分を担当した。つまり作曲や作舞を手がけた上で、実技を指導したのである。この三名は『義経』の芸能考証において、中心的な役割をはたしたということができるだろう。

四　芸能考証の理念と実際へ

私じしんは芸能考証の学術的な部分を担当することのみならず、「個人でなく団体競技となった」芸能考証の全体を調整する役割をはたすことも求められた。図らずもこうした立場に置かれてしまったため、私は芸能考証を方法化もしくは理論化する、つまり芸能考証の理念と実際をわかりやすく説明して一般的な地平に接続する必要性を強く意識せざるを得なかったのである。私は芸能考証について語る機会をできるだけ多く持つことを心がけた。以下その一例として、前述した内容とも重複する部分が多いが、私がかつて勤務していた千葉大学文学部で平成十七年（二〇〇五）度の前期に開講した「日本芸能文化史a」（芸能考証入門）の授業内容を紹介しておきたい。

私は現在、NHK大河ドラマ『義経』の芸能考証を担当している。芸能考証は故野村万之丞が確立した分野であり、彼の所説を拝借するならば「台本を読み、文化芸能部分に誤りがないかを正すと同時に、各俳優さんが劇中で歌ったり、舞ったり、演奏する曲や、舞いの演技を作詞作曲し、振り付け指導する役目」を意味する。私は彼が没した以降、台本に描かれた芸能の場面がその時代的背景に矛盾していないかを検証して、演出家や俳優たちが演技を築きあげていく過程に対して学術的な助言を提供することを担当しており、あわせて実技指導を担当する実演家の集団とも協議しながら作詞や振付などを手がけている。実際は静御前が披露する白拍子、後白河院が愛好した今様、平家の公達が舞う舞楽、当時流行していた雑芸などを映像化する過程において、学術的な成果を参照しつつもドラマにおける芸能の場面を創造する作業に従事しているわけである。本講義は私がかかわった芸能に関する場面をとりあげた上で、受講者じしんが古代・中世の芸能に関する文献資料・絵画資料・民俗資料などを渉猟することによって、芸能考証の作業を教室において実践する。そして、教室においても古代・中世の芸能を再想像／再創造する手がかりを提供したいと考えている。

これは芸能考証の理念と実際をわかりやすく説明した上で、実際の作業を学生に経験させるものであり、芸能考証を開かれた領域として再生させるという意味において実験的な試みであった。また平成十七年（二〇〇五）二月十八日にも、稲葉明徳・小笠原匡・橋本裕之の三名は楽劇学会の第四十七回例会において、「〈芸能考証とは何か〉とは何か――NHK大河ドラマ『義経』をめぐって」という発表を実施する機会に恵まれた。口頭発表の概要はこうである。平成十七年（二〇〇五）に刊行された『楽劇学』第十二号の一五二頁に掲載された内容を紹介しておきたい。

芸能考証は故野村万之丞氏が平成三年（一九九一）のNHK大河ドラマ『太平記』を契機として創始した分野である。テレビドラマにおいて芸能を考証するということは、どのような可能性と限界を内在させているのだろうか。こうした問いに接近する手かがりとして、残された映像を紹介しながら、野村氏が失われた芸能を復元するというよりも、むしろ現代の視聴者に対して過去の要素をどう見せていけるかということを意識していた可能性を指摘した。また、放送中のNHK大河ドラマ『義経』における芸能の場面をとりあげることによって、野村氏の没後その仕事を継承した橋本裕之および稲葉明徳・小笠原匡が従事している実践について報告した。／それは学術的な成果を参照しつつもテレビドラマにおける芸能の場面を創造する試みの一端を提示することであり、具体的な素材として常磐御前や遮那王が吹く笛、平家の一門が愛でる天女の舞、静御前が舞う白拍子、後白河院が興じる今様などを映像化する過程を紹介した。そして、芸能考証が持つ理論的かつ実践的な可能性を求めるべく、①消去法としての芸能考証、②過去と現在の重層的な対話としての芸能考証、③新しいジャンルとしての芸能考証という三つの視座を提示した。

だが、芸能考証の作業を教室において実践した「日本芸能文化史a」（芸能考証入門）という授業の成果について、くわしく紹介する紙数はもはや残されていない。また、「〈芸能考証とは何か〉とは何か――NHK大河ドラマ『義経』をめぐって」という発表において提示した三つの視座は、芸能考証論を展開する手がかりとして有益であろうと思われるが、その内容について論述する紙数も残されていない。いずれも今後を期さなければならないが、野村万之丞によって確立された芸能考証の出発点が『大田楽』であったことだけは特筆大書しておきたい。芸能考証の方法論的な基礎にしても、そもそも『大田楽』を創造する過程において徐々に形成されたものであった。そうだとしたら、何よりも『大田楽』の方法論的な射程を再検討する試みこそが求められている。『大田楽』は芸能考証にとっても、文字どおりはじまりを意味していたのである。

1　橋本裕之「特別インタビュー――「楽劇大田楽」十年の歩み」『楽劇人』第八号、楽劇人協会、二〇〇〇年、四-五頁、本書所収。
2　橋本裕之「王の舞の成立と展開」『王の舞の民俗学的研究』、ひつじ書房、一九九七年、四七頁。
3　橋本裕之「特別インタビュー――「楽劇大田楽」十年の歩み」、六・八頁。
4　黛りんたろう『大河ドラマ「義経」が出来るまで』、春風社、二〇〇五年、一四七頁。

第4章　芸能考証の現在
――NHK大河ドラマ『義経』をめぐって

一　『大田楽』というプロジェクト

芸能考証は五世野村万之丞が平成三年（一九九一）のNHK大河ドラマ『太平記』を契機として創始した分野である。だが、芸能考証の理念と実際は必ずしも十分に理解されてこなかったようにも思われる。それは彼が芸能考証について多く語ってこなかったことに由来するのかもしれない。かろうじて残された手かがりにしても、「芸能考証とは、台本を読み、文化芸能部分に誤りがないかを正すと同時に、各俳優さんが劇中で歌ったり、舞ったり、演奏する曲や、舞いの演技を作詞作曲し、振り付け指導する役目である」という程度である。これは平成十四年（二〇〇二）一月六日の『北國新聞』朝刊に掲載された「ドラマ工房利家とまつ1　制作の現場から「加賀の國」全国に発信」という文章の一部である。

すなわち、芸能考証は野村万之丞という横断的な個人が持つ稀有な才能に帰せられてきたのであり、芸能考証の理念と実際をわかりやすく説明する必要性に迫られていなかったともいえるだろう。それは平成十七年（二〇〇五）のNHK大河ドラマ『義経』においても変わらなかったはずである。ところが、彼は平成十五年（二〇〇三）六月十日、突然この世を去ってしまった。彼は生前、自分の身の上に何かあったら、私に芸能考証の仕事を引き継いでもらいたいといっていたらしい。正直な話あまりにも荷が重すぎる仕事であり、当初は本人の遺言だといわれても、突拍子もない無理難題であるとしか感じられなかった。だが、現在は長年の畏友であった野村万之丞の遺志を継承して、芸能考証という新しい分野を発展させていくことが私の役割であろうと考えている。それにしても、このような大役が私に回ってきた経緯は説明しておかなければならない。

平成二年（一九九〇）六月十四日、赤坂の日枝神社に平成の田楽が登場した。『大田楽』という。現代の田楽法師は能狂言・太神楽・日本舞踊・新劇・アングラ演劇・京劇・バレエ・モダンダンス等々、さまざまな領域において活躍する約六十名。これは中世の人々を熱狂させた田楽の祝祭的な時空を現代に再生させる試みであり、私も監修者兼役者として一部始終にかかわった。実際は民俗芸能として残っている事例や個性的な演技を記録した史料を検討した上で、その成果を役者の身体にぶつけながら、田楽の演技をつくりあげていったのである。いわば学者と役者のコラボレーションであるが、こうした過程を力強く牽引した存在こそが、両者を自在に往還しながら構成・演出を手がける野村万之丞（当時は野村耕介）であった。しかも、私たちは学術的に考証した内容に大胆なデフォルメを施して、現代の観客にも楽しめるエンターテイメントをめざした。

このプロジェクトは大きく展開する。翌年のNHK大河ドラマとして、『太平記』が予定されていたのである。この大河ドラマが田楽や白拍子を大きく扱うものであったため、NHKは『大田楽』を成功させた野村万之丞に芸能考証の責任者として参加することを依頼してきた。『大田楽』じたいも『太平記』に出演した。当然の成り行きとして、私じしんも彼のブレーンとして協力した。そして十数年の歳月を経て、再び古代末期～中世前期の芸能が登場する大河ドラマとして、今度は『義経』が企画されたわけである。白拍子のみならず田楽についても大河ドラマに再登場させるべく、彼が新しい趣向を練っていたことはまちがいないだろう。やはり彼の死は痛恨の極みであるとしかいえないのだが、私が「彼の遺志を継承して、芸能考証という新しい分野を発展させていくこと」を決意した理由もわかっていただけるだろうと思う。

二　『義経』の芸能考証

かくして、私は『義経』の芸能考証を引き受けた。芸能考証の学術的な部分を担当したのである。実際は台本に描かれた芸能の場面がその時代的背景に矛盾していないかを検証して、監督や俳優が演技を構築する過程に対して学術的な助言を提供することを担当して、劇中で歌われる各種の歌謡に関していえば作詞も手がけた。また、実技を指導する実演家の集団とも協議しながら、作曲や作舞の方向性を提示した。そして実際は、雅楽演奏家である稲葉明徳、そして和泉流狂言師であり野村万之丞の一番弟子であった小笠原匡などが、芸能考証の実践的な部分を担当した。つまり作曲や作舞を手がけた上で、実技を指導したのである。この三名は『義経』の芸能考証において、中心的な役割をはたしたということができるだろう。いわば個人競技が団体競技に再編されたのである。

こうした作業はそもそも『大田楽』において培われた芸能考証の方法論的な基礎に根ざしているということができるだろう。私じしんは芸能考証の学術的な部分を担当することのみならず、団体競技として再編された芸能考証の全体を調整する役割をはたすことも求められた。図らずもこうした立場に置かれてしまったため、私は芸能考証を方法化もしくは理論化する、つまり芸能考証の理念と実際をわかりやすく説明する必要性を強く意識せざるを得なかったのである。テレビドラマにおいて芸能を考証するということは、どのような可能性と限界を内在させているのだろうか。私は芸能考証について語る機会をできるだけ多く持つことを心がけた。たとえば、前述した三名は平成十七年（二〇〇五）二月十八日の楽劇学会第四一七回例会において、「〈芸能考証とは何か〉とは何か――ＮＨＫ大河ドラマ『義経』をめぐって」という発表を実施する機会に恵まれている。

私たちは『義経』における芸能の場面をとりあげることによって、芸能考証の理念と実際を紹介した。実際は常磐御前が吹く笛、後白河院が興じる今様、平家の公達が見せる舞楽、静御前が舞う白拍子などを映像化する過程において、学術的な成果を参照しつつもテレビドラマにおける芸能の場面を創造する作業について説明した。また、私たちは残された映像を紹介しながら、野村万之丞が失われた芸能を復元するというよりも、むしろ現代の視聴者に対して過去の要素をどう見せていけるかということを意識していた可能性を指摘した。そして、芸能考証が持つ理論的かつ実践的な可能性を求めるべく、①消去法としての芸能考証、②過去と現在の重層的な対話としての芸能考証、③新しいジャンルとしての芸能考証という三つの視座を提示したのである。今後はこうした視座について、くわしく論述していきたいと思っている。

第II部
民俗芸能

第5章　保存と観光のはざまで
——民俗芸能の現在

一　観光と民俗芸能

　意外なことかもしれないが、観光と民俗芸能の関係は従来あまり深く考えられてこなかった。民俗芸能は長らく保存するべき文化財として存在していたのである。だが、観光の大衆化をも含めた社会の地殻変動は、民俗芸能の存在形態を大きく変化させた。とりわけ民俗芸能を観光資源として利用することを明言したいわゆる「おまつり法」は、民俗芸能の現在を最もよくあらわしているといえなくもない。したがって、私たちはおまつり法の是非や功罪を問う手前でたちどまり、民俗芸能を対象化する私たちの視線をこそ問いなおさなければならないのである。

　本章はこうした視座に立脚しながら、最初に民俗芸能が観光を介して対象化されてきたものであることを確認する。実際は民俗芸能研究の歴史をとりあげ、鉄道網や旅行雑誌などの近代的なメディアが民俗芸能の対象化に対して決定的な役割をはたしたことを強調する。

　ところで、こうした過程は私たちが民俗芸能に対してどのような視線を構成しようとも、観光というコンテクストを前提せざるを得ないことを暗示している。その一つは観光が民俗芸能という真正な文化現象を破壊するというものである。だが、私は民俗芸能を実体として存在する真正な文化現象として考えるよりも、観光を介して生成した文化、つまり観光文化の一つとして考えたい。そして、当事者の感覚に注意しながら、真正な文化現象という視座じたいを脱中心化してみたいのである。

本章はその好例として「壬生の花田植」という民俗芸能をとりあげる。「壬生の花田植」は国指定重要無形民俗文化財でありながら、観光を介して生成することをやめていない。たとえば、当事者はかつて大流行した競演大会を契機として、演じる快感や見られる快感に由来すると思われる「のぼせる」感覚や「弾む」感覚を維持している。それは当事者が観光をも「壬生の花田植」を生産／再生産する資源として利用しながら、自己の存在理由を獲得していった創造的な過程をしめしている。

しかも、当事者は「のぼせる」感覚や「弾む」感覚を維持することに貢献するユニークな戦略、つまり保存と観光という二つのコンテクストに対して二つの方法を使い分ける戦略を編み出していた。当事者は保存と観光のはざまで試行錯誤しながらも、依然として自己の存在理由を獲得するべく「壬生の花田植」を解釈／再解釈しようとしているのである。私たちはこうした過程にこそ真正な文化現象を発見することができるはずである。かくして、本章は最後に真正な文化現象という視座が当事者の感覚に沿って考えられるべきであったことを強調する。

二　民俗芸能の対象化

民俗芸能という四文字を見て、あなたは何を思い浮かべるだろうか。獅子舞、神楽、盆踊り……。連想はどう転んでも、牧歌的かつ予定調和的な光景をたぐりよせるはずである。[1] 近年、その民俗芸能が以前にもまして脚光を浴びている。最も大きな契機といえば、やはり平成四年（一九九二）に制定された「地域伝統芸能等を活用した行事の実施による観光及び特定地域商工業の振興に関する法律」、いわゆるおまつり法であろうか。民俗芸能を利用して地域を活性化しようというわけである。今日、民俗芸能は観光資源化してしまいかねないぐらい生々しくも同時代的な文化現象であるらしい。

賛否両論を仄聞する。だが、観光と民俗芸能の関係はおまつり法を待つまでもない。両者はそもそも切っても切り離せない間柄であった。というよりも、一般に民俗芸能といわれている領域は（民俗芸能という術語こそ戦後に誕生した学術用語であるが）、近代的な観光活動を介して対象化されたものであると考えられるのである。したがって、私たちはおまつり法の是非や功罪を問う手前でたちどまり、民俗芸能を対象化する私たちの視線をこそ問いなおさなければならない。

こうした対象化の過程は民俗芸能研究の歴史が最もよくしめしている。[2] 近代以降、農村の人口が都市に多数流出したばかりか、鉄道・郵便・ラジオ等々の近代的な諸メディアが発達した結果として、人々は各地に埋もれていた芸能、つまり民俗芸能を発見する。そして同時に、民俗芸能に対して「伝統」「素朴」「古風」等々を前提とする懐古／回顧的な視線を獲得していった。そのような視線じたい近代的な諸メディアをくぐって発現、広汎に流通していったのである。

とりわけ急速に発達した鉄道網は、民俗芸能の対象化における技術史的な前提として重要である。鉄道省や関連する団体は各沿線に点在する祭礼、芸能、風俗、温泉、名勝などを網羅した、何種類もの観光案内――いわゆるガイドブック――を刊行した。しかも、鉄道省は旅客数の増大に貢献しそうなメディアに対して無料パスを配布したから、民間にも雨後の筍よろしく旅行雑誌が続々登場した。かくして全国に旅行ブームがまきおこる。旅行雑誌は各駅の売店で手軽な旅の手引として売られたのみならず、郵便システムを前提として広汎に流通したと考えられる。

民俗芸能研究もこうした動向が結晶化したものであった。すなわち、民俗芸能を生産していった当時の社会的な視線に深く呼応しながら出発していたのである。じっさい、旅行雑誌は民俗芸能研究や民俗学に対して決定的な役割をはたした。たとえば、昭和三年（一九二八）に趣味的な雑誌として創刊されながらも、徐々に学問的な色彩を強めていった『旅と伝説』は、初期の民俗芸能研究や民俗学における重要な成果を少なからず掲載している。また、ラブレターの収集家として知られた久米龍川が昭和七年（一九三二）に創刊した『郷土風景』は、当初こそ通俗的な旅行雑誌の一つであったが、翌年早くも『郷土芸術』と改称して内容も一新、民俗芸能に関係する記事を多く掲載した。だが、漫画家で民俗芸能研究者としても知られた宮尾しげをは生前、久米が無料パス欲しさに雑誌を創刊したと評して、その安直な姿勢を批判していたらしい。

こうした経緯は初期の民俗芸能研究がどのような性格をもっていたのか、その一端をしめしている。すなわち、民俗芸能研究は各地に埋もれていた芸能を観光資源として利用するという、きわめて功利主義的な発想に沿って出発した。そして、文字というメディアを操作することに長けた、一風変わった旅行者や観光客が発展させていったのである。とりわけ『郷土風景』という雑誌の名称は、初期の民俗芸能研究がもっていた性格を見事に表現している。それは文字どおり、「郷土」行きの列車の車窓に映る「風景」を分節／生産することを意味していたのである。

ところが、以降の民俗芸能研究はその出自を否定もしくは隠蔽する方向に発展していった。旅行者や観光客を蔑視するのみならず、久米のような人物をも通俗的な好事家として低く評価する。つまり商業主義的な響きを持つ観光というコンテクストじたいを排斥することによって、学問的な存在理由を確定してきたともいえるだろうか。そもそも観光資源として発見された民俗芸能は、「伝統」「素朴」「古風」等々の価値を持つと考えられた。だが、かくも真正かつ侵すべからざる価値を持っているからこそ、観光資源化してしまうことはよろしくない、文化財として保存しなければならないと考えられたのである。

こうした発想は昭和二十五年（一九五〇）に制定された文化財保護法が無形民俗文化財を追加したこととも相俟って、民俗芸能研究のみならず、私たちが民俗芸能を対象化するさいも、どうしても前提としてしまう絶対的な信念として長らく君臨してきた。そのためだろうか、観光と民俗芸能の関係は切っても切り離せないものでありながら、従来あまり深く考えられてこなかった。それは民俗芸能研究者がみせた、おまつり法に対する半ばヒステリックな反応からも想像することができる。

だが、観光の大衆化をも含めた社会の地殻変動は、民俗芸能の存在形態を大きく変化させた。今日、民俗芸能は必ずしも牧歌的かつ予定調和的な光景を維持していない。むしろ逆説的な事態を感じさせる。[3] そうだとしたら、おまつり法は民俗芸能を観光資源として利用しようとする動向がいきついたところ、出るべくして出てしまったものであり、民俗芸能の現在を最もよくあらわしているといえなくもない。したがって、私たちも民俗芸能を対象化する視線を問いなおす時期にさしかかっているはずであった。おまつり法以降だからこそ、民俗芸能が観光を介して対象化されたものであることを銘記しておかなければならないのである。

三 生成する民俗芸能

前述してきた一連の事態は、皮肉にも私たちが民俗芸能に対してどのような視線を構成しようとも、観光というコンテクストを前提せざるを得ないことを暗示している。その一つは観光が民俗芸能という真正な文化現象を破壊するというものである（堕落した民俗芸能！）。これはおまつり法が制定された以降、民俗芸能研究における最も支配的な言説として存在している。[4] もちろんこうした言説も一抹の正当性を持つのだろうが、一方で民俗芸能にかかわっている当事者の実践を過小評価する、自文化（民俗芸能研究）中心主義的な響きを感じさせる。すなわち、観光をも民俗芸能にまつわる実践を生産／再生産する資源として利用する（しない）という、当事者の主体性や創造性を否定してしまう結果をもたらしかねないのである。[5]

したがって、私は民俗芸能を実体として存在する真正な文化現象として考えるよりも、観光を介して生成した文化、つまり観光文化の一つとして考えたい。そして、当事者の感覚に注意しながら、真正な文化現象という視座を脱中心化してみたいのである。こうした発想は一見したところ、かなり奇異なものであるかもしれない。だが、おまつり法を待つまでもない。一般に民俗芸能といわれている領域は、意外にも観光を介して生成した興味深い事例を少なからず内在させている。

以下はその好例として、国指定重要無形民俗文化財の広島県第一号であり、代表的な民俗芸能として知られている「壬生の花田植」をとりあげる。「壬生の花田植」は中国地方に数多く分布する田植を囃す楽の一つであるが[6]、何しろ国指定を受けているくらいである。文化財を保存するという理念を体現しているはずであった。ところが、実際はそういうわけでもない。今日の存在形態はむしろ観光が何度かにわたって介在した結果であると考えられる。

今日、「壬生の花田植」といえば、通常は広島県山県郡千代田町の壬生と川東という二つの集落が毎年六月第一日曜日に合同して上演するものをさす（図17）。会場は中国自動車道の千代田インターからそう遠くない、壬生の竹の鼻にひろがる私有田である。だが、こうした存在形態はきわめて新しい。壬生と川東はそもそも別々に田植を囃す楽を伝承しており、いずれも囃し田という呼称を使用していた。それは大地主が人々を多数動員して持田で主催するものであり、相当数の牛を駆使する代掻き（田植前の田の土をかきならすこと）や多数の早乙女が合唱する田植歌も呼び物の一つとされてきた。ところが明治中期以降、壬生でも川東でも有力な地主が次々衰亡する。しかも明治三十六年（一九〇三）、広島県知事令として布告された「農十大必綱」が戸外で楽を囃す行為を禁止したため、囃し田は一時消滅してしまった。

そして昭和初期、壬生でも川東でも囃し田を復興しようという気運が盛りあがる。小さいながらも

図17　「壬生の花田植」（平成元年6月4日撮影）

商店街をかかえる壬生は、壬生町の商工会が往時を知る人々に取材するなどして復興、壬生田楽団（当初は農楽団といった）を結成して、以降も壬生の年中行事として毎年開催した。しかも、広島電鉄が観光バスを用意して多数の観光客を招致したため、壬生の囃し田は徐々に広島県を代表する民俗芸能という地位を獲得していった。一方、川東も川東田楽団を結成して囃し田を復興する試みを成功させたが、壬生町の中心からやや離れた小さな農村であったためだろうか、最初は観光客を招致することよりも復元することに熱心であったらしい(7)。

観光というコンテクストが全域化した、つまり壬生のみならず川東の囃し田にも深く浸透した決定的な契機は、何といってもほぼ同じ時期に出現して中国地方で大流行した競演大会である。その実態は大同小異であり、商工会が近郷近在の囃し田を招待して技量を競わせる。そして審査員が団体賞と個人賞の順位をつけ、景品などを授与するというものであった。壬生や川東の囃し田はこうした競演大会の常連であり、とりわけ壬生は何度も優勝した強豪として知られていたのである。競演大会は商工会が主催したことがしめしているとおり、地元の経済を振興させるという目的を持っていた。商工会は闘争心と射倖心を煽ることによって人々を蝟集せしめ、人々が地元の品物を買うことを期待していた。はっきりいえば競演大会で儲けることを期待していたわけである。

競演大会は壬生や川東の囃し田に対して、さまざまなレベルにおける重大な変化をもたらした。とりわけ感覚レベルの変化は重要である。たとえば、競演大会は優劣を判定するため、どうしても勝つことが目的化する。かくして、各地の囃し田は優勝する（少なくとも上位に入賞する）ため、審査員や観客を喜ばせるような、派手な演技や衣装を次々と開発した。しかも、毎年ちがった趣向を持っていったのである。また、拍手喝采も命運を左右するというわけだろうか、地元の応援団が大挙してつめかけ、熱狂的な応援合戦を展開した。隣接する壬生と川東は宿命のライバルであったから、応援合戦も相当白熱したらしい。

まだある。競演大会は学校の運動場を使用することが多かった。当然ながら代掻きは不可能であり、牛の出番も望めない。じじつ競演大会における囃し田は、大半が代掻きを欠落させたものであった。だが、運動場という空間は新しい可能性をも生み出した。従来は田植を囃すといっても、足場が悪い水田である。単純な隊列を構成するぐらいが精一杯であり、派手な演技はむずかしかった。一方、運動場は派手な演技のみならず、以前は考えられなかった演技の可能性をほぼ際限なく保証、大きく開花させていったのである。

競演大会は戦時中こそ一時中断していたが、戦後まもなく復活して数年続いたらしい。だが、当時の商工会はどこも資金難に見舞われており、結局は自然消滅してしまった。したがって、あくまでも比較的限定された期間における特異な現象であったと考えられなくもない。前述した変化にしても、本来は競演大会という枠組の内側でのみ生成したものであった。だが、私たちはその外側、つまり水田で上演する囃し田ですら、観光というコンテクストが深く浸透していたことを思い出さなければならない。しかも、当事者は水田で上演するばあいも競演大会で上演するばあいも同一人物であったから、全体としても急速にショウ化していったはずである。こうもいえるだろうか。競演大会は当事者を演じる快感や見られる快感に同調させて、新しい感覚の領域に誘い出す契機として作用したのである。

ところが、こうした囃し田に対して、新しく文化財という枠組が施される。本来的な存在形態をよく維持していると考えられた川東は昭和三十四年（一九五九）に、早くからショウ化していた壬生も昭和五十年（一九七五）に、別々に県指定を受けている。「はやし田」が正式な表記法として採用された。そして、昭和五十年十月一日に施行された文化財保護法の一部改正にともない、新しく重要無形民俗文化財を指定することがはじまった。こうした消息は全国各地にさまざまな反響をもたらしたと思われる。広島県でも壬生と川東の囃し田が合同、「壬生の花田植」という新しい呼称を冠して広島県における国指定第一号の栄誉に輝いた。昭和五十一年（一九七六）五月四日のことであった。そもそも別々であった両者が合同した理由は、国指定を受けやすいからということであったらしい。したがって今日、「壬生の花田植」は壬生と川東の囃し田が合同したものをさすのである。

といっても、壬生と川東が合同する機会は、毎年六月第一日曜日のみである。この日ばかりは水田で上演することもあって、競演大会をしのばせる派手な演技はほぼ見られない。国指定重要無形民俗文化財らしく相当数の牛も参加して、本来的な存在形態で上演するわけである。だが、六月第一日曜日のみをとりあげ、実体として存在する真正な文化現象であるということはできない。それは前述した経緯がしめすところであったが、何台も連なって登場する観光バスや現地で配布しているパンフレットを見ても、私たちは六月第一日曜日ですら観光というコンテクストが深く浸透していることを承認せざるを得ないのである。

今日、「壬生の花田植」における中心的な活動は、壬生田楽団・川東田楽団として別々に参加する各種のイベントに移行している。競演大会こそ消滅したが、観光というコンテクストを冠した各種のイベントに出演する機会は、依然として少なからず存在する。こうした消息は六月第一日曜日が「壬生の花田植」における唯一かつ絶対的な機会として存在していないことのみならず、「壬生の花田植」という民俗芸能が観光を介して生成することをやめない同時代的な文化現象であることをしめしている。

四　保存と観光のはざまで

「壬生の花田植」にかかわる当事者は前述した今日的な状況を受けとめながら、どのような感覚を維持しているのだろうか。囃し田はそもそも登場する牛の価値や牛を駆使する技術を評定して楽しむ機会でもあった。だが戦後、農業技術が急速に発達した結果として、農家が飼育していた牛は無用の長物として次々に処分されていった。したがって今日、牛を使用するための、最も基本的な条件はどこにも存在していない。にもかかわらず、「壬生の花田植」は毎年六月第一日曜日、相当数の牛を使用しながら、依然として本来的な存在形態を維持している。それは国指定を受けているという背景的な事情が大きく作用していると思われる。牛は八方手を尽くして借り受けたものであり、もはや当事者の感覚を刺激するような代物でも何でもないのである。

そう考えていけば、新しい農業技術は牛の存在理由のみならず、農業技術の実際に深くかかわっていた囃し田の存在理由をも脅かしたといわなければならない。だが今日、当事者は本来的な存在形態よりも、むしろ牛を登場させなくても済む各種のイベントで上演する方法にこそ、囃し田の存在理由を発見している。(8) たとえば、当事者はかつて大流行した競演大会を契機として、演じる快感や見られる快感に由来すると思われる「のぼせる」感覚や「弾む」感覚を維持している。それは当事者が観光をも「壬生の花田植」を生産／再生産する資源として利用しながら、自己の存在理由を獲得していった創造的な過程をしめしている。しかも、当事者はこうした感覚を維持することに貢献する、きわめてユニークな戦略を編み出していたのである。壬生に住む当事者の一人はいう。

文化財と競演はちがいますよ。競演はのぼせがおらにゃあ、ええことにはなりませんわ。きれいに見えるもんならどんどん取り入れて、以前からやってる形を大事にしようとか、昔一度決めたものは変えないでおこうとかはありませんのぉ。そうしてかな、弾んでいきませんわ。昔のままだったら自然消滅になってしまいますわ。田んぼじゃ、昔どおりやりますよ、文化財だから。二通りですわ、花田植の分と陸でやる分。それでも花田植は年一回だから、続けていこう思たらの、招待があって出ていくというのが楽しみですよ。ともかく昔のままでは受け入れてもらえませんよ、今時すべからく二段構えでいかにゃあ……。

当事者は保存と観光という二つのコンテクストに対して、二つの方法を使い分ける戦略を編み出していた。そしてこの、奇矯ともいえる戦略の中心に存在する感覚こそが「のぼせる」や「弾む」であろうかと思われるのである。これはあくまでも「壬生の花田植」にかかわる当事者のばあいであり、もちろん一般化することはできない。だが、当事者が保存と観光のはざまで試行錯誤しながらも、依然として自己の存在理由を獲得するべく「壬生の花田植」を解釈／再解釈しようとしている過程は、私たちに対して真正な文化現象という視座じたいを脱中心化することを要請している。すなわち、私たちはこうした過程にこそ真正な文化現象を発見することができるはずである。

かつて歌人であり民俗学者でもあった牛尾三千夫は、「美しい村」における囃し田の光景を描きながらも、同時に「美しい村」の不在を嘆いてみせた。(9) だが、私はそう思わない。「美しい村」はまちがいなく存在している。それは「のぼせる」主体、「弾む」主体が描き出す感覚の地図として、今日でも生成することをやめていない。したがって、私たちも「伝統」「素朴」「古風」等々を脱中心化する、まったく異なった民俗芸能の表情を解読しなければならない。おまつり法以降だからこそ、民俗芸能にかかわる当事者がどのような感覚を維持している（いない）のか。その消息を深く問うていかなければならないのである。

1　橋本裕之「これは「民俗芸能」ではない」小松和彦編『これは「民俗学」ではない』、福武書店、一九八九年。
2　橋本裕之「文化としての民俗芸能研究」『民俗芸能研究』第一〇号、民俗芸能学会、一九八九年。
3　橋本裕之「民俗芸能研究における「現在」」『国立歴史民俗博物館研究報告』第二七集、国立歴史民俗博物館、一九九〇年。
4　民俗芸能学会編集委員会編「シンポジウム「民俗芸能とおまつり法」」『民俗芸能研究』第一七号、民俗芸能学会、一九九三年。
5　太田好信「文化の客体化——観光をとおした文化とアイデンティティの創造」『民族學研究』五七巻四号、日本民族学会、一九九三年。
6　進藤久人『田植とその民俗行事』、年中行事刊行後援会、一九五六年。牛尾三千夫『大田植と田植歌』、岩崎美術社、一九六八年。
7　真下三郎『広島県の囃し田』、渓水社、一九九一年。
8　橋本裕之「民俗芸能研究という神話」民俗芸能研究の会／第一民俗芸能学会編『課題としての民俗芸能研究』、ひつじ書房、一九九三年。
9　橋本裕之「「近代」の復讐——牛尾三千夫の「美しい村」をめぐって」『法政人類学』第四一号、法政人類学研究会、一九八九年。

第6章　民俗芸能の再創造と再想像
——民俗芸能に係る行政の多様化を通して

一　無形民俗文化財と観光資源

今日の民俗芸能

私たちが民俗芸能と呼びならわしてきた諸領域は、民俗芸能に係る行政が多様化する過程で大きく変化しつつある。今日、民俗芸能は無形民俗文化財と観光資源という二つの社会的な文脈を付与されており、前者は民俗芸能を伝統文化・地域文化として保存、活用することを定めた文化財保護法、後者は民俗芸能を観光資源として活用することを奨励する「地域伝統芸能等を活用した行事の実施による観光及び特定地域商工業の振興に関する法律」、通称「おまつり法」として結晶した。両者は基本的な理念において対立しており、まったく無関係であると考えられてきた。たとえば、文化財保護行政にかかわる研究者を多数擁している民俗芸能学会は、シンポジウムや学会誌等でおまつり法が民俗芸能を変質させる可能性を危惧する発言をさかんに紹介しており、大半の民俗芸能研究者が真正な民俗芸能を想定する本質主義に依拠しながら、民俗芸能の観光資源化に対して批判的もしくは懐疑的な

姿勢を崩していないことをしめしている。(1)

だが、無形民俗文化財と観光資源という二つの社会的な文脈が併存もしくは複合する事態は、地域社会における民俗芸能の存在形態に少なからず影響しているのみならず、民俗芸能にまつわる新しい文化現象が生み出される契機としても作用している。こうした文化現象は専ら本来の社会的な文脈を失い真正性を欠いた偽物として等閑視されてきたが、近年ようやく現代日本における民俗芸能の再創造として、積極的に評価しようとする調査研究が登場しはじめている。(2)今日、民俗芸能を真正な文化現象として理解する視座を脱中心化することが、以前にも増して要請されているのである。といっても、先行する調査研究の大半は民俗芸能に係る行政の戦略に重心をおいて記述したものであり、そのような行政の戦略と流行する当事者の戦術じたいを主題化して分析したものは依然として少ない。(3)本章は以上の状況に鑑みて、とりわけ多様化する民俗芸能行政を通して民俗芸能が再創造されていく過程をとりあげ、同時に私たちが民俗芸能を再想像する手がかりを探ってみたい。

二　文化財保護法における民俗芸能の場所

(1)　無形民俗文化財の誕生

文化財保護法

文化財保護法は第二次世界大戦後の昭和二十五年（一九五〇）に制定された。文化財保護に関する法律としては戦前にも古社寺保存法、史蹟名勝天然紀念物保存法、国宝保存法などが存在していたが、個々の法律が限定的な対象を扱うだけであった。一方、文化財保護法は「文化財を保存し、且つ、その活用を図り、もつて国民の文化的向上に資するとともに、世界文化の進歩に貢献することを目的とする」ものであり、各種の文化財を定義して、その内容と価値を明示した。また、文部省の外局として文化財保護委員会（後の文化庁）を設置して、文化財保護行政を統一的に推進することが定められた。文化財保護法は従来の法律が扱っていなかった無形文化財をも包含しており、民俗芸能もその範疇に含まれて助成と公開の措置を講じることが定められたのである。だが、指定制度はとられなかった。

そして昭和二十九年（一九五四）、文化財保護法が一部改正される。文化財に関する定義を整備して、文化財を有形文化財、無形文化財、民俗資料、記念物の四種類に分けるものであった。無形文化財は世界にも類例を見なかった重要無形文化財、いわゆる人間国宝を指定する制度を設け、重要無形文化財以外の無形文化財についても必要なものを選択して記録作成等の措置を講じることが定められた。また、民俗資料は有形の民俗資料を重要民俗資料として指定すること、無形の民俗資料についても選択して記録作成等の措置を講じることが定められた。無形の民俗資料は「衣食住、生業、信仰（主として民間信仰をいう。）、年中行事等に関する風俗慣習そのもの」をいう。無形の民俗資料を指定しなかったのは、それが時代とともに変化するものであり、指定制度になじまないと考えられたからであった。民俗芸能は無形文化財と無形の民俗資料のどちらにも含まれる曖昧な領域であったが、実際は昭和二十六年（一九五一）に定められた「助成の措置を講ずべき無形文化財の選定基準」にしたがって、昭和四十五年（一九七〇）以降は記録作成等の措置を講ずべき無形文化財として毎年選択を受けた。

民俗文化財

ところが、高度経済成長期を経て近代化や都市化の過程が急速に進行した結果として、文化財はさまざまな困難に対峙せざるを得なかった。かくして昭和五十年（一九七五）、文化財保護をいっそう強化するべく文化財保護法が再度改正される。文化財は有形文化財、無形文化財、民俗文化財、記念物、伝統的建造物群の五種類に分けられた。民俗資料は民俗文化財という名称に改められて、有形のみならず無形民俗文化財にも指定制度が導入された。民俗文化財は「衣食住、生業、信仰、年中行事等に関する風俗慣習、民俗芸能、民俗技術及びこれらに用いられる衣服、器具、家屋その他の物件で我が国民の生活の推移の理解のため欠くことのできないもの」をいう。民俗芸能に関する最も大きな改変は民俗芸能を民俗文化財として統一的に位置づけたことであった。「旧法上は民俗芸能がどの文化財の種別に属するかについては明文の規定がなく、運用上は無形文化財と民俗資料のいずれにも属するものとして取り扱われてきたが、これを改め民俗文化財に属するものとして明記した」わけである。以降、民俗芸能は重要無形民俗文化財として指定、もしくは記録作成等の措置を講ずべき無形の民俗文化財として選択された。その基準は（1）芸能の発生又は成立を示すもの、（2）芸能の変遷の過程を示すもの、（3）地域的特色を示すもの、であり、平成八年（一九九六）三月現在、百件以上が指定を受け、三百件以上が選択を受けている。一方、地方公共団体も文化財保護法に倣って文化財保護条例を漸次制定したため、全国各地の民俗芸能が都道府県および市町村の無形民俗文化財として指定されていった。

(2) 民俗芸能の保存と活用

民俗芸能大会

ところで、文化財保護法は文化財の保存のみならず活用の必要性をも強調しており、保存と活用が文化財保護における両輪であったことをしめしている。にもかかわらず、従来は保存を重視しており、活用について必ずしも十分配慮していなかったきらいがある。もちろん民俗芸能についても、文化財保護法が制定された昭和二十五年（一九五〇）以降、民俗芸能大会が毎年開催されており、その価値を認められたものが東京都内の日本青年館で公開されている。そして、昭和三十四年（一九五九）以降は全国を五つに分けてブロック別民俗芸能大会が毎年開催されており、各ブロックでも民俗芸能が公開されている。いずれも現在は文化庁が企画する国庫補助事業として行なわれている。だが、こうした試みは「国民の生活の推移の理解」に貢献するとされる民俗芸能の価値を国民に広く浸透させて、民俗芸能の保存に益するべく行なわれてきたものであり、活用といっても保存のための活用に制限されていた。したがって民俗芸能大会でも、本来の存在形態にできるだけ近づけて上演することが要請されており、演出も必要最小限に抑制したものであった。また、数年前から夜の部として研究公演がはじまった。これは所要時間が長すぎて舞台で上演することができないが、学問的に高い価値が認められる民俗芸能に十分な時間を提供して、現地で上演する形態をできるだけ忠実に再現させるものであり、学問的な関心を持つ民俗芸能研究者に公開することを主要な目的としている。

さらに、民俗芸能大会に関する最も新しい動向について報告しておきたい。平成八年（一九九六）秋、文化庁は関係する県教育委員会等の協力を得て、日本のみならずアジアの民俗芸能をも公開する国際民俗芸能フェスティバルをはじめた。文化庁月報（三三六号）によれば、「アジア各地の民俗芸能は、特にわが国の芸能と関連が深く、国内の民俗芸能とともに公開すれば、類似点や特色もより明確となり、国際的な視野からも、その多様性や重要性に対する理解を一層深める機会となる」というわけである。実際は各都道府県が順次開催してきた従来のブロック別民俗芸能大会の伝統に立脚しながら、平成八年（一九九六）に文化庁と開催県教育委員会等が共催して、国際民俗芸能フェスティバルを福島県・新潟県・大分県の三カ所で開催した。海外からも韓国・中国・モンゴルの民俗芸能が参加しており、「国内芸能との格好の比較公演の場となり、民俗芸能の継承と発展に大きな効果が期待される」ものであった。

継承と発展

だが近年、民俗芸能は学問的な価値のみならず、国民が広く共有しつつある伝統文化・地域文化に対する関心を満足させる材料として、もしくは地域社会が地域のアイデンティティを再構成、再創造するための文化的なシンボルとして、社会的な価値を付与されることが少なくない。町づくりや村おこしの道具として活用されるばあいもめだってきた。平成六年（一九九四）に文化財保護企画特別委員会が作成した審議経過報告「時代の変化に対応した文化財保護施策の改善充実について―報告―」はこうした動向を受けて、文化財保護に関して今後検討するべき課題の一つとして「文化財の活用の推進」をあげている。そして、種々の困難に対峙している民俗芸能を保存するためにも、そもそも民俗芸能を伝承している地域の産業じたいを振興する必要があるというのである。また無形の文化財について、時代とともに変化する性格を備えているため、「その文化財の基本的な部分を残しながらも、時代に合わせた種々の工夫を重ねつつ継承と発展が図られるよう配慮する必要がある」と述べて、有形の文化財を想定した保存と活用という基本的な理念じたいを再検討する時期が来ていることをも示唆している。これも文化財保護法における民俗芸能の場所を問いなおしたものと考えられるはずである。

この報告はあくまでも文化財保護法に依拠して作成されているが、同時に文化財の社会的な文脈に対する広汎な視座を喚起するものであり、「企画、観光、商工、農林水産、建設等の関連行政部局と適切な連携を図り、施策の展開に努める必要がある」とされるように、従来の文化財保護行政が扱ってきた範囲を大きく逸脱する可能性を秘めている。とりわけ民俗芸能は今日、複数の社会的な文脈が併存もしくは複合するアリーナとして存在しており、文化財行政のみならず民俗芸能に係るさまざまな行政の思惑が複雑に交錯している。大半の民俗芸能研究者を苛立たせた観光資源化もその一つであり、しかも以下でとりあげるおまつり法によって、最も支配的な社会的な文脈として正当化されたのである。

三　おまつり法における民俗芸能の場所

(1)　民俗芸能の観光資源化

地域伝統芸能

「地域伝統芸能等を活用した行事の実施による観光及び特定地域商工業の振興に関する法律」、通称おまつり法は、当時の運輸省・通商産業省・農林水産省・文部省・自治省の五省によって立案、平成四年（一九九二）に制定された。この法律は「地域伝統芸能等を活用した行事の実施が、地域の特色を生かした観光の多様化による国民及び外国人観光客の観光の魅力の増進に資するとともに、消費生活等の変化に対応するための地域の特性に即した特定地域商工業の活性化に資することにかんがみ、当該行事の確実かつ効果的な実施を支援するための措置を講ずることにより、観光及び特定地域商工業の振興を図り、もってゆとりのある国民生活及び地域の固有の文化等を生かした個性豊かな地域社会の実現、国民経済の健全な発展並びに国際相互理解の増進に寄与することを目的とする」ものであり、要は民俗芸能を観光資源として活用することによって、地域を活性化しようというわけである。

この法律に民俗芸能という表現はまったく登場しない。地域伝統芸能という表現が使用されている。地域伝統芸能は「地域の民衆の生活の中で受け継がれ、当該地域の固有の歴史、文化等を色濃く反映した伝統的な芸能及び風俗慣習」をいう。民俗芸能にほぼ重なると考えられるが、平成五年（一九九三）に出された通達「地域伝統芸能等を活用した行事の実施による観光及び特定地域商工業の振興に関する法律に基づく基本計画の作成等について」は「当該地域に根ざし、民衆の中で受け継がれているものであれば、必ずしも長い歴史を有するものである必要はないので、地域ごとに個別に弾力的に判断すること」としており、歴史的な真正性を欠いた比較的新しいものも含まれる。創られた民俗芸能もその範疇であるというわけである。だが一方、地域伝統芸能は文字どおり地域に根ざした土着的なものでなければならないとされる。それは地域伝統芸能が何よりも地域を活性化する契機として期待されていることをしめしている。民俗芸能という表現を避けたのは、民俗芸能が文化財保護法にも登場する学問的な術語であり、言外に保存を含意しているため、その束縛を回避するためだろうか。といっても、実際は国指定重要無形民俗文化財をはじめとする各種の無形民俗文化財を積極的に扱うことを明言しているから、無形民俗文化財として指定されていない民俗芸能よりも、指定されている民俗芸能の方が観光資源としても高い価値を持つと考えられているらしい。そのような有用性は皮肉にも、文化財保護法が民俗芸能を国民の文化的な遺産として価値づけ、権威づけした結果としてもたらされた副産物であった。

(2) 民俗芸能を活用する戦略

地域伝統芸能全国フェスティバル

ところで、おまつり法が成立した平成四年（一九九二）の末、地域伝統芸能活用センターがおまつり法に基づいたイベントを推進する支援事業実施機関として設立された。その主要な事業は全国伝統芸能フェスティバルの企画・立案・実行・推進であり、平成五年（一九九三）春に地域伝統芸能フェスティバル「日本地域伝統芸能歳時記」を東京都内の国技館で開催した。そして、同年秋に第一回地域伝統芸能全国フェスティバルを石川県金沢市で開催、以降は毎年一回ずつ各地で開催している。私は岩手県滝沢村の岩手産業文化センターほかで行なわれた第四回を実見した。第四回は「お祭り風土記」と題されており、計四日にもわたる大規模なものであった。最も中心的なイベントである「記念公演」と「地域伝統芸能公演」は岩手県のみならず全国各地の民俗芸能（その大半は国指定重要無形民俗文化財・国選択無形民俗文化財・県指定無形民俗文化財であった）が参加するものであり、岩手県が国際交流を推進している韓国の扇舞とシンガポールのドラゴンダンスも登場した。これは簡素な、というよりもそつけない民俗芸能大会とちがい、ノスタルジアを刺激するナレーション・音楽・照明などを駆使して、観客の想像力に訴えるべく効果的に演出されている。そして、そのような試みはかなり成功しており、観客を十分満足させるものであったと思われる。

一方、「地域伝統芸能と観光振興シンポジウム」と題して、浜美枝の記念講演「人々の心をとらえる郷土芸能」、および民俗芸能研究者も参加したパネルディスカッション「伝統芸能と観光振興」が行なわれた。新しい試みとして伝統芸能教室も開催された。これは民俗芸能にかかわる当事者のみならず行政関係者や学校関係者などの協力を得て、地元の小学校や中学校に通う生徒を多数動員して、実際に民俗芸能を体験させるものであった。また盛岡市内でも、岩手県のみならず全国各地の民俗芸能が多数参加して「伝統芸能賑やかパレード」が盛大に行なわれた。しかも岩手県などが独自に企画したイベントとして、全国各地の民俗芸能に関するビデオ・絵画・衣装・ポスターを展示する「全国ふるさと芸能めぐり」、岩手県の物産を展示販売する「いわて物産まつり」、各種の職人が伝統的な技術を実演する「伝統技能展」、民俗芸能に加えて超力戦隊オーレンジャーや柏原芳恵が野外特設ステージでショーをくりひろげる「いわて・お祭りステージ'96」などが同時に進行しており、いずれも多数の観客を集めたのである。

地域伝統芸能大賞

まだある。地位伝統芸能活用センターは民俗芸能の活用を通じて観光の振興および地域の商工業に貢献したと認められる個人および団体を表彰する「地域伝統芸能大賞」を設けている。これは無形民俗文化財以外にも民俗芸能を権威づける称号が誕生したことを意味しており、今回も第四回地域伝統芸能大賞受賞者として四件を選定した。そのいくつかは次回の「記念公演」に出演するものと思われる。というのも、今回の「記念公演」に出演した五件の団体のうち、二件が第三回地域伝統芸能大賞受賞者として表彰されていたのである。以上みてきた地域伝統芸能全国フェスティバルに関するさまざまな企画は、いずれも行政が観光振興の戦略として仕掛けたものであり、民俗芸能にかかわる当事者の意向が十分反映されているとも思われない。そして、民俗芸能の観光資源化や商品化を促進するものであっても、無形民俗文化財として保存、活用することをめざしているわけではない。これこそが文化財保護行政にかかわってきた民俗芸能研究者を苛立たせる理由であろうが(4)、一方で地域社会が民俗芸能を伝統文化・地域文化として認識する契機を提供しており、前述した各種の民俗芸能大会とも共通した性格を確認することができなくもない。じっさい、文化財保護法とおまつり法はどちらも慣習的実践として行なわれてきた民俗芸能を権威づけて、その価値を地域社会や国民に認識させることに貢献しており、一定の意味や目的を持って意識的に行なわれる再帰的もしくは二次的な民俗芸能を再創造したという意味において共通しているとすらいえるのである。

四　民俗芸能を流用する戦術

保存会

民俗芸能が以上みてきた社会的な文脈を付与されている現在、当事者はいかなる実践を展開しているのだろうか。無形民俗文化財という社会的な文脈は何よりも保存会という新しい組織を生み出した。(5) 保存会は一九七〇年代以降、従来の組織に代わって民俗芸能を伝承する主体として全国各地に誕生する。その大半は国・都道府県・市町村を問わず最初の指定に関連して発足しており、文化財保護行政が触発した新しい文化現象であるということができる。保存会の目的は文字どおり民俗芸能を保存することであって、後継者不足や財政難などの危機的な状況を克服することであった。だが同時に、より上位の指定を獲得して、いずれは国指定重要無形民俗文化財という最高位の称号に到達することであったばあいも少なくない。そのために保存会を発足させることもあったのである。

いずれにしても、保存会は自分たちが無形民俗文化財を次代に継承する使命を担っていることを十分自覚しており、そのような使命を完遂するべく伝統文化・地域文化の配達人として各種の民俗芸能大会にもさかんに出演している。こうした過程は当事者が民俗芸能を慣習的実践として無意識に行なっているというよりも、価値を自覚しながら意識的に行なっていることをしめしている。さらに、その価値を流用することによって、観光資源という社会的な文脈に適応していったばあいも少なくない。じっさい、民俗芸能の観光資源化はおまつり法によって正当化されたが、無形民俗文化財を観光資源として操作する当事者の戦術は、こうした法律を待つまでもなく早くから各地で確認することができる。(6) 無形民俗文化財はそもそも本来的な存在形態を保存するべく指定するものであり、当然ながら保存会もそのために努力することが期待されているはずであったが、実際は民俗芸能の観光資源化のために無形民俗文化財という称号が持つ権威を流用しているのである。それが国指定重要無形民俗文化財であったら、観光資源としての価値もいっそう増大するというわけだろうか。

当事者の実践

一方、地域のアイデンティティを表象する文化的なシンボルとして、もしくは観光資源として創られた民俗芸能も、正当性を獲得する戦術の一つとして、あたかも無形民俗文化財であるかのように伝統文化・地域文化であることをさかんに強調する。近年の太鼓ブームはその好例を多数提供しており、歴史的な真正性を捏造するばあいも存在しているのである。[7] すなわち、当事者の実践という地平において無形民俗文化財と観光資源という二つの社会的な文脈は必ずしも対立していない。というよりも、文化財保護法とおまつり法を区別する基本的な理念の差異は無意味化していかざるを得ない。そこには外部から付与された社会的な文脈を資源として操作しながら、個々の状況に応じて自己の輪郭を豹変させる当事者の局所的な戦術が存在しているだけである。

その具体的な様相は民俗芸能にかかわる当事者の内在的かつ外在的な諸条件によってさまざまに異なる。私が調査した範囲でも、二つの社会的な文脈にうまく対応するべく二つの演技を開発するというアクロバティックな戦術が存在している一方、[8] 外部から付与された社会的な文脈を徹底的に拒絶するという保守主義的な戦術を貫徹するばあいも少なからず確認することができる。だが、かくも極端な戦術をとりあげ、今日でも伝統が生き残っているなどといってもてはやすことは、現在進行している事態を誤認する結果をもたらしかねない。当事者は自己を規定している諸条件を考慮しながら、そのような未来を選択した／させられたのであり、無意識的な慣習的実践としての伝統というよりも、むしろ意識的に選択した／させられた伝統主義を遵守しているのである。こうした意味において、たとえば河内音頭や江州音頭のような民俗芸能が近代以降、とりわけ高度成長期にグロテスクに変形したため、歴史的な真正性を要求する文化財保護法の網の目をすりぬけ、もはやおまつり法にも依存することなく日本製の世界音楽として独自に発展して日本のレゲエとも称されるユニークな場所を獲得したことも、やはり当事者が局所的に選択した／させられた戦術の結果であったといえるかもしれない。

主体の真正性

今日、民俗芸能は民俗芸能行政の多様化のみならず、民俗芸能を対象化、分節化する諸装置に包囲されている。したがって、再帰的もしくは二次的な民俗芸能を再創造する過程の全域化こそが、現代日本における民俗芸能の場所を決定しているということができるはずである。かくして、当事者の実践も例外なく一定の意味と目的を帯びた戦術として再編されざるを得ない。本章はこうした状況の一端をすくいあげようとしたものであり、いうまでもなく今後の本格的な調査研究を要請しているが、民俗芸能が地域文化・伝統文化における中核として再構成もしくは再創造されて、やがて国民文化における場所を獲得していく過程をいささかなりとも把握することができた。そして、そのような過程にまきこまれながらも外部から付与された社会的な文脈を流用する当事者の戦術に対する関心の必要性を強調することができたと考える。従来、私たちは無形民俗文化財としての価値を絶対視するあまり、観光資源という社会的な文脈すらも自己を再構成する資源として操作する主体の状況的な想像力と創造力を等閑視してしまいがちであった。だが、こうした主体の真正性を正当に評価することによって、私たちは無形民俗文化財か観光資源か、本物の民俗か偽物の民俗かというような単純な二項対立の図式を克服して、過去・現在・未来における民俗芸能を再想像する手がかりを得ることができると思われるのである。

1　茂木栄「伝統芸能のイベント活用化法案について」『民俗芸能学会報』第二二号、民俗芸能学会、一九九二年。民俗芸能学会編「シンポジウム「民俗芸能とおまつり法」」『民俗芸能研究』第一七号、民俗芸能学会、一九九三年。竹内幸夫「「おまつり法」に思う」『民俗芸能研究』第一九号、民俗芸能学会、一九九四年。

2　八木康幸「町おこしと民俗学——民俗再帰的状況とフォークロリズム」御影史学研究会編『民俗の歴史的世界』、岩田書院、一九九四年。同「「地域伝統芸能」の現在——全国フェスティバルの現場から」『比較日本文化研究』第二号、比較日本文化研究会、一九九五年。Barbara E. Thornbury, *The Folk Performing Arts: Traditional Culture in Contemporary Japan*, State University of New York Press, 1997.

3　橋本裕之「保存と観光のはざまで——民俗芸能の現在」山下晋司編『観光人類学』、新曜社、一九九六年。同「神と鎮魂の民俗学を遠く離れて——俗なる人々の芸能と出会うために」『たいころじい』第一五巻、十月社、一九九七年。いずれも本書所収。

4　植木行宣「文化財と民俗研究」『近畿民俗』第一三八号、近畿民俗学会、一九九四年。

5　中村茂子「伝統芸能の保存組織のあり方の研究——民俗芸能保存会の事例を中心に」『芸能の科学』一七、東京国立文化財研究所、一九八九年。

6　才津祐美子「「民俗文化財」創出のディスクール」『待兼山論叢』第三〇号日本学篇、大阪大学文学部、一九九六年。同「そして民俗芸能は文化財になった」『たいころじい』第一五巻、一九九七年。俵木悟「民俗芸能の実践と文化財保護政策」『民俗芸能研究』第二五号、民俗芸能学会、一九九七年。

7　八木康幸「ふるさとの太鼓——長崎県における郷土芸能の創出と地域文化のゆくえ」『人文地理』第四六巻第六号、人文地理学会、一九九四年。同「郷土芸能としての和太鼓」『たいころじい』第一五巻、一九九七年。

8　前掲3。

第7章　狭められた二元論
――民俗行政と民俗研究

一　民俗行政と民俗研究

民俗学の認識論的前提を問いなおすさまざまな試みが積み重ねられてきた今日、長らくあたかも聖域であるかのように存在してきた文化財行政にも、ようやくメスが入りはじめている。日本民俗学会が平成九年（一九九七）～平成十一年（一九九九）の研究動向として新しく「文化財行政と民俗学（文化と政治含む）」という主題を設定したこと、そして私がその責務を果たすべく本章を執筆していることは、こうした事態を何よりも端的にしめしているというべきであろう。もちろん従来も文化財行政に言及する民俗学的な成果は少なくなかった。だが、その大半は文化財行政を自明な領域として扱い、民俗文化財として指定された諸事象を報告するものであり、そのような諸事象が民俗文化財として指定された経緯について説明するものであった。一方、文化財行政を組上に載せて、その歴史性や政治性を批判的に検討する試みは皆無に等しかったのである。

ところが、近年こうした状況が大きく変化している。すなわち、民俗文化財の理念と実際を批判的に検討する試みが相次いで発表されているのである。これは民俗学の領域において文化財行政が論じられるべき対象として発見されてきた結果であり、歴史学の領域において文化財という近代的な制度の歴史的な経緯を批判的に検討している高木博志の試み[1]とも呼応するものであろうが、その大半がいくつかの先駆的な成果[2]を含めても、平成九年（一九九七）をあまりさかのぼらない時期以降に集中的に発表されているのは興味深い。そう考えてみれば、「文化財行政と民俗学（文化と政治含む）」に関して平成九年（一九九七）〜平成十一年（一九九九）の研究動向をとりあげることは、結果的に一定の妥当性を帯びているだろう。

といっても、文化と政治という括弧内の文言がしめしているとおり、民俗文化を扱う行政は今日もはや文化財行政に限定されるものでもないはずである。民俗文化の政治学が展開される場はむしろ文化財行政をも含めた広汎かつ重層的な領域として、文化政策学や文化経済学とも響きあう主題群を構成している。したがって、本章は関連する論文のいくつかを紹介しながら、文化財行政のみならず民俗文化を扱う行政一般、つまり民俗行政とでもいうべき領域に向けて視野を拡大する。そして民俗文化を扱う研究、いわば民俗研究の場所を再想像する手がかりを提供してみたいと考えている。

こうした主題を扱った成果は依然として少ないが、民俗文化をめぐる政治的な状況が大きく変化している今日、文化財行政の当否のみを議論するような視野狭窄こそが批判されて然るべきであろう。ジョン・フィスクは資本主義社会における大衆文化と民俗文化を切り分けて、「ポピュラーカルチャーがつねにあたらしさや他との違いを追いもとめている」一方、「民俗文化をつくりだしている社会的状況はもっと安定した、同じことのくりかえしであるような状況である」[3]と述べている。だが、そのような民俗文化が資本主義社会における大衆文化として消費されて流通していく高速度の過程こそが、民俗学をも組みこみながら進行している現実であろう。文化財行政も今日もはやその一部として存在している。そうだとしたら、民俗学も文化財行政にばかり拘泥しないで、文化と政治をめぐる広汎なアリーナに踏み出していかざるを得ないはずである。

二　発見された課題

ところで、民俗行政を主題化した先駆的な成果は、文化財行政に最も近いところで活動してきた民俗芸能研究の分野に求められる。もちろん文化財行政に近い対象だからといっても、従来こうした成果が集中的に生み出されていたわけでもない。主要な契機として考えられるのは文化財の概念を拡張してその性格を変化させることを意図する新しい動向であり、とりわけ平成四年（一九九二）に施行された「地域伝統芸能等を活用した行事の実施による観光及び特定地域商工業の振興に関する法律」、通称「おまつり法」であろう。民俗芸能を観光資源として利用することを促進するおまつり法が登場した時期に前後して、その是非を問う風潮が広まっていったため、あらためて民俗芸能が文化財として指定されてきた経緯を問いなおす視座が求められたといえるのである。

民俗芸能研究における従来の成果は平成四年（一九九二）～平成八年（一九九六）の民俗芸能に関する研究動向をまとめた大石泰夫の論文[4]においてほぼ網羅されており、民俗芸能研究に従事する人々が民俗行政に関して何を論じてきたのかについてくわしく知ることができる。大石はおまつり法に関する諸説を展望した上で、「ここで大きな疑問を感じるのは、はたして研究者が民俗芸能を「文化財」と認知した段階で民俗芸能は伝承者の手を放れ、これを「もの」として扱う態度になっていないかということである」と述べている。そして、「ここでの「もの」は、観光資源と文化財との違いはあるにせよ、伝承者の手を放れて、研究者が勝手に設定する次元のものになっているとは言えまいか」[5]というのである。

筆者が「おまつり法」の議論を通して感じたのは、「変容」「変質」といった言葉に見え隠れする研究者の民俗芸能に対する価値判断を、生きている民俗芸能に当てはめようとする姿勢であった。そして、その「当てはめ」は否定されるべきものではないが、無責任であってはならず、「変容」「変質」の分析と議論の必要性を深く感じたのである[6]。

大石の所説は民俗芸能を文化財として認知することに一定の意義を認めながらも、民俗芸能の本質を破壊しかねないおまつり法に抗するべく民俗芸能の本質を守ることが肝要であると主張する、いわば本質主義的な視座に対して疑義を提出したものであるといえるだろう。それは『はたして、民俗芸能研究の行く末は、「民俗芸能保護行政学」へと向かうものなのだろうか[7]」という問いを発しているという意味において、岩本通弥の論文[8]が提出する視座とも響きあっている。岩本は「戦後民俗学の文化財学化[9]」を批判して、民俗調査が「人々の現実の生活や文化のなかから、「民俗」という文化財を選別、固定する作業に陥って」おり、「現実社会とは異質の伝承母体という外部を排除した社会の、伝統的価値を見出すものに変質してしまった[10]」経緯を指摘していた。

何を有限なものとして引き出すか、その選択の基準も、現実に暮らす人々にとって重要なものではなく、行政にとって住民を収攬・統合していく上で重要なものとなっていないか、また「ふるさと」という愛郷心の高揚や「村おこし」といった地域振興と、短絡的に結びつけられ、異質な転用がされていやしないか、行政調査という枠組の中で行っている以上、その危険性の十分あることに、私たち民俗学者はあまりに無自覚であったのではあるまいか。たとえ純粋学問的な議論であったにせよ、戦後民俗学の形式主義的な科学性の追求は、民俗文化財やふるさと創生、あるいはお祭り法などと並行、補完する共軛関係にあったといえよう[11]。

すなわち、岩本は戦後の民俗学が人々の現実を主題化することを手放してしまったことを批判して、こうした事態こそが文化財保護法やおまつり法を呼び出す契機として働いていたというのである。岩本の所説は大石が「観光資源に対抗する概念として文化財が強調された時、そこに戸惑いを感じざるを得ない[12]」と述べていることにも呼応しているはずである。そう考えていけば、民俗芸能を文化財として保存しなければならないという言説じたいが、あらためて検討しなければならない課題として照射されて然るべきであろう。

もちろん岩本の関心は必ずしも民俗芸能研究に向けられていない。だが、岩本の所説は笹原亮二も指摘しているとおり「民俗芸能研究の新たな動向と極めて近い場所にあるように感じられる」のであり、「現代における民俗芸能研究と民俗学が置かれた状況が極めて似通っているということを示している」[13]はずである。「民俗芸能や民俗が客観的あるいは絶対的な実在物で、それを研究するから民俗芸能研究であり、民俗学であるという前提に基づいて行われてきたのが、従来の民俗芸能研究、民俗学であった」としたら、「両者はいずれも、実在する対象に属する概念として考えられ、実践されてきた」[14]ということができるだろう。だが、そもそも民俗学は文化財として実体化された民俗の本質を保存することをめざしていたのだろうか。

岩本はほぼ同時期に発表した論文[15]においても、民俗芸能が文化財として保存されたり観光資源として活用されたりするような状況が出来した経緯を追跡しており、どちらにしても「社会状況の変化に呼応して、いわゆる「民俗」と呼ばれるものが常に変化することを前提とし、それをもとに理論を組み立ててきた民俗学の、少なくとも柳田國男の認識とは、大きく隔たっている」という。そして、「どうも民俗学内部でも、学問としての民俗学と行政としての民俗文化財を明確に区別していない研究者が多く、それが議論の混乱を招いてきた」が、「両者を混同して把握することは、民俗学にとって、極言すれば学問的な死を意味する」[16]とすら述べているのである。しかも、岩本はこうした事態を招いた要因の一つとして、昭和五十年（一九七五）に登場した民俗文化財をあげていた。

市町村の指定より、都道府県の指定を受けたものの方が価値が高く、それよりも国の指定の方がより高いといった、保護ではなく権威づけのシステムに、現在の民俗文化財は陥っているのではないか。戦前からの国宝を頂点とした優品主義的「国定イデオロギー」に侵されているのではないか。

これは本来、民俗学とは全く対極にある思想であって、逆にその中に民俗学が組み込まれてしまった事実に、私たち民俗学者はあまりに無頓着すぎたのではあるまいか[17]。

一方、早く民俗文化財の歴史性と政治性を主題化していた才津祐美子は、民俗芸能が文化財として発見されていった経緯を概観して、民俗文化財が「失われゆくものへの危機意識」、「「地域文化」を「国民文化」に再編していく視点」、「国民（民族）意識の高揚を促す段階への期待[18]」を内在させていることを指摘している。といっても、才津の視線は「あくまでもこのような法律の適用を受けた地域社会に注がれている」のであり、「大きく変貌を遂げ続けている地域社会の現在を描き出す」ためにも「変化の一要因となっている「文化財への選出」の意味を問い直す[19]」べきであることが強調されている。じっさい、才津は「指定（選択）された側には、おそらく、創出者側の意図がすべて伝わっているわけではない」どころか、「ほとんど伝わっていない[20]」とすら思われることを指摘した上で、こう述べていた。

例えば、創出者側の意図からすれば、「民俗文化財」に対する語りは、地域的特色を認めながらも、「国民文化」としての語りに収斂されていくはずである。しかし、「民族文化財」を観光資源として利用しようとする地域は、他地域との差異を強調するため、いかに特殊であるかをアピールしがちである。また、一見創出者側の意図に沿った形で「日本のふるさと」として売り出す場合もある。しかし、それも創出者側の意図が単純に反映されたのではなく、その方が観光資源としての利用価値が高くなると判断している場合がある[21]。

すなわち、「文化財として選ばれたことによる変化も、この観光資源としての活用という文脈と密接に絡んでいる」[22]わけである。そうだとしたら、民俗芸能の文化財化と観光資源化が不可分なものとして絡みあっている様態こそが民俗芸能の現代的な基礎を形成しているといわざるを得ないだろう。そして、才津は「このような活用の事例を追っていくと、文化財に指定（選択）されたというお墨付きを戦略的に利用する地域社会の姿が見えてくる」[23]という。かくも実践的な位相こそが才津の主要な関心であろうが、にもかかわらず――だからこそ、というべきだろうか――民俗芸能が文化財として発見されていった経緯を概観しておかなければならないような状況がもはや全域化しているのかもしれない。

また、橋本裕之は多様化する民俗芸能行政を通して民俗芸能が再創造されていく過程を主題化した論文[24]を発表している。該当年度以降の平成十二年（二〇〇〇）に出たものであるが、この論文はそもそも該当年度内に出た英語論文[25]を日本語訳したものであったので、その内容について簡単に紹介しておきたい。文化財保護法とおまつり法は基本的な理念において対立しており、まったく無関係であると考えられてきた。だが、両者が併存もしくは複合する事態は、地域社会における民俗芸能の存在形態に少なからず影響しているのみならず、民俗芸能にまつわる新しい文化現象が生み出される契機としても作用している。

こうした文化現象は専ら本来の社会的な文脈を失い真正性を欠いた偽物として等閑視されてきたが、むしろ現代日本における民俗芸能の再創造として積極的に評価することができるだろう。今日、民俗芸能を真正な文化現象として理解する視座を脱中心化することが以前にも増して要請されているのである。といっても、関連する成果は文化財保護法とおまつり法の概要を紹介しながら民俗芸能に係る行政の戦略に重心を置いて記述したものであり[26]、必ずしも民俗芸能に係る行政を民俗誌的に記述することを意図していない。したがって、そのような行政の戦略を流用する当事者の戦術じたいを主題化した成果は依然として少ないといわざるを得ないのである。

当事者の実践という地平において無形民俗文化財と観光資源という二つの社会的な文脈は必ずしも対立していない。というよりも、文化財保護法とおまつり法を区別する基本的な理念の差異は無意味化していかざるを得ない。そこには外部から付与された社会的な文脈を資源として操作しながら、個々の状況に応じて自己の輪郭を豹変させる当事者の局所的な戦術が存在しているだけである[27]。

地域社会における当事者の実践を重視する視座は、才津の所説とも少なからず重なりあっている。また、大石が「生きている民俗芸能」を担う主体として「伝承者の手」を強調していたこと、そして岩本が「現実に暮らす人々」に対する視座を手放してしまった民俗学に警鐘を鳴らしていたことにも通底しているはずである。もちろん橋本の所説はあくまでも民俗芸能にかぎられている。だが、当事者の実践に対する関心は岩本も示唆しているとおり、民俗芸能研究をも含めた民俗学の全体に拡張して理解しておきたいと思う。たとえば、次のような所説もそう受け取ってほしい。

従来、われわれは無形民俗文化財としての価値を絶対視するあまり、観光資源という社会的な文脈すらも自己を構成する資源として操作する主体の状況的な想像力と創造力を等閑視してしまいがちであった。だが、こうした主体の真正性を正当に評価することによって、われわれは無形民俗文化財か観光資源か、本物の民俗か偽物の民俗かというような単純な二項対立の図式を克服して、過去・現在・未来における民俗芸能を再想像する手かがりを得ることができると思われるのである。(28)

三　展開する課題

ところで、以上見てきた成果は今後の課題として一定の方向を指示しているようにも感じられる。それは支配的な文脈を前提しながら紡ぎ出される個々の実践に対する視座の必要性とでも要約することができるだろう。じっさい、前節において言及した論文はいずれも大なり小なり総論の性格を持っているが、一方でさまざまな地平において民俗行政に関与する当事者の実践を強調した論文が登場する。それは地域社会における個々の実践のみならず、民俗文化財を生み出した個々の実践をも実証的に問いなおす契機を内在させていた。

たとえば、菊地暁の論文(29)は先行する成果において発見された課題を共有しながらも総論の範囲を大きく踏み出しており、祝宮静に代表される民俗文化財研究協議会の動向などを分析することによって、民俗文化財が誕生した過程の実際をくわしく描き出している。民俗文化財の歴史性と政治性を丹念に追跡する行論は民俗文化財に関する最も重要な成果の一つであるということができるだろう。残念ながら本章においてくわしい内容に言及することはできない。だが、菊地が提出している視座は本章の課題にとってもきわめて重要であると思われるので、結論に該当する部分を引用しておきたい。

民俗文化財制度を「国民文化」形成を支えた制度として評価することも可能であろう。「伝統の発明」論や「想像の共同体」論によって提起される視点から、文化財制度を「国民化」の一機構として把握することは、決して間違いではなく、むしろ必要なことである。にもかかわらず、そのような把握は、文化財制度を問題化する際の結論ではなく、むしろ出発点に過ぎない。「国民文化」形成という側面の過大視は、制度を導入する国家と制度の受け手となる地域社会との二項対立という図式で問題が把握される傾向にあり、そこには、国家と地域社会の双方をそれぞれ一枚岩的なものとして把握させてしまうという限界がある。文化財制度は、国家行政のレベルから地域社会の個々人のレベルに至るまで、さまざまなレベルでの相互作用を媒介して運用されているものであり、むしろ、制度の運用に関わるさまざまな社会的行為者のポジションを明確にした上で、その相互作用の重層性の質そのものが問われるべきなのである(30)。

すなわち、菊地は民俗文化財が誕生する過程に関与したさまざまな個人や組織が紡ぎ出した相互作用の重層性を実証的に叙述しており、民俗文化財という制度が微細な権力関係の所産である消息を提示しているのである。こうした視座は民俗文化財に関する歴史的な経緯を展望するための、いわば準拠枠を提供しているともいえるだろう。民俗文化財が誕生する過程をめぐる重層的な状況は才津や岩本も言及するところであったが、先行する成果において発見された課題がようやく精緻に展開したわけである。それは菊地の論文が民俗文化財の計画に関与していたさまざまな主体の実践を主題化したところにこそ求められる。

民俗文化財は才津や岩本も指摘していたとおり、大局的に見れば地域文化を再編して国民文化を形成するべく準備された制度として国家的イデオロギーを体現しているということができるだろう。だが、民俗文化財を「国定イデオロギー」に収斂させて一元的に理解することは、個々の局面において生起している現実を見失わせてしまいかねない。実際は多様な背景を持つ集団が多様な権力を行使しながら民俗文化財の計画に関与していた以上、民俗文化財に内在するイデオロギーの実態を正しく理解するためにも、その諸関係を解読することが要請されているのである[31]。菊地の論文はそのような課題にとりくむものであったが、「相互作用の重層性の質そのものを問う」という課題はいうまでもなく地域社会の地平においても検討しなければならないだろう。地域社会の地平において民俗文化財に関与するさまざまな主体はどのような実践を構築しているのだろうか。

こうした課題に挑戦した意欲的な成果として、俵木悟の論文[32]をあげることができる。俵木は従来の民俗芸能研究が「「民俗芸能」には、何らかの「本質」が存在する」、「その「本質」は、歴史的に不変のものであり、今後も変えてはならない」、「そうした「不変の本質」を見極めることは、民俗芸能研究者、あるいは文化財保護に関わる行政官の仕事である[33]」という三点において共通しており、変わらない要素が存在することを強調する本質主義に立脚していることを指摘する。民俗学に近いところでいえば、その問題は次のとおりである。

こうした本質主義的理解は何よりも、現代に生きる担い手たちの多様な実践を見えなくしてしまう。本質主義にともなう物象化は、「民俗芸能」という無形の身体表現を、超世代的に受け継がれてきた「もの」のように扱ってしまい、「民俗芸能」を伝承することにともなう困難・葛藤・試行錯誤・新たな意味の発見といったものは覆い隠される。伝承者たちは、「伝統的な」民俗芸能を昔ながらの「かたち」と「こころ」で整然と伝える、俗世とは離れた聖人君子のような存在として語られてしまう[34]。

ここでも大石や岩本の所説が変奏されている。そして、俵木は従来の視座を超克するべく「コミュニケーションとしての民俗」という枠組を導入して、「「文化財」に対する研究者の本質論的理解を相対化し、「文化財保護」という政策が生み出す新たな実践を主題化しようとする[35]」のである。俵木の所説に就いておけば、「備中神楽の大夫たちは、彼らの「伝承」意識を構築するために、「民俗文化財」という枠組みは全面的に受け入れた」のであり、「備中神楽が「民俗文化財」であるという事実は、彼らの「伝承」意識を強化するのに大いに役立っている」にもかかわらず、「その「民俗文化財」が意味する内容となると、むしろ自分たちの実践を正当化するように大幅に解釈し直してい」た。したがって、「まず実践ありきで、それを後から説明するために「民俗文化財」という与えられた権威を流用すると考えられる[36]」のである。

私の理解では、民俗芸能を行う動機は、「文化財保護」という制度的なものに求められるものではない。「文化財保護」という制度は、ある人々が自らの担うものの価値を説明し、権威づけるために用いられるリソースの一つにすぎないし、だからこそ様々な解釈が成り立ちうる。そうしたものとして存在すれば、それで十分な役割を果たしていると思うのである。備中神楽の担い手は、「民俗文化財」という他者から与えられた意味付けを、たとえ期待通りでないにしても受け入れている。それに対して、彼らが彼ら自身の解釈に基づいて提示した実践を、研究者や行政側が「間違ったもの」として排除するなら、それはコミュニケーションの断絶（discommunication）であり、そうした状況で「文化財保護」という制度の意味や役割を考えることは無意味である。[37]

俵木の論文は文字どおり地域社会の地平において、民俗文化財に関与するさまざまな主体が構築している実践に関して「相互作用の重層性の質そのものを問う」ものであり、前述した才津や菊地の論文に呼応しているということもできるだろう。俵木じしん、以降も備中神楽が文化財という社会的な価値を獲得していく歴史的な過程をくわしく追跡しているが[38]、その一部始終は必ずしも「国定イデオロギー」に侵されていく過程として理解するような一面的な視座に収まらない、きわめて重層的な構造を持っていることをしめしている。ここでもやはり当事者の実践が重視されていることに注意しておきたい。

だが、こうした視座は必ずしも文化財保護法にのみ限定されないはずである。小島孝夫は離島振興法をとりあげた論文[39]において、昭和二十八年（一九五三）に制定された離島振興法が離島の生活をどう変化させたかを追求している。小島は都万村が村内各地で推進している長期的な開発事業の財政的な背景として離島振興法の存在を指摘した上で、「都万村での民俗変化を「離島振興法」を指標にして明らかにすること[40]」を試みているのである。

小島の関心は「現地を訪れた際に島民の多くが離島生活の変化の代表的な例として、道路の敷設や港湾整備など離島振興法の制定によりもたらされた事柄を多く語っていたこと[41]」に由来している。したがって、「離島生活の変化を考えるうえでの一つの視座として、「離島振興法」という法律を基礎において行政側が行ってきた様々な施策が離島で暮らす人々にどのような影響を与えてきたのか」、具体的にいえば「「離島振興法」の存在がどの程度意識されてきたのかどうか」、そして「「離島振興法」に起因する開発という行為に対する人々の評価というような点[42]」に留意したわけである。小島は離島振興法が「離島の隔絶性や後進性という単一なイメージを島の内外の人々に対してなぞり続けてきたのではないか[43]」と述べて、こう続けている。

「離島振興法」による諸事業は、島を離れやすく戻りやすくした。離島振興法により社会資本整備が急速に進み基礎条件の改善は実現しつつあるが、産業振興対策については、市場からの隔絶が障壁となり、島全体の産業に波及的な効果を及ぼす中核的な産業を育成するまでにはいたっていないために、島の持つ生産力は依然として変わらなかったため、島を離れる傾向が一層顕著になっていった。そして、離島してまた戻るというライフスタイルをより強固なものにしてしまったのではないだろうか。また、現在都万村で起きている離島と少子化の結果としての超高齢化社会という流れは、都市における核家族化の進捗と同様な傾向である。離島振興法は島に外部とつながるパイプを作ることには成功したが、そのパイプが現代社会においてはさらに広い世界へとつながっていくことになることまでは予測しなかったのかもしれない[44]。

小島が論文の結語として「生活者である島民の人知を体系化しながら、社会を維持していく姿勢がより一層必要になっていく」、そして「人々が当該地域において何を求めてきたのかということを検証していくことが民俗学に求められている[45]」と述べていることに注意しておきたい。小島の論文は必ずしも俵木が提示したような劇的な構図を描き出していない。むしろ静謐な行論が印象的であったが、ここでも支配的な文脈を引き受けながら自己の輪郭を形成しているさまざまな主体の実践が強調されているというべきであろう。

といっても、もちろん「制度を導入する国家と制度の受け手となる地域社会との二項対立という図式」は菊地が指摘するとおり、大きな陥穽を潜ませている。実際は国家と地域社会が各々一枚岩でないのみならず、両者を媒介して連結するさまざまな地平が存在する。地方行政もその一つであろう。市川秀之は日本民俗学会のシンポジウム「現代社会と民俗学の実践」における報告を文字化した論文[46]において、大阪狭山市教育委員会で文化財保護に携わる地方公務員として、つまり「制度の運用に関わるさまざまな社会的行為者のポジションを明確にした上で」、自治体史を編纂する実践などを紹介しながら地方行政と民俗学の関係について述べている。

市川は「民俗学は地域社会をフィールドとし、多くの住民から聞き取りをすることによってその研究を進めてきたにもかかわらず、これまで民俗学と地方行政の関係はきわめて希薄であ」り、全体的な傾向としても「これまでの民俗学は、柳田が唱えた経世済民という言葉を一種の題目にしながらも、非常に応用的性格が希薄であった」ことを指摘する。そして、「民俗学は伝承という概念を一種の隠れ蓑にして、現実の民衆生活に直接対峙することを避けてきた[47]」というのである。民俗行政に関与する当事者として切実な響きを持っているが、同時に「現実の民衆生活に直接対峙すること」の必要性を主張するところは大石や岩本の所説とも共鳴している。だが、市川はこうした現状を前提しながらも、次のように述べていた。

民俗学と地方行政の関係を問う場合、まず考えられるのは、文化財保護、博物館、自治体史編纂といった分野であるが、私は必ずしもこのような分野だけに民俗学と行政の関係を限定する必要はないと思っている。たとえば、環境行政の分野でも、伝統的な汚水やゴミの処理方法を調査することは、現在求められている地域の特性をいかした環境政策や環境教育に大きな効果を与えると思われる。同種の効果は多くの分野で想定できるだろう[48]。

市川は民俗行政に関する未発の可能性を指摘した上で、自治体史の民俗編を編纂する実践の歴史的な経緯を描き出して、民俗編の意義にも言及している。市川は「基本的に自治体史というのは、各自治体の独自性がもっとも試される事業であ」り、「すべては住民の税金でまかなわれているわけであるから、住民にとってよい自治体史とは何かがまず問われるべきであろう」という。したがって、「研究者にとってどうかというのは二次的な問題であ」り、「民俗編を単なる資料編と考え、調査してきたことを羅列的に書き並べるだけでは、研究者にとって良好な資料にはなっても、そこに住む人にとってはなんの意味もない」[49]というわけである。市川が構想する自治体史はどのようなものであろうか。

調査だけであれば住民が直接行なうほうが詳細な場合が多い。わが町の歴史や民俗を、具体的に知り、その持つ意味をさらに深く知ることによって、住民は歴史が他人事ではなく、自分たちのものであることを実感し、それまではなにげなく眺めてきた風景をある意味を持つものとして眺めることができる。住民の問題意識を具体的なレベルで解明していく、そのような自治体史が作られるべきだと考える。そのような自治体史の執筆・編集は、研究者にとっても真価が試されるきわめて学問的な作業である。[50]

そして、市川はこうした視座を展開させた実践として、「いくつかの自治体史で行なわれている住民主体の自治体史作りの運動」[51]の実例を紹介している。これは民俗行政に関する従来の視座を革新する可能性を秘めているだろう。というのも、住民が積極的に関与する民俗行政という発想は従来考えられてきた「制度を導入する国家と制度の受け手となる地域社会との二項対立という図式」を超克するものであり、民俗行政が地域社会において生活する住民の問題意識に出発しながら、さまざまな主体の実践が相互に連携するアリーナとして開かれていく可能性を秘めている消息を知らせていると思われるのである。

しかも、市川は自治体史の民俗編に関与する民俗学者の役割について、「研究者には市民調査集団の指導的役割を果たすとともに、聞き取りによって得られた情報を市民とともに分析し、意味を与える仕事が要請されるだろう」[52]という。これは自治体史の民俗編を編纂する実践のみならず、市川が列挙していたような民俗行政の全域に拡張して理解しておきたい。現代社会における民俗学者は今日もはや民俗行政に関与するさまざまな主体の実践を相互に媒介して連結する、いわば中間的な存在として自己の輪郭を再想像することが期待されているはずである。それは地方公務員として文化財行政に携わる市川のような民俗学者のみならず、地域社会において現地調査を実践する民俗学者に例外なく求められている場所であろう。

四　狭められた二元論

かくして、さまざまな主体の実践を主題化することによって展開した課題は、ようやく冒頭に提示した関心に逢着する。それは民俗行政とでもいうべき領域に向けて視野を拡大して民俗研究の場所を再想像すること、少なくともその手がかりを提供することであったが、本章において紹介してきた論文に導かれながらあらためて考えてみたい。民俗行政を文化財行政に限定してしまうことや民俗行政と民俗研究を分断してしまうことは、もはや現実に合致しない不適切な視座でしかないということができるはずである。たとえば文化財行政の理念と実践を批判的に検討することによって、民俗学が近代に規定されており国家に編制されてきた消息を浮かびあがらせた結果として、民俗行政と民俗研究を対立させる構図を描き出したとしたら本末転倒であろう。菊地の論文に戻って、その結語を紹介しておきたい。

日本の文化財指定制度はすでに一世紀を経過した。好むと好まざるとにかかわらず、「保護」という思想と実践は、国家の側にも受け手の側にも、すでに埋め込まれてしまったものである。今、必要なことは、「誰が」「何を」「何のために」そして「どのように」保護するのか、そのようなシンプルかつ根源的な問いかけを可能とするような批判的な視座を構築することなのであろう[53]。

菊地の関心はどうやら学術的な地平において批判的な視座を構築することに向けられており、民俗学が「〝現在ここにある当たり前〟、ここから自己規定を立ち上げていく[54]」、つまり民俗学を再想像／再創造する手がかりを提供するという意味において、岩本が展開していた所説とも響きあっている。だが、民俗学じたいが資本主義社会における大衆文化として消費されて流通していかざるを得ない現在、問題は純粋な民俗学という学術的な地平に限定されるべきものでもないだろう。今日、文化財行政をも含めた民俗行政は何のため、そして誰のために存在しているのだろうか[55]。

民俗行政がそもそも国家によって仕掛けられている消息を批判的に検討することによって民俗行政の歴史性と政治性を浮かびあがらせる試みは、必要不可欠であるがあくまでも出発点でしかない。民俗行政が今日もはや地域社会において生活する住民にとっても民俗学者にとっても、いわば所与として存在している以上、現実的な課題としてさまざまな主体が民俗行政に対してどう関与していけるものか、その枠組を提示することが求められているはずである。じっさい、近年は何人かの民俗学者がこうした実践を展開しており、民俗学が民俗行政と住民を接合するメディアとして機能する可能性を持っていることをしめしている。

たとえば、市川市教育委員会文化課で司書として勤務していた根岸英之は、市川市教育委員会文化課の調査委託を受けて長らく市川の民話を採集してきた市川民話の会という市民団体に参加しながら、地域社会に伝承されている民話を資料集としてまとめる実践に従事しているのみならず[56]、採集した民話を子どもたちに語り聞かせる実践をも組織している[57]。また、神戸市長田区の出身であった森栗茂一は阪神大震災を受けて誕生した神戸復興塾というＮＰＯに拠りながら、行政とも連携したまちづくりに関する多彩な実践を展開している[58]。どちらも住民が行政とも協働しながら、地域社会に埋もれているさまざまな資源をいわば自前の文化財として主体的に発見していく試みであり、民俗学者がメディアとして関与する方法の好例をしめしている。

こうした実践は民俗学者が市民活動と民俗行政を協働させる可能性を模索しているという意味において、民俗行政と民俗研究という二元論的な構図を逸脱する試みであるということができる。森栗は「行政でも住民側でもない新しい地方自治組織、まちづくりのコミュナルセンターとしての非営利活動団体（ＮＰＯ）をどうつくりあげるかの模索である」[59]という。該当年度内についていえば、関連する論文は残念ながら僅少であったが、私じしんも近年は市川や森栗が展開している実践に触発されながら民俗文化の政治学が展開される場のいくつかに依拠することによって、文化と政治をめぐる広汎なアリーナ――応用民俗学とでもいうべきだろうか――に関与している。民俗行政と民俗研究が相互の差異を承認しつつも連携する関係は、今後の民俗学においても個々の実践に引きつけながら模索されて然るべきであろう。

最後に民俗行政と民俗研究という二元論じたいをも拡張する手がかりを提供するという課題が残されている。現代の資本主義社会において民俗文化を対象化する方法が数多く併存している以上、学術的な民俗学に対して特権的な場所を保証する根拠はもはやどこにも存在しない。そう考えていけば、民俗学者は一刻も早く民俗研究、民俗行政、民俗展示、民俗映像、民俗文学、民俗芸術、民俗観光、そしてアメリカの民俗学におけるパブリック・セクターが担当しているフォーク・フェスティヴァルをも含めた各種のセクターが相互に交渉しながら存在している事態を認識しなければならないはずである。したがって、私が設定した民俗行政と民俗研究という視座じたい狭められた二元論の罠に陥っているというべきであろうか。

個々のセクターはいうまでもなく個々の目的と方法を持っており、したがって個々の長所と短所を持っている。当然ながらあらかじめ想定する社会的な効果も相互に異なっているだろう。こうしたセクターが交錯することによって成立する複合体的な領域に対して民俗学という古くて新しい呼称を付与することができるとしたら、学術的な民俗学を担当する民俗研究は文化財行政をも含めた民俗行政を分離することに拘泥するよりも、文化と政治をめぐる広汎なアリーナにおいてどのようなセクターに連結することができるのか、そしてどのような場所を獲得することができるのかについて再想像してみる時期を迎えているのかもしれない。民俗学者が狭められた二元論を再考して、民俗行政と民俗研究の裂け目を縫いあわせながら、同時に長らく民俗学の輪郭を形成してきた折り目を広げて各種のセクターにも連結していく時が来たのである。

1　高木博志『天皇制の文化史的研究』、校倉書房、一九九七年。
2　たとえば、植木行宣や才津祐美子の論文はその代表的な成果であろう。植木行宣「文化財と民俗研究」『近畿民俗』第一三八号、近畿民俗学会、一九九四年、才津祐美子「「民俗文化財」創出のディスクール」『待兼山論叢』第三〇号日本学篇、大阪大学文学部、一九九六年。また、私が発表した成果として、橋本裕之「保存と観光のはざまで――民俗芸能の現在」『観光人類学』、新曜社、一九九六年、がある（本書所収）。
3　ジョン・フィスク『抵抗の快楽―ポピュラーカルチャーの記号論』山本雄二訳、世界思想社、一九九八年、三三六頁。
4　大石泰夫「民俗芸能と民俗芸能研究」『日本民俗学』二一三号、日本民俗学会、一九九八年、八二―九七頁。
5　同論文、八五―八六頁。
6　同論文、八七頁。
7　同論文、八六頁。
8　岩本通弥「「民俗」を対象とするから民俗学なのか――なぜ民俗学は「近代」を扱えなくなってしまったのか」『日本民俗学』二一五号、日本民俗学会、一九九八年、一七―三三頁。
9　同論文、二六頁。
10　同論文、三一頁。
11　同論文、三一頁。
12　大石泰夫、前掲論文、八六頁。
13　笹原亮二「民俗学あるいは日本民俗学会と民俗芸能研究」『日本民俗学』二一六号、日本民俗学会、一九九八年、六九頁。
14　同論文、六九―七〇頁。
15　岩本通弥「民俗学と「民俗文化財」とのあいだ――文化財保護法における「民俗」をめぐる問題点」『國學院雑誌』九九巻一一号、國學院大學、一九九八年。
16　同論文、二二〇頁。
17　同論文、二二九頁。
18　才津祐美子「そして民俗芸能は文化財になった」『たいころじい』第一五巻、十月社、一九九七年、三三一頁。

19　同論文、二六頁。
20　同論文、三二頁。
21　同論文、三二頁。
22　同論文、三二頁。
23　同論文、三二頁。
24　橋本裕之「民俗芸能の再創造と再想像——民俗芸能に係る行政の多様化を通して」『講座日本の民俗学』一〇（民俗研究の課題）、雄山閣出版、二〇〇〇年、本書所収。
25　HASHIMOTO Hiroyuki, Re-creating and Re-imagining Folk Performing Arts in Contemporary Japan In *Journal of Folklore Research* 35 (1), 1998, 35-46.
26　THORNBURY, Barbara E., *The Folk Performing Arts: Traditional Culture in Contemporary Japan*, State University of New York Press, 1997.
27　橋本裕之、「民俗芸能の再創造と再想像——民俗芸能に係る行政の多様化を通して」、七八頁。
28　同論文、七九頁。
29　菊地暁「民俗文化財の誕生——祝宮静と一九七五年文化財保護法改正をめぐって」『歴史学研究』第七二六号、歴史学研究会、一九九九年、一‐一三頁、五九頁。
30　同論文、九‐一〇頁。
31　金子淳は国立歴史民俗博物館の前身とでもいうべき国史館計画を扱った論文において、こうした課題を実践している。金子淳「国史館計画の展開とその政治的状況——戦時下博物館政策に関する一考察」『研究紀要』一、東京学芸大学生涯学習研究室、一九九六年、六五‐七八頁。金子は国史館計画が「天皇制ファシズムに収斂して論じ得るものではない」と述べた上で、その基本的な視座として「計画が浮上し、各種委員会において、さまざまな政治的目算や思惑が入り乱れ、その基本的性格さえも変質させられているという事実を説明するためには、天皇制という絶対的な権力機構というよりも、むしろ、多様な背景をもった集団における抗争や利害関係などを交えた複眼的な視野が必要とされる」（同論文、六五頁）ことを強調していた。また、橋本裕之は国立歴史民俗博物館の歴史性と政治性を主題化したさい、金子の成果を援用しながら菊地の視座とも共鳴する所説を展開している。橋本裕之「複数の日本を展示する——国立歴史民俗博物館のイデオロギーとプラクティス」『博物館史研究』八、博物館史研究会、一九九九年、二〇頁、本書所収。

32　俵木悟「民俗芸能の実践と文化財保護政策——備中神楽の事例から」『民俗芸能研究』第二五号、民俗芸能学会、一九九七年。
33　同論文、四三頁。
34　同論文、四四頁。
35　同論文、四六頁。
36　同論文、五九頁。
37　同論文、五九－六〇頁。
38　同論文。
39　小島孝夫「離島振興法と離島生活の変化——島根県隠岐郡都万村を事例として」『民俗学研究所紀要』二三、成城大学民俗学研究所、一九九九年、三八－七〇頁。
40　同論文、四一頁。
41　同論文、四一頁。
42　同論文、六一頁。
43　同論文、六二頁。
44　同論文、六三頁。
45　同論文、六五頁。
46　市川秀之「地方行政と民俗学」『日本民俗学』第二二〇号、日本民俗学会、一九九九年、二四－三三頁。
47　同論文、二四－二五頁。
48　同論文、二五頁。
49　同論文、二九頁。
50　同論文、二九頁。
51　同論文、三一頁。
52　同論文、三三頁。
53　菊地暁、前掲論文、一〇頁。
54　岩本通弥「「民俗」を対象とするから民俗学なのか——なぜ民俗学は「近代」を扱えなくなってしまったのか」、三〇頁。

55　バーバラ・カーシェンブラット・ギンブレットは「アカデミックな民俗学は、純粋な民俗学と応用民俗学の二元論を主張してきており、それ自身が持つ本質的かつ不可避な応用民俗学的性格について考慮してみなかった」のであり、「民俗学が、イデオロギーや、国レヴェルでの政治的利益、また、経済的思惑を越えて存在することはありえないが、大学院生をパブリック・セクターに送り込む一方で、応用民俗学を知的というよりも実用的なものとして扱うことによって、民俗学はそれを無意識のうちに矮小化してきた」ことを指摘している。バーバラ・カーシェンブラット・ギンブレット、岩竹美代子訳「誤りの二元論」『民俗学の政治性――アメリカ民俗学一〇〇年目の省察から』、未来社、一九九六年、二五五頁。これはアメリカの民俗学に関する話だが、日本の民俗学にもいえるだろう。カーシェンブラット・ギンブレットはドイツの民俗学が応用文化科学に転向することを提言した消息に留意しながら、「パブリック・セクターの仕事は、文化をまつり上げるのだが、それは、まつり上げられるものも変化させる」という。まさしくドイツの民俗学が主題化してきたフォークロリズムの好例であろうが、カーシェンブラット・ギンブレットは「そこにも、アカデミックな民俗学が応用民俗学に対して成しうる重要な役割がある」と述べている。だが、その役割が「パブリック・セクターそのものと、また、特定のプロジェクトや活動がそれに関わった人々に与える影響をエスノグラフィックに研究してみること」（同書、二七五頁）に集約されるとしたら、問題は純粋な民俗学という学術的な地平に回収されてしまう。これは本当に「民俗学者がその分業を再考し、アカデミックな伝統と応用された伝統の間の裂け目を再検討し、それを閉じ合わせる」（同書、二七六頁）方法だろうか。応用民俗学は民俗学の歴史性や政治性を浮かびあがらせる恰好の手がかりとして純粋な民俗学に奉仕するためにのみ存在しているわけでもないだろう。かくしてカーシェンブラット・ギンブレットの論文は大きな論争をまきおこした。数多くの民俗学者が個々の場所に立脚しながら発表した成果は以下の論文集などにおいて集成されている。BARON, Robert and SPITZER, Nicholas R. (eds.) *Public Folklore*, Smithsonian Institution Press, 1992. JONES, Michael Owen (ed.) *Putting Folklore to Use*, The University Press of Kentucky, 1994. そこでも「民俗行政は何のため、そして誰のために存在しているのだろうか」という問いかけを少なからず発見することができる。

56　市川民話の会編『市川の伝承民話』第六集、市川市教育委員会、一九九八年。

57　根岸英之「ぞうり作りと民話の伝承――市川緑の市民フォーラムの取り組み」『民具マンスリー』三〇（一）、神奈川大学日本常民文化研究所、一九九七年、一五–二一頁。根岸は該当年度以降にも、こうした成果を中間的に総括する論文を発表している。根岸英之「地域の民話を題材に語ること」『語りの世界』三一、NPO法人語り手たちの会、二〇〇〇年、二八–三三頁、同「現代若者の〈口承〉世界をフィールドワークすること――『市川の伝承民話』の試みを例として」『口

承文芸研究』第二四号、日本口承文芸学会、二〇〇一年、一二九–一三五頁。

58　森栗茂一『しあわせの都市はありますか――震災神戸と都市民俗学』、鹿砦社、一九九八年。森栗は該当年度以降にもこうした実践に含まれる問題点を主題化した論文を発表しており、兵庫県と市民団体が阪神大震災の記憶を継承するべく各々着手した二種類のウォークを紹介しながら、両者が協働するべきであることを強調している。森栗茂一「阪神大震災記憶継承の模索――二〇〇〇年度1・17民官・二つの震災ウォークから」『教育機関におけるボランティア活動の可能性（Ⅳ）――語学ボランティアを通じて他民族・他文化社会と「共に生きること」を模索する果てしなき旅のドキュメント』大阪外国語大学、二〇〇〇年、八六–九五頁。

59　森栗茂一『しあわせの都市はありますか――震災神戸と都市民俗学』、五頁。

第Ⅲ部
博物館

第8章　過去を知る方法
――インディアナポリス子ども博物館の歴史展示

一　"Mysteries in History"

アメリカ合衆国インディアナ州のブルーミントンという町で暮らしていた当時、インディアナポリスのインディアナポリス子ども博物館（The Children's Museum of Indianapolis）に何度か出かけたことがあった。この博物館は日本でも近年ようやく登場してきた子ども博物館の先進的な事例であり、北米を代表する子ども博物館の一つとしてよく知られている。インディアナポリス子ども博物館は子どもに照準をしぼった多種多様な試みを展開しており、来館者数に関しても多大な成功を収めているが、その歴史展示にも心底驚かされた。私は当時、国立歴史民俗博物館に勤務しており、自分でも展示を担当したことが何度かあったが、そうした専門家（?）が強い衝撃と嫉妬を感じたのである。

問題の歴史展示は"Mysteries in History"という。私たちは通常、歴史展示といわれたら、過去の遺物が出陳されている光景を思い浮かべるだろう。東アジアやヨーロッパのような、一般に「歴史が古い」と思われている地域において、その傾向は顕著である。日本に関していえば、国立歴史民俗博物館における銅鐸の展示や洛中洛外図の展示がその典型であろう。だが、こうした展示は北米において現実的に困難である。乱暴にいってしまうならば、たとえばアメリカはネイティヴ・アメリカンと移民によって構成された国家であり、「歴史が新しい」地域において歴史的な遺物を出陳することはあらかじめ制約されているといわざるを得ないのである。

問題は来館者にも存在する。子ども博物館において想定されている観客の中心はいうまでもなく子どもである。だが、そもそも子どもはこの世に生を受けてまもないという意味において歴史に最も縁遠い存在である。たとえば、聖徳太子や豊臣秀吉に関する展示は五歳や六歳のガキンチョにとっていかなる意味を持つだろうか。もしも聖徳太子が着用した下着が出陳されていたとしても、子どもがそこに歴史を発見するだろうと期待することは、絶望的に滑稽な願望でしかない。私たちが出土した小汚い木簡に興奮するのは、私たちが成長して歴史に関する知識を獲得していった以降にかぎられる。すなわち、歴史的な遺物を出陳するような歴史展示はあらかじめ子どもを疎外しているのである。

白状してしまおう。私じしん歴史展示は即歴史的な遺物を出陳することであると考えていた。考えていたというよりも、そう思いこまされていたのかもしれない。だが、インディアナポリス子ども博物館の“Mysteries in History”は、こうした先入観を激しく動揺させるものであった。歴史を持たない子どもに対して歴史を展示する。この不可能に近い試みは歴史的な遺物を出陳するという先入観を認識論的に切断して、むしろ過去を知る方法じたいを展示することによってこそ、見事に実現されているということができるだろう。“Mysteries in History”は複数のセクションに分かれている。展示はいうまでもなく総体として享受されるべきものであるが、そのいくつかを断片的に紹介しておきたい。

二　「歴史って何?」

たとえば、展示の冒頭は恐竜の骨を発掘する現場が再現されている。わかりやすく説明しておけば、来館者は用意されたショベルを使いながら、恐竜の骨が隠された砂場で砂遊びに興じることができる。そして、まもなく恐竜の骨が顔をのぞかせるという趣向である。また、週末は考古学者を演じる博物館職員に案内されて、床下に設置された穴に降りていき、発掘現場の雰囲気を本格的に実感することができるツアーも用意されている。次はアメリカ東部の家族が幌馬車に乗って中西部に移動していき、ある場所に落ち着いて開拓者として厳しい生活をすごすという物語が用意されている。これは家族の一員である女の子が祖父の日記を読みすすめるという趣向であり、来館者は設置されたモニターを操作しながら、女の子の立場を追体験することができるのである。

最後は何の変哲もない、だが少しばかり古めかしい部屋が再現されており、ナレーションが流れているという趣向である。ナレーションはある家族の生活を一人称で語るものであり、来館者が自分の家族に関する記憶を掘りおこす触媒として提示されている。私は来館者の会話に注意した、というよりも自然に耳に入ってきたのである。来館者の大半は親子であり、祖父母と孫らしいばあいも少なくない。古めかしい部屋にならべられている日用品は子どもにとって見慣れないものが大半である。だが、父母や祖父母にとってみれば、以前の生活を思い出させる懐かしいものばかりである。そして、来館者はほぼ例外なく、展示物を指さしながら自分たちの家族の歴史について語りはじめる。

――ほら、あそこにある黒いのを見てごらん。昔はアイロンってあんな形をしてたんだ。昔、おばあちゃんがいつも使っていて、そりゃあ大事にしてたんだよ。

――あんな時計は家にもあったなあ。お父さんが小さい時、おじいちゃんが大事にしていたその時計を壊しちゃってね。こっぴどく叱られたもんだ。

――お父さんのおじいちゃんって怖い人だったの。どんな人だったの。

こうした会話が世代間で際限なく交わされていくのである。もちろん展示に仕掛けられたさまざまな趣向について、「どれもこれも贋物じゃないか」といってしまうことは簡単だろう。だが、“Mysteries in History”はそもそも歴史的な遺物を出陳することを意図していない。“Mysteries in History”が展示しているのはむしろ過去を知る方法であり、しかもそのような方法をいわゆるハンズ・オンの過程として来館者に体験させるユニークな趣向が用意されていたわけである。これは歴史に関するきわめて方法論的な展示であり、けっして子どもを喜ばせることだけをめざした展示でも何でもない。

子どもはいつでも現在に立脚しながら、自分たちの手前にひろがっている過去を想像しており、そのような過去によってこそ自分たちが「いま、ここ」に存在していることを意識することができるはずである。こうした視座は子どものみならず、あらゆる来館者にとっても有効であると思われるが、じじつ“Mysteries in History”は過去を知る方法に関する参加型の展示を実現することによって、来館者に「歴史って何?」という根源的な問いかけについて深く考えさせる触媒として注意深く構想されていた。そして、数多くの来館者に対して現実にそう機能していることに少なからず驚かされたのである。

しかも、ここで紹介したような過去を知る三つの方法は、まさしく考古学・歴史学・民俗学という広義の歴史学が鍛えあげてきた方法であり、たとえば三学協業という国立歴史民俗博物館の理念とも重なりあっている。したがって、“Mysteries in History”は歴史展示における三学協業を方法論的な地平において構想するためにも、きわめて有益な手がかりを提供しているということができる。また、私は現在、追手門学院大学地域文化創造機構・社会学部に勤務しているが、“Mysteries in History”の理念と実際は研究と教育を実践する大学においても有効である。掘ることによって過去を知る。読むことによって過去を知る。そして話すことによって過去を知る。それは過去を知りたいと思った私たちがいつも用いている方法である。「歴史って何?」という根源的な問いかけは、そのような方法の向こう側にこそ存在している。

参考文献

Hamp, Steven K. and Ettema, Michel J., "To Collect or Educate ?" *Museum News* 1989, 68 (5).

Robinson, Cynthia and Leon, Warren, "A Priority on Process: The Indianapolis Children's Museum and 'Mysteries in History'," In *Ideas and Images: developing Interpretive History Exhibits.* Kenneth L. Ames, Barbara Franco, and L. Thomas Frye (eds.), The American Association for State and Local History, 1992.

第9章　複数の日本を展示する
――国立歴史民俗博物館のイデオロギーとプラクティス

一　日本における国立博物館

日本における国立博物館、つまり国立の機関によって設置された博物館は、おおよそ二つに大別することができる。本章を執筆した平成十一年（一九九九）の時点でいえば、一方は文部省（現、文部科学省）および文部省に属する機関によって設置された博物館であり、他方は文部省以外の郵政省、大蔵省、労働省、運輸省、防衛庁、宮内庁などの各機関に属する博物館である。前者は四つに分けられる。第一は文化財保護法に定められて文化庁に属する博物館であり、東京国立博物館、京都国立博物館、奈良国立博物館、奈良国立文化財研究所平城宮資料館、奈良国立文化財研究所飛鳥資料館、東京国立近代美術館、京都国立近代美術館、国立国際美術館が相当する。第二は生涯学習局生涯学習振興課に属する博物館であり、国立科学博物館が相当する。第三は大学共同利用機関として設置されている博物館であり、国立民族学博物館と国立歴史民俗博物館が相当する。第四は国立大学に属する博物館であり、全国各地の国立大学に四十七館あって、その種類も総合、歴史、美術、自然をはじめとして多岐にわたっている。

だが、前者はその質量において後者を大きく凌駕しており、ふつう国立博物館といったばあい前者を意味している。とりわけ第一、第二、第三の形態をさすことが多い。こうした国立博物館はいずれも、社会教育法の精神に依拠して昭和二十六年（一九五一）に公布された博物館法によって規定されない博物館である。これは東京国立博物館、京都国立博物館、奈良国立博物館のいわゆる国立三館が文化財を扱うという理由によって、前年に制定された文化財保護法の傘下に入ったために生じた事態であった。したがって、国立博物館は博物館法が制定された以降、各省庁にまたがって設置されていることや当時その資料や設備が都道府県などの博物館に比べて整備されていたことなどを考慮して、都道府県などの博物館を指導する立場に位置づけられたのである。

こうした国立博物館は各々が複雑な過去を持っている。とりわけ東京国立博物館と国立科学博物館は最も長い歴史を誇り、しかも相互に錯綜しながら発展してきたという意味で、日本における国立博物館の基本的な性格を少なからず規定している。一方、国立歴史民俗博物館は日本最初の国立歴史博物館であるが、比較的新しい博物館であり、その実態どころか存在すら必ずしもよく知られていないようである。だが、国立歴史民俗博物館は従来の国立博物館に見られなかったユニークな性格が数多く備わっており、国立博物館に関するまったく新しい可能性とその限界を胚胎していると思われる。本章は私が昭和六十三年（一九八八）一月から平成九年（一九九八）三月まで十年以上にわたって民俗研究部の助手および助教授として勤務してきた国立歴史民俗博物館の過去と現在をとりあげながら、とりわけ日本の歴史と文化を展示する方法に関するイデオロギーとプラクティスについて検討してみたい。

二　国立歴史民俗博物館の概要

国立歴史民俗博物館は昭和五十六年（一九八一）、国立大学共同利用機関のひとつとして設置された。だが、千葉県佐倉市の佐倉城址に建設された巨大な博物館において展示が公開されたのは二年後の昭和五十八年（一九八三）である。その設置目的は「大学における学術研究の発展及び資料の公開等一般公衆に対する教育活動の推進に資するための大学共同利用機関として、昭和五十六年四月一四日に設置されたものであり、我が国の歴史資料、考古資料及び民俗資料の収集、保管及び公衆への供覧並びに歴史学、考古学及び民俗学に関する調査研究を行う(1)」というものであり、歴史学・考古学・民俗学などの諸分野が協業することによって日本の歴史と文化に関する総合的な調査研究を実施して、展示などを通じてその成果を広く公衆に紹介することを意図している。

国立歴史民俗博物館は関係する諸学会の要望によって具体化したということができる。戦後、法隆寺が焼失したことに触発されて、昭和二十五年（一九五〇）に文化財保護法が成立したことに伴い、日本の歴史と文化を保存、活用する機運が高まってきた。そのひとつが国立民俗博物館設立運動である。昭和二十八年（一九五三）と昭和三十六年（一九六一）に日本民族学協会、日本人類学会、日本常民文化研究所などが国立民俗博物館設置に関する建議書を文化財保護委員会に提出して、文化財保護委員会も昭和三十七年（一九六二）度と昭和三十八年（一九六三）度の予算概算要求時に国立文化史博物館設立準備費を要求したが認められなかった。国立文化史博物館の構想は民俗資料のみならず、歴史資

図18　国立歴史民俗博物館

料や考古資料なども含めた広範な文化史資料を扱うものであったらしい。また、昭和三十九年（一九六四）度の予算概算要求時にも、同じような構想によって国立歴史博物館設立準備費を要求したが、やはり認められなかった。

ところが昭和四十一年（一九六六）、膠着状態が変化する。昭和四十三年（一九六八）に迫った明治百年を記念するべく明治百年記念準備会議が総理府に設置されて、歴史学者の坂本太郎（元東京大学教授）も委員として事業部会に所属した。坂本は事業部会を通して、明治百年のみならず日本の歴史全体を扱う国立歴史博物館の必要性を強調している。また、文部省は日本に関する歴史民俗博物館を設置したいという意見を提出した。明治百年記念準備会議事業部会はこうした意見を総合した上で、明治百年記念事業の中心である「歴史の保存顕彰」のひとつとして歴史民族博物館を建設することを決定したのである。その内容は「産業、経済、文化、社会、学術、政治、外交、国防等各分野の史料及び世界諸民族との関連において日本民族の正しい位置づけを示す民族的生活資料を収集、展示、研究し、あわせてそれらの資料の利用（国際的活用を含む。）及び研究成果の普及等の事業を行なう」[2]というものであった。

同年、明治百年記念準備会議は明治百年記念事業のひとつとして「歴史民族博物館の建設」を採択する。これは閣議に報告された上で承認された。かくして昭和四十二年（一九六七）、文化財保護委員会は歴史博物館設立準備懇談会を設立して、博物館の性格や内容について検討することを開始する。以降は昭和四十三年（一九六八）に文化財保護委員会を改組して文化庁が発足したことを受けて、昭和四十六年（一九七一）に国立歴史民俗博物館（仮称）基本構想委員会、昭和五十年（一九七五）に設立準備委員会が文化庁に発足して、組織運営、施設計画、展示収集について検討する。そして昭和五十五年（一九八〇）、国立歴史民俗博物館を国立大学共同利用機関として設立することが最終的に決定されたのである。なお、国立大学共同利用機関は平成元年（一九八九）、国立学校設置法が一部改正されたことに伴って大学共同利用機関に改称されている。

国立歴史民俗博物館の主要な事業は研究活動、情報提供、一般公衆に対する教育活動、資料の収集・制作・保管、大学院教育への協力、国際交流があげられており、いわゆる博物館の範囲を超えた多様な活動を展開している。とりわけ研究活動は最も中心的な事業であり、「日本の歴史及び文化を実証的に解明することを目標とし、歴史・考古・民俗資料を系統的に収集・整備し、これらの資料に基づき、歴史・考古・民俗及び情報資料の各研究部が相互に連携、協力しつつ、関係分野の研究を推進すると共に、全国の大学等の研究者の参画を得て、専門を異にする複数の研究者が共通研究課題のもとにプロジェクトを組織して、共同研究を行う」[3]ことが謳われている。一方、展示は一般公衆に対する教育活動の一環として位置づけられており、「日本の歴史の流れの中で、各時代の学問上有益で興味ある問題についての課題研究を基礎とした展示を行う」(4) ことが謳われている。

こうした性格は博物館というよりも、むしろ研究機関を思わせる。じっさい、国立歴史民俗博物館の研究組織は情報資料・歴史・考古・民俗の四研究部を擁しており、二十余の部門に専任・客員の教官（教授・助教授・助手）を配している。そして、毎年十余の研究テーマを設定して、館内外の研究者を集めた共同研究を実施した上で、その成果を研究報告や企画展示として公開しているのである。いずれにしても、国立歴史民俗博物館は大学共同利用機関として、通常の博物館における活動を超えた多様かつ広範な活動を展開しているということができるだろう。

三　国立歴史民俗博物館の前史

国立歴史民俗博物館は前述したとおり比較的新しい博物館であるが、建設計画についていえば幾多の紆余曲折を経ており、長い歴史が存在する。そのひとつが国史館（仮称）であった。国史館は昭和十五年（一九四〇）の紀元二千六百年を記念して麹町内幸町（現千代田区霞ヶ関一丁目）の旧帝国議会議事堂跡に建設される予定であったが、日本の敗戦によって結局実現しなかった幻の博物館である。紀元二千六百年は神武天皇が橿原で即位した以降二六〇〇年に相当すると見なされた昭和十五年を記念した国家的な祭典であり、さまざまな行事や事業が内外の各地で挙行されたが、政府も国家の統一記念事業として紀元二千六百年祝典計画を進行させていた。建国以来の天皇を顕彰して数々の偉業を称賛する国史館を建設することもその一環として組みこまれていたのである。

こうした国史館はそもそも政財界が強く要望したものであり、紀元二千六百年という天皇制に立脚した国家的な祭典を奉祝して、建国以来続いてきた（と考えられた）天皇制の歴史を可視化するイデオロギー的な装置として機能することが期待されていた。一方、歴史学者の黒板勝美は大正十二年（一九二三）の関東大震災によって壊滅的な被害を受けた東京帝室博物館（現東京国立博物館）を東洋古美術の一大博物館として再出発させるべく同博物館に設置されていた歴史部を廃止して、その資料も考古学的な資料に限定した上で広義の古美術に含めて再構成する計画を主導する一方、昭和九年（一九三四）ごろ早くも東洋古美術博物館としての東京帝室博物館に対抗する国立の歴史博物館を構想している。黒板は国史学・日本古文書学を確立した日本古代史の権威であり、当時東京帝国大学の教授に任じられていた。

昭和十年（一九三五）、内閣に首相の私的な諮問機関として紀元二千六百年祝典準備委員会が設置される。委員に任命された黒板は政財界が要望した国史館の必要性を強調するのみならず、その実質的な内容を提供した。黒板が構想した国史館は「歴史的のものを陳列いたす陳列場」というよりも、（1）図書文献、記録・古文書の調査と収集保存、（2）古墳や史蹟の考古学的な発掘調査、（3）日本歴史上の重要課題の協同的研究、（4）日本文化の歴史的変遷の平易な解説と公開普及、などに従事する日本の歴史と文化に関する総合的な研究機関であった(5)。こうした構想は「日本精神の作興運動と云ふ意味に於て社会的の国民教育の上に一大貢献をさせ(6)」る、つまり国家の天皇制イデオロギーによって国民を教化することを意図していたが、博物館を通じて歴史学の研究成果を国民に公表するという意味で、今日の国立歴史民俗博物館が掲げる設置目的に通底するところが少なくないともいえるのである。

昭和十一年（一九三六）、祝典準備委員会を引き継いで内閣に設置された祝典評議委員会は紀元二千六百年祝典計画をまとめる。国史館も紀元二千六百年を奉祝する記念事業のひとつとして建設することが決定された。だが、黒板は国史館の計画が正式に決定した二日後に脳溢血によって倒れたため、結局その計画に関与することができなかった。昭和十三年（一九三八）、国史館の計画は文部省に移管される。翌年、文部省は学識経験者を含む国史館造営委員会を組織するが、歴史学者の発言力が急速に低下する一方、文部省の官僚が主導権を握っていった。文部省は昭和四年（一九二九）に国宝保存法、昭和十三年に重要美術品等ノ保存ニ関スル法律を制定しており、いわゆる文化財を保存することを通して国史に対する関心を強めていた。それは日本精神の象徴として文化財を保存することによって国民に天皇制イデオロギーの宗教的かつ文化的な基礎を認識させることを意図していたと考えられるだろう。

国立歴史民俗博物館が所蔵する昭和十五年（一九四〇）の「国史館施設内容要項案」は国史館の事業として（1）国史関係資料（皇室・神祇・一般）の陳列、（2）陳列品の修理と模写・模造、（3）資料の収集保管、（4）調査研究、（5）調査報告書・図録等の刊行、（6）図書の公開と館外研究者への研究指導、（7）講演会等の開催、（8）諸機関が実施する国史関係事業等の指導をあげている。(7)同年、国史館の建設予定地は紆余曲折を経て現東京都千代田区霞ヶ関一丁目の帝国議会旧議事堂跡地に内定したが、紀元二千六百年祝典が終了したことや太平洋戦争によって経費や物資が不足してきたことなどが重なって、国史館の計画は結局実現することなく終わった。

こうした国史館は大局的に見て、国家の天皇制イデオロギーによって国民を文化的に支配する意図を内在していたということができる。だが、国史館を天皇制イデオロギーに収斂させて一元的に理解することは、個々の局面において生起していた現実を見失わせてしまいかねない。実際は政財界、歴史学界、内閣の祝典準備委員会および祝典評議委員会、文部省および国史館造営委員会などの多様な背景を持つ集団が多様な権力を行使しながら国史館の計画に関与していたのであり、国史館に内在するイデオロギーの実態を正しく理解するためにも、その諸関係を解読することが求められているのである。(8)

四　国立歴史民俗博物館の展示

以上のような課題は国立歴史民俗博物館の展示についても指摘することができる。館長名で出された所見は展示の内容について、「一般的な概説を避け、総合展示では、生活史に重点を置いた二五のテーマについて、実物資料はもとより、精密な複製品や模型、グラフィックパネルなど、各種の展示諸技術を十分に活用し、古今の姿を具体的にまた正確に構成して示すことに努めていますが、その結果は好評で、開館後一四年余を経て、入館者の総計は五〇〇万人を数えます(9)」という。だが、その実態は幾多の紆余曲折を経たものであり、多様なイデオロギーが幾重にも織りこまれている。

明治百年記念事業として歴史民族博物館が計画された結果として、日本歴史学協会などが国立歴史民俗博物館に強い疑念を表明して反対運動を展開した。その主要な理由は国立歴史民俗博物館の内容

図 19　第 1 展示室「稲と倭人」。大塚遺跡の復元模型（写真提供：国立歴史民俗博物館、図 20〜22 も同様）

が皇国史観を鼓舞することを意図しており、アジアにおける日本の場所を反省する視座を欠いた近代史観を内在しているというものであった。こうした批判は昭和四十六年（一九七一）以降、文化庁の国立歴史民俗博物館（仮称）展示準備委員会および展示計画委員会が検討してきた展示案に集中した。かくして、昭和五十三年（一九七八）に国立歴史民俗博物館（仮称）設立準備室長に就任した井上光貞（元東京大学教授）は従来の第一次展示案を「教科書的な概説」として退け、外部の展示協力者にも諮りながら「現代的な感覚と民衆生活史に焦点をおきながら日本史を概説する」[10] ことをめざした第二次展示案を検討することを開始する。これは反対運動側の発想を全面的に採用したものであったといえるだろう。井上はいう。

歴史観という観点で展示のすがたを考えてみると、

図 20　第 2 展示室「民衆の生活と文化」。大鋸引きの復元模型

そこには二つの極を想定することができよう。その一つは、展示を通じて一つの歴史観を展開してみせようとするタイプである。このような展示はある意味ではすっきりしていてわかりやすく、恰好がよいにちがいない。しかし、国立の博物館がそれをやることは、ちょうど戦前の国定教科書が皇国史観を国民におしつけたのと同じことで、その歴史観がそのようなものであろうとも、思想・宗教の自由を原則とする国がらからいって慎むべきである。しかもこのような考え方は、歴史の見方としても浅薄というほかあるまい。なぜなら歴史上の事象は多面的な意味を持つものであるので、一方からだけスポットをあてるのでは、事象を正確にとらえることにはならないからである。いな、私の考えでは、歴史像は個々人がえがくべきもので、歴博はただ、人々が自分の歴史像をえがくための産婆役であることにこそ、積極的な意味がある、とおもうのである。(11)

図21　第4展示室「南島の世界」。来訪神の復元模型

こうしてまとまった第二次展示案は教科書的な色彩こそ薄まり、現代の視点から民衆の生活史をとりあげたものであったが、依然としてあくまでも通史的な概説展示をめざしていた。また、歴史観についても特定の歴史観を展開することを排したというよりも、むしろ皇国史観に対抗するイデオロギーとして新しく民衆史観を打ち出したというべきであろう。じっさい、国立歴史民俗博物館の展示は今日でも政治史的な概論を扱わないのみならず、権力者や英雄が原則として登場しない。したがって歴代の天皇も聖徳太子も、そして一般的によく知られている織田信長や豊臣秀吉ですら大きくとりあげられていない。それはあくまでも日本国憲法の前文が掲げる理念に沿って、民衆の生活を民衆の視点によって理解するという姿勢を反映していたのである。

図22　第5展示室「都市の大衆の時代」。浅草の路地空間の復元模型

ところが、井上は民俗展示について検討する過程を通して国立歴史民俗博物館における歴史展示と民俗展示の関係じたいを再考することを迫られた結果として、次第に従来の概説的展示に対する課題的展示の必要性を認識していく。課題的展示は「日本の歴史の展示にあたって、まんべんなく歴史の推移を物で示すのではなく、処処に重点をおいて、それぞれに課題と問題視角を設定し、それをめぐって出来るだけ詳しく、学術的・多角的に展示構成を行い、その他の部分は遠慮なく切捨ててしまう、というやり方」[12]を意味している。すなわち、井上は学術的に重要であり一般的な関心も集めるような個別的なテーマについて、歴史学・考古学・民俗学の研究成果をわかりやすく提示することを考えたのである。それは特定の歴史観を押しつけてしまう危険を持つ通史的な概説を排するという意味でも、来館者が自分で発見した問題を自分の問題として考える機会を提供するという

意味でも、最も効果的な方法であると思われた。

概説を一切排除した上で総合展示を個別的なテーマに関する展示の集合体として構成するという方針は外部の展示協力者にも諮られた上で、国立歴史民俗博物館における展示の基本的な方針として採用された。かくして昭和五十五年（一九八〇）、第二次展示案に立脚しながらも、あらためて第三次展示案とでもいうべき課題別の展示案を作成する作業がはじまる。実際は館内外の研究者によって構成された展示プロジェクトチームが各々のテーマについて検討した上で展示の基本的な骨格を完成させて、ようやく昭和五十八年（一九八三）の開館にこぎつけたのであった。初代館長は井上が就任した。

以降も国立歴史民俗博物館は遅れていた展示を徐々に公開していき、平成元年（一九八九）に近現代展示を除いた一切の展示を完成させた。総合展示の内容は第一展示室の原始・古代が四つのメインテーマ（「日本文化のあけぼの」「稲と倭人」「前方後円墳の時代」「律令国家」）と一つのサブテーマ（「沖ノ島」）、第二展示室の中世が五つのメインテーマ（「王朝文化」「東国と西国」「大名と一揆」「民衆の生活と文化」「大航海時代のなかの日本」）と一つのサブテーマ（「印刷文化」）、第三展示室の近世が四つのメインテーマ（「百姓の世界」「都市の繁栄」「道と旅」「躍動する民衆」）と一つのサブテーマ（「文書と地図」）であった。また、展示案を大きく転換させる契機を提供した第四展示室の民俗展示「日本人の民俗世界」も、最終的に総合展示の一部として位置づけられた上で、六つのメインテーマ（「都市の風景」「村里の民」「山の人生」「海浜の民」「南島の世界」「再生の世界」）を扱うことができたのである。

五　国立歴史民俗博物館の現在

平成五年（一九九三）、国立歴史民俗博物館は長年の懸案であった第五展示室の近現代展示についても近代の部分を完成させて、三つのメインテーマ（「文明開化」「産業と開拓」「都市の大衆の時代」）を公開した。近代展示は従来の歴史博物館が一種のタブーとして回避してきた問題に挑戦したという意味で高く評価することができると思われる。すなわち、展示プロジェクト委員会を構成する近代史の研究者は有形無形の政治的な圧力に対峙しながらも、近代日本における輝かしい足跡を追う発達史観を問いなおして、近代化に伴ういわば負の部分をも積極的に展示したのである(13)。その一端を紹介しておけば、被差別民に対する非人間的な差別が近代以降も根強く続いていること、北海道の開拓が事実上アイヌ民族に対する侵略であったこと、関東大震災に伴って多くの朝鮮人や中国人が虐殺されたこと、男性中心の社会が女性の役割を強制していったこと等々であり、いずれも近年の研究成果を前提しながら展示している。

こうした近代展示は現代の視点から民衆の生活史をとりあげるという当初の精神を貫徹するべく民衆史観を強く打ち出したものであり、従来の国立博物館に見られなかった野心的な試みであるということができるだろう。だが、最後に残った現代展示は「戦争と平和」と「消費革命」というメインテーマこそ決定しているが、近代展示以上にむずかしい現実的な問題が山積しており、まったく具体化していない状況であった。（「消費革命」は現在、「戦後の生活革命」として展示されている。）また、公開されている総合展示についても、現代の視点から民衆の生活史をとりあげることを謳いながら、その精神に背反していると考えられる部分が少なからず見られる。

たとえば、差別は近代以前にも存在していたにもかかわらず、中世や近世における被差別民の実態が扱われていない。日本列島にも少数民族が生活してきたにもかかわらず、その歴史が扱われていない。南島が専ら日本文化の源流として扱われており、しかもその宗教的な要素を前面に押し出しているため、琉球が長らく独立した国家であり独自の歴史と文化を培ってきたという事実が隠蔽されている。とりわけ最後の問題点は日本民俗学が内在するイデオロギーの所在をしめしているが、いずれも日本に関する単一民族や単一文化というよく知られた神話を助長するのみならず、日本の歴史と文化を多元的に理解することを妨げてしまいかねないのである。これは国立歴史民俗博物館の展示全体にも大なり小なりいえることであり、そもそも意図していたことに反して常設展示として固定された総合展示が日本の歴史と文化に関する、いわば一国史観的なステレオタイプを提供してしまう可能性も否定することができないのである。

こうした問題点は本来ならば毎年二回程度開催している企画展示によって、多少なりとも解消することができるはずである。だが、企画展示は新しい研究成果を発表する場として位置づけられているため、概して学術的な専門性に傾斜しており、一般の来館者を度外視した難解な内容に終始しているばあいも少なからず見られる。したがって、企画展示が総合展示を補完するものとして、日本の歴史と文化が持つ多様性を知らせることに貢献しているとも考えられない。そもそも国立歴史民俗博物館の展示は全体としても研究成果を発表するという性格が強いため、一般の来館者にとって難解であり退屈であるといわざるを得ないのである。

とりわけ近年は来館者数が激減しており、平成十年（一九九八）度に予算が大きく削減されたこともあって、私じしんも在職中参加していた第二期総合展示準備委員会において、従来の研究中心主義を反省して来館者の存在を視野に収めた「わかりやすい展示」や「楽しめる展示」をめざすべきであるという方向が打ち出されている。こうした動向は日本の歴史と文化を展示する方法に関する新しいイデオロギーとプラクティスを要請している。

本章は国立歴史民俗博物館が日本の歴史と文化に関する多様なイデオロギーとプラクティスを内在してきた過程の一端をすくいあげることに努めてきた。そもそも国立歴史民俗博物館は日本という国家が設立した唯一の歴史博物館として日本を展示するという意味で、きわめてリフレクシヴな性格を付与されている。国立歴史民俗博物館は今日でも日本の歴史と文化を対象化する多様な方法を試行錯誤する実験室であり、その過去と現在を通じて日本という場所の複数性をはからずも体現してきたということができるのである。

［付記］

本章で取り上げた国立歴史民俗博物館の展示は、本章を発表した平成十一年（一九九九）八月の時点における内容である。以降、各展示室は順次オープンとリニューアルオープンを繰り返しており、その内容も大きく変化している。

1　国立歴史民俗博物館『国立歴史民俗博物館要覧　一九九七』、国立歴史民俗博物館、一九九七年、二頁。

2　同『国立歴史民俗博物館十年史』、国立歴史民俗博物館、一九九一年、三頁。

3　同『国立歴史民俗博物館要覧　一九九七』、二頁。

4　同書、二頁。

5　丸山二郎「仮称国史館」黒板博士記念会編『古文化の保存と研究——黒板博士の業績を中心として』、黒板博士記念会、一九五三年、一七〇‐一七一頁。

6　金子淳「国史館計画の展開とその政治状況——戦時下博物館政策に関する一考察」『研究紀要』一、東京学芸大学生涯学習研究室、一九九六年、六七頁。

7　同「国史館関係資料」『博物館史研究』三、博物館史研究会、一九九六年、二八‐二九頁。

8　同「国史館計画の展開とその政治状況——戦時下博物館政策に関する一考察」参照。

9　国立歴史民俗博物館『国立歴史民俗博物館要覧　一九九七』、一頁。

10　井上光貞「歴史民俗博物館をつくる」『国立歴史民俗博物館研究報告』第三集、国立歴史民俗博物館、一九八四年、三〇三頁。

11　同「国立歴史民俗博物館の構想」、国立歴史民俗博物館、二九三頁。

12　同「歴史民俗博物館をつくる」、三〇三頁。

13　新井勝紘「近代史研究と博物館展示」『歴史評論』第五二六、歴史科学協議会、一九九四年、二八‐三七頁。同「近代民衆の差別意識と展示表現」『部落問題研究』一三六、部落問題研究所、一九九六年、六七‐八〇頁。

第10章　物質文化の劇場
――博物館におけるインターラクティヴ・ミスコミュニケーション

一　パフォーマンスとしての物質文化

博物館が持つ基本的な性格のひとつとして展示、つまり物を見せるということがあげられる。博物館にまつわる諸状況が急速に変化して、新しい博物館のイメージを模索する試みが数多く見られる今日でも、こうした性格は大して変わっていないと思われる。すなわち、博物館はそもそも物を介したコミュニケーションが成立する場であり、物の意味が生み出される場であるということができるのである。ところが一方で、人文科学および社会科学の諸領域において文化の政治性や歴史性に対する関心が急速に高まり、カルチュラル・スタディーズに関する一種の流行現象とでもいえるような状況が出来したことも手伝って、博物館についても文化を表象する装置として位置づけ、その政治的かつイデオロギー的な機能を批判的に検討する試みが族生している(1)。

とりわけ近年はミシェル・フーコーに倣って、展示を巨大な言説の空間に見立てた上でテクストとしての展示、もしくは表象としての展示に埋めこまれた（と考えられる）イデオロギー的な意味を解読した成果が後を絶たない。[2] ジェームス・クリフォードはニューヨーク近代美術館で開かれた二十世紀美術におけるプリミティヴィズムに関する展示に潜む非歴史的かつ覇権的な構造を批判することによって、その好例を提供しているといえるだろう。[3] こうした動向は旧態依然としたイメージを与えてしまいがちな物質文化研究を再編する契機を内在しており、とりわけ博物館における物質文化研究に対して新しい課題を提供すると考えられる。それは物を操作することによって文化を具体的に再構成してみせる展示において、テクストとしての物に付与されたイデオロギー的な意味を解読するというものである。

だが、展示をとりあげることによって表象の政治学を展開する試みは、細部において新しい知見を追加することがあっても、理論的にも実践的にも限界を内在しているように思われる。展示は必ずしもテクストとして解読するだけで済ますことができない複合的な文化現象であり、イデオロギー的な構築物であることを認めるとしても、テクストとしての物に付与されたイデオロギー的な意味を解読するという試みじたいイデオロギー的な偏向を含むものであることも公平に認めておかなければならない。すなわち、こうした試みは展示に対する批評的な視座を共有している人々が展示を解読する行為によってのみ支えられており、少なくともそうした人々にとって一定の有効性を持つが、物に付与されたイデオロギー的な意味が来館者においてどの程度まで貫徹されているのかに対する視座がすっぽり抜け落ちていると思われるのである。

たとえば、ここでいうイデオロギー的な意味はいかなる主体が構築する意味であろうか。実際は展示を企画した担当者の意図を超えて、展示をいわば深読みした結果として得られるイデオロギー的な意味を扱っているだけかもしれない。それは展示を記号論的に解読する試みの変種であり、記号論の政治化とでもいうべき性格を持つ。そこで決定的に欠落している要素は、来館者が構築する意味に対する視座であろう。展示がどう読めるものであったとしても、来館者が展示された物をどう解釈しているのかという問題は、必ずしも十分に検討されていないといわざるを得ないのである。

そもそも展示を企画した担当者の意図が来館者の関心にぴったり重なるということじたい考えにくいはずであるが、来館者が構築する意味に対する視座を欠いた成果はフーコーの衣鉢を継いで、展示を解読した結果によってすぐさま来館者の体験を想定してしまいがちであり、来館者が展示のメッセージを受容するだけの受動的な存在として描かれているか、はなはだしいばあいは来館者をまったく視野に収めていない。だが、来館者の関心は多種多様な偏差をしめしており、担当者が構想した意図によって支配されるようなものでも、ましてや担当者すら意図していないようなイデオロギー的な意味に制圧されるようなものでもないだろう。実際は来館者も物の意味を間断なく構築していると思われるのである。こうした視座は博物館における物を介したコミュニケーションを扱ったエスノグラフィー、つまり展示のエスノグラフィーの必要性を示唆している。

にもかかわらず、元来エスノグラフィーという方法を通して世界の具体性と多様性に対する微分的なアプローチを敢行してきた民族学・文化人類学においてすら、展示のエスノグラフィーがほとんど見られないのはいかにも奇妙である。とりわけ近年の博物館人類学は来館者のパフォーマンスに十分な関心を払うよりも、専ら表象の政治学に邁進しているように思われる。(4) だが、展示をテクストとして解読する試みは展示のエスノグラフィーにとって、けっして終着点を意味していない。それはあくまでも出発点にすぎないのである。そして、展示のエスノグラフィーに向けて出発する第一歩こそが来館者のパフォーマンス、つまり来館者がパフォーマンス的な状況において展示された物をどう解釈しているのかについて検討することであろう。民俗学におけるパフォーマンス・アプローチはこうした課題に対して有効な視座を提供していると思われる。

一九七〇年代のアメリカに登場したパフォーマンス・アプローチ（パフォーマンス・センタード・アプローチともいう）は日本でこそあまり知られていないが、民俗学のパラダイムを劇的に変化させた契機として重要である。[5] 関連する成果は多岐にわたりパフォーマンス・アプローチとして一括することを躊躇するくらいであるが、従来のテクスト中心主義を批判して民俗をコミュニケーションの創造的な過程として理解するという意味で、いずれもテクストとしての民俗からパフォーマンスとしての民俗、もしくはコンテクストとしての民俗へという視座を共有している。その中心的なアイデアは広義の芸能が上演される場を重視することによって、演者と観客の関係じたいに胚胎する創造的な過程を発見するというものであり、特定の状況というコンテクストにおいて演者と観客が特定のパフォーマンスを適当かつ有効であると評価する方法を決定するような出来事の全体を重層的に記述することをめざしている。

パフォーマンス・アプローチはとりわけ物語や音楽を含む広義の芸能を焦点化してきたが、けっして特定のジャンルに限定されるようなものでもなく表現文化の広範な領域を覆うものであり、物質文化にも適用することができる。物がどう作られてきたのかのみならず、物がどう用いられてきたか、物がどう集められてきたか、そして物がいかなる意味を付与されてきたかというような関心は、いずれも物質文化に対するパフォーマンス・アプローチの典型をしめしているといえるだろう。その好例を提供しているのが今日のアメリカ民俗学における代表的な存在であるバーバラ・カーシェンブラット‐ギンブレットである。カーシェンブラット‐ギンブレットじしんは近年その立場を劇的に変化させて民俗学をカルチュラル・スタディーズの一翼として再編することを提唱しているが、そもそもパフォーマンス・アプローチを強力に推進した旗手のひとりであり、物質文化についても重要な成果を生み出している。

たとえば、「物の記憶」という比較的短い論文(6)は従来の民俗学における物質文化研究が物を製作する職人の技術に偏りすぎていたことを指摘した上で、人々がその生活を通して物に対する多種多様な関係を構築している可能性を強調する。人々が蓄積した多種多様な物はその所有者にとっていかなる意味を付与されているのだろうか。カーシェンブラット‐ギンブレットは人々のライフ・ヒストリーを通して、日常生活における物が記憶の相関物として、ひいては人生を回顧して自己を構築する契機として機能していることを描き出すのである。また、同じく民俗学者であるマイケル・オーウェン・ジョーンズはパフォーマンス・アプローチこそ標榜していないが、一貫して物質文化に対するビヘイヴィアル・アプローチを提唱しており、その中心的な方法として職人のライフ・ヒストリーを重視している(7)。

人が物に付与する意味の重層性を主題化した試みは民俗学のみならず、関連する諸領域においても少なからず見ることができる(8)。だが、人々が過去の出来事に関する個人的かつ集合的な記憶によって物を意味化する過程は、物を見せることによって成立する博物館においてこそ、最もはっきり見ることができるといえるかもしれない。といっても、カーシェンブラット＝ギンブレットは残念ながら博物館における物に言及していない。パフォーマンス・アプローチ一般に関しても、博物館における物を介したコミュニケーションに関する成果は従来ほとんど存在していない[9]。それはパフォーマンス・アプローチが演者と観客の対面的なコミュニケーションを想定しており、専ら演者が観客の前で演じるという状況を扱ってきたため、展示を企画した担当者と来館者が対面的なコミュニケーションを構成することがきわめて少ない博物館に適用することが考えられなかったせいだろう。

だが、博物館においてもパフォーマンス的な状況は存在している。それは演者と観客の対面的なコミュニケーションというよりも、物（を展示する担当者）と来館者が時間差と空間差をはらみながら構成する屈折したコミュニケーションによって成立している。したがって、くわしくは後述するが、演者が自分の身体を用いることによって上演される通常の演劇よりも、演者が背後に隠れて物を操作することによって上演される人形劇に近い構造を持っているといえるかもしれない。いずれにしても、来館者は一方的に展示のメッセージを供給される受動的な存在を意味していない。むしろ展示された物を解釈するという意味で展示におけるパフォーマンスの主体であり、観客であるのみならず演者でもあるということができるのである。

本章は以上の視座に依拠しながら、博物館における物を介したコミュニケーションの構造について検討するものである。そして、私が国立歴史民俗博物館に勤務している間に知ることができた内外の若干のデータを参照することによって、展示のエスノグラフィーのための諸前提を提出しておきたい。実際は欧米で急成長しているミュージアム・スタディーズの成果に依拠しながらも、展示を演劇のメタファーによって理解するという方法を採用する。じじつ博物館は物を介したコミュニケーションが成立する場、もしくは物の意味が生み出される場であるという意味において、物質文化の劇場とでもいえるような性格を持ちあわせており、演劇におけるコミュニケーションにもきわめて近似した構造を持っていると思われるのである。

こうした課題を設定することによって得られる利点は、テクストとしての展示、もしくは表象としての展示に関する従来の成果に来館者のパフォーマンスを交差させることによって、博物館において物質文化の意味が形成される過程を包括的に見通すことができるという一点に求められるだろう。したがって、本章は必ずしも直接の効用に訴えることを意図していないが、博物館における日常的な現実を乖離して展示の理論的なレヴェルにのみ収斂する「高級な」問答をも意図していない。また、声高に博物館の理想を語りながら頽廃した現実を嘆いてみせるいわゆる「べき」論にも与しない。むしろ博物館において現実に生起している出来事、つまり来館者が展示された物をどう解釈しているのかを視野に収めることによって、近年その必要性が叫ばれているミュージアム・マネージメントやミュージアム・マーケティングの発想とも呼応しながら[10]、展示の実践的なレヴェルに貢献することをめざしている。

二　博物館におけるコミュニケーション

来館者に比重を移した視座はパフォーマンス・アプローチを博物館に適応することによって展示を

分析する可能性を示唆しているが、きわめて近似したアイデアがミュージアム・スタディーズにおいても提出されている。欧米で急成長しているミュージアム・スタディーズは博物館の表象が持つ政治的かつイデオロギー的な機能を批判的に検討する試みを包摂している一方、博物館が持つさまざまな機能を理論的かつ経験的に分析して、実際の活動に還元することをめざす実学的な試みがその中心であるといえるだろう。性急に一般化してしまえば、前者は博物館をテクストとして解読するという意味で批評的な性格を持っており、完結した「結果としての博物館」を博物館の外側から扱うものであるが、後者は博物館を構成する諸実践の一部として存在するという意味で構築的な性格を持っており、完結しない「過程としての博物館」を博物館の内側から扱うものである。

今日、後者のミュージアム・スタディーズは各地で発展しているが、イギリスにおけるミュージアム・スタディーズの拠点として知られるレスター大学の博物館学科もそのひとつであろう。同学科で教鞭を取るスーザン・M・パースやアイリーン・フーパー゠グリーンヒルなどが代表的な存在であるが、その成果はいずれも重度に理論的な性格を持つにもかかわらず、博物館の活動に貢献する可能性を持ったものとして重要である。とりわけフーパー゠グリーンヒルは博物館における物を介したコミュニケーションの構造に関して、パフォーマンス・アプローチを思わせる興味深い枠組を提出している。[11] その概要を紹介しておきたい。

フーパー゠グリーンヒルは自分でもフーコーのアイデアに依拠して博物館の歴史を解読した成果を生み出しており、前者のミュージアム・スタディーズが持つ重要性を十二分に認めている。[12] だが一方で、写真展における物（写真）のイデオロギー的な意味を批判的に検討したロラン・バルトのエッセイに言及しながら、こうした批評的な成果が文化の意味を生産するという博物館の活動にほとんど貢献しないばかりか、博物館の関係者を萎えさせるものであるという。そして、展示をテクストとして解読することによって得られる意味が論証されたものというよりも仮定されたものであり、来館者に対するインタヴューが欠落していることを指摘するのである。[13]

バルトが解読した物の意味はバルトじしんがその観点を支持するものとして発見したものであり、関係者が意図したものに依拠しながらも異なった方法によって展示を解読する可能性をしめしているが、実際はバルトのように展示を解読する人々がほかにもどれほど多く存在しているか、展示を解釈する方法がほかにもどれほど多く存在しているかが不問に付されている。そのアイデアは理論的に美しく構築されているが、実践的にほとんど何もいっていない。それがバルトのエッセイに対するフーパー - グリーンヒルの評価である。しかも、フーパー - グリーンヒルはバルトが来館者を展示によって自動的に騙される存在として見なしているという。すなわち、バルトにおける来館者は受動的かつ非批評的であり、自分じしんの意味を生み出す能力に欠けており、博物館の隠された政治的かつイデオロギー的な機能によって操作されていると想定されているのである。

また、フーパー - グリーンヒルはこうした批評的な成果が博物館の関係者によって意図されるものよりも、意図されないものを分析する傾向を持っていることを指摘している。以下、私見を交えておけば、展示のメッセージに関していわば無意識のレヴェルを想定するという意味で仮説に対する負荷が大きいため、博物館の活動を分析する枠組を提出することに必ずしも成功していないと思われる。だが、博物館は好むと好まざるとにかかわらず、そもそも文化の意味を生産するシステムであり、したがって博物館の関係者も何らかの意図されたメッセージを伝えることにこそ従事しているはずである。

もちろん社会じたいがイデオロギー的な構築物であるという意味において、博物館の活動にも隠されたイデオロギー的な意味が埋めこまれていることはまちがいないだろう。だが、それは博物館にかぎったことでも何でもない。にもかかわらず、博物館だけがイデオロギー的な意味の巣窟として槍玉にあげられるのもおかしな話である。意図されないメッセージを掘り出すことに熱中するあまり、意図されたメッセージが来館者にどう伝わっているかに対して十分な関心を払わないような成果は、イデオロギー的な意味を解読する試みとしても杜撰なものであるといわざるを得ない。

こうした行論じたい本章の視座とも深くかかわっているが、フーパー＝グリーンヒルの独創性はその延長線上にフランスの記号学者であるジョルジュ・ムーナンが提唱するコミュニケーションの記号論というアイデア(14)を配したところに求められる。バルトに代表される意味の記号論は記号（Sign）によって伝達される（と考えられる）隠された意味を解読することに集中しており、文化現象のあらゆる領域に適用されて近年もその政治化とでもいうべき表象の政治学を生み出した。一方、コミュニケーションの記号論は専ら目的的かつ因習的なコミュニケーションの体系を扱う。その最も基本的な要素は社会的な学習を通して経験的に獲得される指標（Indice）と複数の人々によって認識されるコミュニケーションの意図である。したがって、意味の記号論は意図されないメッセージについて研究するが、コミュニケーションの記号論は意図されたメッセージについて研究するということもできるだろう。

指標と記号の差異はコミュニケーションのモデルに関する方法論的な差異をしめすものとして重要である。指標は観察される事実であり、観察されないが意図されているほかの現象に関する情報を運搬する。一方、記号は人工的な指標であり、観察されないほかの現象に関する情報を発信する意図を持って発信者が作成もしくは表現するものである。記号はコミュニケーションに関与する人々にとって特定の意味を持つことが自動的に意図されているが、指標はそうともかぎらない。指標が受信者にとって意味を持つのは、受信者が自分と当該の現象の間に何らかの関係があることを認識しているばあいだけである。必ずしも何かを意味しているわけではないが、だれかによってそうすることが選択されたら何かを意味することができるポテンシャルを持っている。いわば意味可能性を帯びているのが指標であるといえるだろうか。

コミュニケーションの記号論は一般に文学・映画・演劇のような文化現象に適応されるが、同じく目的的かつ因習的なコミュニケーションの体系である博物館にも援用することができるというのがフーパー‐グリーンヒルのアイデアである。もちろん博物館は記号と指標が混在しているシステムである。たとえば、物を解説するパネルやラベルや図表は基本的に、あらかじめ特定の意味を担う記号として機能することが期待されているといっていいだろう。一方、指標は展示を構成する諸要素のみならず、売店や食堂や便所、そして駅貼りのポスターをも含めたあらゆる領域に求められる。すなわち、博物館が意味化される過程は多岐にわたっており、展示も来館者における解釈の個人的な過程に含まれる可能性が高いという意味で有力な指標を集中させた場のひとつにすぎないということができるのである。

といっても、博物館におけるコミュニケーションを構成する最も中心的な指標は、やはり展示された物であろう。それは意味可能性によって満たされた一群として来館者に提示される。だが、それはあくまでもポテンシャルなものであり、指標が意味を持つのは来館者が博物館におけるコミュニケーションを社会的に学習した上で、解釈の個人的な過程を通して展示された物を有意なものとして選択したばあいにかぎられる。したがって、意味可能性を帯びた指標は当然ながら、解釈する主体によって意味を持ったり持たなかったりするわけである。こうした視座は来館者に比重を移すことによって、博物館におけるコミュニケーションのモデルじたいを大きく転換させる可能性を示唆している。

じっさい、フーパー＝グリーンヒルは博物館におけるコミュニケーションに関する古典的なモデル（担当者のメッセージがメディアとしての物を介して来館者に伝えられる）のみならず、その改良版（そうして来館者に伝わったメッセージが担当者にフィードバックされる）をも俎上に載せながら、後者が今日でも広範に支持されている理由として、大半の担当者があらかじめ意図されたメッセージを来館者に伝えることばかり考えていることをあげている。これは日本でもしばしば見られる態度であるが、博物館におけるコミュニケーションのモデルとして問題を少なからず含んでいる。たとえば、コミュニケーションの構造があまりにも単線的に理解されていること、コミュニケーションの過程が専ら担当者に始まる一方向的なものであると考えられていること、担当者の意図が物の意味を決定すると見なされていること、来館者が認知的に見て受動的な存在として描かれていることなどを指摘することができるのである。

かくして博物館におけるコミュニケーションの過程を全面的に支配した担当者は、自分が企画する展示において、いわば物の意味を決定する権力を獲得しているということができるかもしれない。そうだとしたら、来館者における解釈の個人的な過程に十分な関心を払わないばあいが大半であったとしてもおかしくないが、フーパー - グリーンヒルはムーナンのアイデアに依拠しながら、あらためて物が来館者と当該の現象の間に関連性が見られるばあいのみ意味を持ち指標として機能することを強調した上で、博物館におけるコミュニケーションに関する従来のモデルを大きく修正する。すなわち、意図されたメッセージを生産するという意味で担当者が依然として重要な存在であることを認めながらも、いわゆる担当者中心主義的なモデルに来館者が意味を構築する過程を交差させることによって担当者と来館者を対等な存在として位置づけ、物をその中間的な領域に配した新しいモデルを提出しているのである。

こうしたモデルにおいて、従来メッセージの発信者であると考えられていた担当者は、博物館の活動に従事する人々が構成するチームに置き換えられる。一方、従来メッセージの受信者であると考えられていた来館者は能動的な意味の生産者、つまり各人の背景的な知識・態度・価値を前提しながら物を意味化する主体として扱われる。カーシェンブラット - ギンブレットが強調した物にまつわる記憶は、各人の背景的な諸要素が複合したいわば意味の貯蔵庫であり、来館者が展示を解釈するさいにも前提しているものであろう。したがって、来館者は過去の出来事に関する個人的もしくは集合的な記憶に依拠しながら、博物館が提示する意図されたコミュニケーションとポテンシャルを持つ指標を解釈／再解釈していると考えられるのである。そして、その間に存在するメディアとしての物は両者によって働きかけられることによって、さまざまな意味が絶え間なく生産／再生産される中間的な領域として位置づけられる。

以上、フーパー‐グリーンヒルが提出したモデルは、博物館が社会的に学習される意図されたコミュニケーションに関するシステムであることを念頭に置きながらも、とりわけ物と来館者が構成する屈折したコミュニケーションに関するパフォーマンス的な状況を重視したものであるということができる。フーパー‐グリーンヒルは意図されたコミュニケーションの構造について研究することが博物館の関係者にとって有益であることを強調した上で、来館者にもその性格を理解してもらうための方法を開発するべきであるといっている。それはいかなる状況においていかなる指標が有意なものとして選択されるのかというような問題を通して、制度じたいを修正する回路を想定したものであり、担当者が提示する意図されたメッセージと来館者が実践する解釈の個人的な過程をいかにうまく調整して、最終的に合致させるかということであろう。そのためにこそ来館者のパフォーマンスを理解することが求められているのである。

ところで、フーパー‐グリーンヒルじしんは博物館の教育的な活動に長らく携わってきた経歴の持ち主であり、博物館における教育についても歴史・理論・実践を見通した包括的な成果を発表している[15]。そう考えれば、来館者を重視した行論も十分うなずけるものであるが、フーパー‐グリーンヒルが提出したコミュニケーションのモデルに関して、あえて経験的な疑問を呈しておきたい。それは終盤にさしかかって、結局いわゆる「べき」論の色彩を帯びはじめていないだろうか。モデルの有効性は十分認めるとしても、それは博物館におけるコミュニケーションに関して、一種の理想や到達点を語っているようにも感じられる。だが、博物館において現に生起している出来事、つまり来館者が展示をどう解釈しているのかについていえば、むしろこうしたモデルが失敗するばあいが基本的、少なくとも一般的である。

もしも担当者によって意図されたメッセージが来館者にうまく伝わらないことが基本的な性格であるとしたら、どうしてそのような事態が出来するのだろうか。フーパー‐グリーンヒルに倣って担当者が提示する意図されたメッセージと来館者が実践する解釈の個人的な過程を調停するという現実的な課題にとりくむ以前に、経験的にいっても両者がうまく一致しないばあいがきわめて多い理由について検討する必要があるだろう。これは担当者が概して来館者の関心に対してほとんど関心をしめさないという事情に少なからず由来していると思われるが、だからといって担当者の不見識と視野狭窄にのみ帰せられるべきものでもないはずである。

両者が結局は一致することを前提とするよりも、一致しないことが常態であるような屈折した事態を前提とした上で両者を調停するための条件を探ったほうが、かえって博物館における物を介したコミュニケーションの構造をより包括的に見通すことができる。博物館の関係者にとって夢も希望もないような話であるが、そう考えてみたらどうだろうか。演劇のメタファーはこうした課題を進展させる手がかりとして、きわめて有益であると思われる。したがって、以下はフーパー‐グリーンヒルが提出したモデルを批判的に継承しつつも、私が国立歴史民俗博物館に勤務している間に知ることができた内外の若干のデータを演劇のメタファーによって理解するという方法を採用する。そして、物質文化の劇場における屈折したコミュニケーションの構造について検討していきたい。

三　ああ無情

最初に私じしんが体験したエピソードを紹介したい。私は一九九一年の三月から五月にかけて、勤務先である国立歴史民俗博物館において同僚の小林忠雄とともに「変身する——仮面と異相の精神史」という企画展示を担当したことがある。その趣旨は次のようなものであった。これは展示図録の「はじめに」という部分であるが、同時に全体の趣旨を伝える解説パネルとして企画展示室の入口にも配されていた。あらかじめ断っておきたいが、用語がわかりにくい、抽象的すぎる、おまけにまわりくどいなどの理由によって解説パネルとして失格である。小林の名誉のためにも、私が執筆したことを明言しておかなければならない。

変身する。この行為はいつもわたしたちを引きつけてやまない。そのことを知るための手がかりは数多く残されているが、ふだんの暮らしのなかに話題をもとめるだけでも、変身する行為にまつわる興味深いできごとがけっして少なくない事実に、あらためて気づかされるはずである。／しかし、変身する行為が可能になる局面は、時代や社会によってそれぞれに異なった様相を呈しており、必ずしも同じではない。わたしたちが今日、変身する行為とそれにまつわるさまざまな現象を見なおそうとするとき、歴史のなかにあらわれた変身の諸相を視野に収めておく手続きは欠かせないが、それらをすぐさま今日的状況にまで連続するものとして理解してはならないだろう。／本企画展示ではこのような見地に立って、日本の大衆社会および民俗社会が生み出した変身する行為をめぐる、いわば精神的景観を描き出そうとしている。そのたしかな手ざわりを感じとっていただければ幸いである(16)。

用語上の問題はあったとしても、である。私たちはこうした趣旨に沿って、館外の展示プロジェクト委員にも協力してもらいながら、「大衆社会における変身」「関係のなかの変身」「変身・変化の民俗」「変身の社会史」「芸能としての変身」「都市と変身」という六つの興味深い（と思われる）テーマを設定することができた。私たちはすばらしいアイデアを持っており、国立歴史民俗博物館が所蔵する物のみならず、八方手を尽くして借用したさまざまな物を展示することを通して、私たちが意図したメッセージを来館者に伝えることを心がけたわけである。

事実であるかどうかはともかくとしても、担当者はいったん展示が始まったら展示室にあまり足を運ばない、来館者の反応に無頓着であるということがよくいわれる。こうした批判を恐れたわけでもナルシスティックな感情に駆り立てられたわけでもないが、私は展示が始まった後もしばしば展示室に足を運び、来館者の様子を観察したのみならず複数で見学している来館者の会話に耳を傾けた。私たちが意図したメッセージがどの程度まで理解されているかを知りたかったからである。だが、その結果は無惨なものであり、当初こそすっかり意気消沈してしまった。私が出会った会話の大半は、私たちが意図していたことに縁遠い話題に終始しており、思わず吹き出してしまうような珍妙な話題が持ちあがることも少なくなかった。すなわち、私たちが日本文化における変身の精神史的景観を伝えるという意図を持って物を展示したにもかかわらず、来館者の大半は展示された物を自分勝手に解釈していたのである。ああ無情。

実例をあげてみたい。私たちは「変身・変化の民俗」というテーマに関してその多様性をしのばせる物として、国立民族学博物館が所蔵する諸民族の仮面二十九点と国立歴史民俗博物館が所蔵する日本の仮面（模刻）二十六点を展示した。いずれも怪異な容貌を競いあう仮面の一群はその具体性と多様性によって来館者の関心を少なからず引きつけたらしい。以下は中年の男女数人が交わしていた会話を再構成したものであり、その一角における会話の典型をしめしている。

女1「見て見て。あのお面、お隣の橋本さんとこのおじいちゃんに似てない？」

男1「ほんと、そっくりだな（笑）」

女2「どれどれ。あら、いやだ。ほんと（笑）」

男1「でもそういえば、最近あのじいさんあんまり見かけないな」

女1「何いってんのよ。もうすいぶん前から入院してるのよ」

女2「へえ、知らなかった。どこが悪いの？」

かくして、このグループは展示されている仮面をそっちのけにして、メキシコの仮面によく似たおじいちゃんとその家族に関する噂話に花を咲かせはじめる。こうした会話は会期中を通して聞くことができた。この広い世の中、仮面に似た人が相当多いらしい。また、会期後半の目玉でもあった刺青のホログラフは「都市と変身」というテーマに関して、近世以降の都市文化が生み出した変身の一例として展示されたはずであったが、実際は肌に描かれた美しい模様よりも浮きあがって見える背中に驚き、手を伸ばしてみる人や横にまわって何事か確かめる人が後を絶たなかった。そして、私たちじしん（少なくとも私は）刺青についてくわしく解説することよりも、ホログラフという新奇な技術が人目を引くことを期待していたことを白状しなければならない。

来館者の関心についていえば、最も劇的な出来事を引きおこしたのは、冒頭に配した「大衆社会における変身」に関する展示であった。私たちは全体の効果的な導入部として円谷プロダクションに都合してもらったウルトラマンの人形を用いたのみならず、歴代ウルトラマンの変身シーンをまとめたビデオを終日流した。このアイデアは予想していた以上の効果をあげ、週末ともなれば数多くの子どもが入口付近に座りこむ事態が出来したのである。一方、その向かい側のガラス・ケースはウルトラマンやスペクトルマンや遊星仮面に関する私ご自慢のコレクションが鎮座する。これはむしろ私の世代前後の来館者を想定したものであり、じじつ子どもたちのみならずその親たちも十分楽しんでいるようであった。

私たちは来館者にとって最も身近なテーマである「大衆社会における変身」をしのばせる物を冒頭に配することによって、来館者を展示に引きこむことができるだろうと考えていた。すなわち、来館者の個人的もしくは集合的な記憶に訴えかけることによって、意図したメッセージをより効果的に伝えることができるだろうと考えたわけである。それは楽しめる展示を実現するという意味で成功したといえるかもしれない。だが、私たちが意図したメッセージが伝わったかどうかはどうも怪しい。来館者の様子を観察しているかぎり、私たちはむしろ来館者が物を自分たちの体験に引きつけて自分勝手に解釈する格好の機会を提供しただけであったようにも感じられたのである。

私がこうした印象を披瀝するのは、来館者の教養を論難したいからでも無知を誹謗したいからでもない。同じような態度は十分な教養を備えていると思われる人々にも見ることができた。私たちは「変身の社会史」というテーマに関して、『大江山絵詞』や『天狗草紙』（いずれも国の重要文化財）をはじめとして普段あまり見ることができない絵巻物を数点展示した。また、隣接する「芸能としての変身」というテーマに関しても、中世前期の芸能に関する仮面や絵巻を数点展示した。いずれも私じしんを含めて中世芸能の研究者を少なからず喜ばせたはずである。じっさい、私はこの一角でいかにも研究者らしい人が熱心に何事か点検している様子を何度か見かけた。だが、子どもたちが群がっているウルトラマンのビデオや刺青のホログラフに対して関心をしめすことは少なく、冷たい一瞥を投げるだけで足早に通りすぎていくのである。

だが、こうしたエピソードはけっして嘆き悲しむべき事態であるとも思われない。私が得た教訓は国立歴史民俗博物館においても、来館者があらかじめ持っている背景的な知識・態度・価値を前提しながら物を意味化しているということである。それは展示された物がそもそも来館者に対して、過去の出来事に関する個人的もしくは集合的な記憶に依拠したさまざまなパフォーマンスを保証していることをしめしている。私じしんさまざまな博物館に出かけたおり、展示されている物を自分勝手に解釈することが少なくない。前述した仮面に関する来館者の会話についても、問題の仮面が特定の個人にまつわる来館者の記憶を触発して、ひいては来館者間のコミュニケーションを進行させる絶好のメディアとして機能したということができるはずである。

そう考えれば、担当者のメッセージを来館者に伝えるという発想じたい再検討する必要があるようにも思われる。とりわけ国立歴史民俗博物館や国立民族学博物館は研究成果を展示する博物館であることを強調しているが、担当者によって意図されたメッセージが学術的に見てどれほど重要な研究成果であっても、来館者にとって無縁かつ無用の長物でしかないばあいも少なからず存在しているはずである。また、来館者間のコミュニケーションは博物館における物を介したコミュニケーションとして従来ほとんど考えられていなかった要素であるが、来館者が実践する解釈の個人的な過程の一例として担当者と来館者のコミュニケーションにも劣らず重要であるといわなければならない。

ところで、私が来館者の反応に関心を持ったのは、やはり同僚である篠原徹が国立歴史民俗博物館の民俗展示における来館者の生態についてフィールドワークを実施した上でその結果をまとめた論文(17)に触発されたところが大きい。篠原は博物館に出現した常民とでもいうべき来館者の会話を収集して、卓抜な観察眼と軽妙な筆致を駆使しながら来館者がいかに誤解と偏見に満ちた方法によって展示を解釈しているかを描き出している。本稿で紹介した実例もその延長線上に存在するものであろうが、篠原は来館者を揶揄したり嘲笑したりすることを意図しているわけでも何でもなく、むしろ来館者の会話が奏でる絶妙の響きに最大限の共感を捧げている。そして、誤解と偏見に満ちた方法にこそ博物館における物を介したコミュニケーションの可能性を探ろうとしている。

篠原は三つの一般則を作業仮説として提出している。（1）人は自らの体験領域に対象を引き込んで対象を常民的に歪曲して理解する。（2）人は真贋について極めて関心がある。（3）人はおよそ民俗学者の解説には無関心である(18)。私じしんは（2）についてはっきりしたことをいえる材料を持ちあわせていないが、少なくとも（1）と（3）が一定の妥当性を持っていることはまちがいない。篠原は物の編年や形式や分布のような研究者の関心を偏重した展示を批判する一方、大半の来館者が物の機能や使い方のような原初的かつ即物的な関心を持っており、展示された物をも自分の日常生活に引きつけて解釈することを強調している。したがって、博物館は歪曲を恐れずむしろ誤解と偏見を受け入れることが必要であり、こうした関心に向きあうためにも研究成果としての展示に来館者を引きこむことに努力するよりも、「不思議な場」として来館者に謎をかけるような展示を構想したほうが気が利いているというのである。

篠原はその方法として、たとえば研究者の関心に沿った学術的な解説を極力排して、各人の想像力を刺激して発見や疑問を誘発するようなものを工夫することをあげている。もちろん篠原の所説はある種の極論であり、学術的な関心に依拠した展示の大半を否定してしまいかねない。また、篠原や私が担当した展示においても残念ながらこの種の試みを実践したということはできそうにもないが、近年は私が知る範囲でもアメリカのインディアナポリス子ども博物館が同じようなアイデアに立脚して、"Mysteries in History"という興味深い展示を成功させている[19]。理論と実践に関して類例も少なくないことは強調しておいていいだろう。いずれにしても、篠原の論文は博物館における物を介したコミュニケーションの一端に触れたものとして高く評価することができるはずである。

だが、来館者の生態に関するかぎり、篠原が出会わなかったらしい例外的な存在にも触れておかなければならない。そもそも来館者といっても、実際はさまざまな人々が含まれており、その知識にも濃淡が存在するはずである。たとえば、来館者が博物館に勤務する同業者であったばあい、照明のテクニックや解説パネルのスタイルのような技術的な部分にも注意しながら展示を見ることだろう。展示の意図と展示された物が対応しているかという点も、展示を評価する上で欠かすことができない要素である。こうした要素は大半の来館者にとっても何となく認識されているが、博物館における体験の中心的な部分を構成しないのが通常である。ところが、同業者は経験的にいってもこうした要素に対してきわめて強い関心をしめすばあいが多い。それは博物館の活動に従事する過程で状況的に学習する知識であり、大半の来館者が十分に分節化することができないという意味で、展示の「見えない部分」であるともいえるだろう。

私じしんも最近アメリカのクリーヴランド美術館で奇妙な出来事を体験した。一般の来館者として展示を見ていた最中、近くで同じように展示を見ていた中年の男性が突然「お前はここの職員か」と尋ねてきたのである。もちろん事実に反するが、どうして彼がそう思ったか不思議だったので、なぜそう思ったのか尋ねてみたら、展示を見る私の様子が何となくプロフェッショナルな雰囲気を醸していたということであった。十年以上も国立歴史民俗博物館に勤務しながら最近まで必ずしも博物館の活動に対して熱心でなかったにもかかわらず、知らない間に博物館の関係者らしい特有の雰囲気を体得していたのだろうか。複雑な気分に襲われたが、こうしたことは他人が見てもわかるものらしい。

やはり同僚である湯浅隆が歴史系博物館における研究と展示を主題化した論文[20]の中で、歴史系博物館で展示を効率よく見る方法を紹介している。それは最初に展示施設の概要をつかみ、ついで展示図録を求め、関心を持ったコーナーの意図がしめされた解説を読んでから展示場へ行くというものである。豊富な経験があってこそ体得することができる方法であろう。残念ながら私は体得していないが、多くの同じような方法を取る同業者は少なくないと思われる。湯浅は本末を逆転させる理由として、多くのばあい展示の構成が難解であり担当者の意図を解読するのがむずかしいことをあげている。そして、「展示にたいして、歴史にたいするある程度の知識と問題意識をもって理解もしくは批判すべく、かなり真剣に立ち向かわない限り、まず担当した学芸員の展示意図との接点・対話は望めない[21]」というのである。

これが私たちが対峙している現実であるならば、担当者の意図を伝えるといっても、同業者にもむずかしいことが大半の来館者にできるはずがない。展示の技術を工夫する努力をいくら重ねても、博物館における物を介したコミュニケーションのモデルじたいを革新しなければ、事態は解決しないように思われる。湯浅はこの論文において歴史系博物館における独自の研究成果こそが歴史展示を充実させることを強調している。だが、その基本的なアイデアはあくまでも研究成果を展示するというものであり、担当者のメッセージを来館者に伝えるという従来のモデルを踏襲しているため、来館者の体験に十分な関心を払っているということはできない。湯浅の所説はむしろ同業者という特殊な来館者が共有している関心の所在をしめしており、はからずも大半の来館者が持つ関心がどれほど遠いものであるかをも知らせている。

また、松戸市立博物館の山田尚彦は展示批評の必要性とその具体的な方法を提示した画期的な論文[22]の中で、篠原も関与した国立歴史民俗博物館の企画展示「動物とのつきあい――食用から愛玩まで」をくわしく解剖して、その問題を指摘している。山田が構想する展示批評は展示図録などに見られる担当者の意図が展示内容に反映されているかどうかを観察した上で、担当者の意図が来館者にどれほど伝わるかを判断するというものである。山田は展示内容について展示された物のみならず展示の構成・方法・導線・照明などをも含み、展示を実施するさい考慮しなければならない諸要素の一切を意味すると述べている。したがって、その基本的なアイデアは展示の意図を前提しながら諸要素によって構成される展示の実際を解読して、両者の間に見られる対応関係を検討することであると考えていいだろう。

こうした視座を持った同業者は担当者にとって最も気がかりな存在であり、同時に最も理想的な来館者として意識される存在でもある。といっても、大半の来館者は山田の境地に到達するべくもなく、必ずしも展示を分節化して評価する十分な能力を獲得していないはずである。もちろん山田の中心的な関心はあくまでも同業者間における展示批評の方法論を確立することであり、実際の展示批評においても大半の来館者が何となく意識しているがはっきり分節化することができないような問題を浮かびあがらせているという意味で、熟練した同業者らしい視座を前面に押し出している。だが一方で、前述してきたような来館者のパフォーマンスに対する関心は不十分であり、展示を評価する方法のひとつとして来館者に関する研究成果の必要性を強調しているにもかかわらず、山田が提示した展示批評の枠組において来館者がいかなる場所に存在するのかはっきりしないといわざるを得ないのである。

どうも同業者という特殊な来館者は自分じしんもかつて展示に関する特殊な知識を持ちあわせていない来館者のひとりであったにもかかわらず、そうした歴史を簡単に忘却してしまうものらしい。だが、山田のような来館者だけが来館者であるということはけっしてできない。とりわけ国立歴史民俗博物館のばあい、桜の花見を楽しむために城址公園にやってきたが、あいにく雨が降ってきたので、やむを得ず展示でも見るかと思って入館する人もいるだろう。これは現に少なからず生起している出来事である。こうした人々に山田が提示したような展示批評を要求するのはそもそもまちがっているが、だからといって展示批評の範囲を同業者間に限定してしまうことは、来館者が実践する解釈の個人的な過程を稚拙かつ未熟、というよりも誤った評価として否定してしまいかねない。むしろ同業者の評価も来館者が実践する解釈の個人的な過程をしめしており、さまざまなパフォーマンスのひとつにすぎないと考えたほうがよさそうである。

ここに紹介したエピソードを前提した上で、あらためて問わなければならない。担当者が提示する意図されたメッセージと来館者が実践する解釈の個人的な過程にしばしば齟齬が発生する理由は何だろうか。私が担当した展示についていえば、解説パネルをはじめとして考慮しなければならなかった諸要素に不適切かつ不十分なところが少なくなかったことは、不本意ながら認めなければならない。だが一方で、来館者数についていえば、上々の成績をあげたことは強調しておいていいだろう。にもかかわらず齟齬が生じたのは、その理由が必ずしも来館者数として表われないような性格を持っており、あらためて博物館における物を介したコミュニケーションの構造に関する伝統的なモデルじたいに潜む問題の所在を示唆しているように思われる。

四　演劇のメタファー

かつて寺山修司が組織した演劇実験室・天井桟敷に参加して個性的な舞台装置を一手に引き受けた小竹信節は、近年そのアイデアを発展させて機械劇場というユニークな試みを断続的に発表している。

それは人をほとんど登場させないで、十九世紀のヴィクトリア朝に流行した空想機械を思わせるナンセンスかつロマンティックな物だけがその存在を主張する演劇を意味している。こうした試みは演劇が身体と言語によって成立するという固定観念を相対化する契機を提供しており、前衛演劇という称号にふさわしいものであるが、そのアイデアが社会的な制度としてかなり早くから存在している博物館の基本的なスタイルを思わせることは興味深い。すなわち、博物館は近年そのテクノロジーを急速に革新しているにもかかわらず、人が登場するかわりに背後に隠れた人が物を展示するという基本的な性格を依然として手放していないのである。

いきなり前衛演劇に言及したのは、いかにも唐突であったかもしれない。だが、同じような性格は演劇における既成のジャンルにも求められる。たとえば、展示は人が自分の身体を用いることによって上演される通常の演劇よりも、人が背後に隠れて物を操作することによって上演される人形劇に近い構造を持っているといえるだろう。展示を演劇のメタファーによって理解する所説は、従来も比較的よく見られるものであった。たとえば、梅棹忠夫は博物館が一種の劇場であると述べた上で、展示されている物は俳優であり、博物館の全体は舞台装置であり感動的なドラマを上演している。そして、観客は舞台装置の中を動きまわり、俳優たちに接することによって情報を受信するという(23)。

また、福田アジオも民俗展示を人々の行為としてしめす可能性に触れた上で、展示が特定の空間と時間の中で情報を伝達するものであるという意味において、演劇にきわめて近い性格を持つことを指摘している(24)。すなわち、劇場が博物館に対応しており舞台は展示場面である。そして、大道具や小道具が展示場面に配置されている有形民俗資料であるというのである。福田は従来の博物館が舞台のみであり舞台で演技する俳優を欠いていたため、観客も大道具や小道具や舞台衣装を見ることによって舞台で展開されるべき演劇を思い浮かべていたが、こうした方法が想像力を喚起する一方、大半の観客に対して漠然とした個別的な印象をもたらすだけであったと述べる。だが、民俗展示に関する豊富な情報を伝達するための方法として、展示場面で俳優が演技することがあってもいいだろうというのが福田のアイデアである。

福田は「有形民俗資料がただ「もの」として静的に置かれているのではなく、その有形民俗資料がいかに人々によって使用され、人々の生活に意味をもっていたのかを具体的に示すのは、それを実際に使う展示である」ことを強調して、「行為、態度、知識としての民俗を展示場面で示す、いわゆる実演が博物館展示にあっても重視されるべきであろう[25]」という。福田じしんが依拠しているかどうかはともかくとしても、そのアイデアは前述した物質文化に対するパフォーマンス・アプローチを思わせるものであり、物にまつわるパフォーマンス的な状況を再現するべく実演を導入するというアイデアもきわめて興味深い。

じっさい、近年は各地の博物館が教育的な活動を充実させるべく、こうした試みに着手している。とりわけアメリカに数多く存在するリヴィング・ヒストリー・ミュージアムは、展示と演劇というジャンルの境界を消滅させるような試みとして重要である[26]。また、私が確認した範囲でも、ワシントンDCのホロコースト記念博物館は舞台美術家に展示のデザインを依頼して成功した事例としてよく知られており、最近できたクリーヴランドのロックン・ロール・ホール・オブ・フェイム・アンド・ミュージアムも博物館と劇場（映画館）を合体させた特異なスタイルによって異彩を放っている。博物館劇場とでもいうべき事態は理論的な可能性のみならず、現実に生起している出来事を意味しているのである。[27]

もちろん演劇のメタファーによって展示を理解することは、博物館という社会的な制度の歴史的な過程や政治的かつイデオロギー的な機能を隠蔽する可能性を内在させている。また、展示は演劇に似たところがあったとしても、結局ユニークなものであるというような所説も、皮相なレヴェルにおいて演劇のメタファーを乱用することを諌めたものとして一定の説得力を持っている。[28] じじつ梅棹や福田の所説は展示と演劇の表面的な一致に関する印象を書きつけた通俗的なコメントに近いものであり、残念ながら両者に内在するコミュニケーションの構造じたいを見通すことに成功していないと思われる。だが、だからといって展示をあくまでも展示として理解していかなるメタファーをも拒絶する姿勢は、視覚にまつわる社会的な諸装置が構成する布置連関の中に博物館を位置づける絶好の契機を見失わせるものでしかないだろう。

したがって、問題は展示と演劇の表面的な一致に拘泥するよりも、博物館における物を介したコミュニケーションの構造を見通す補助線として演劇のメタファーを介在させることによって、大半の来館者が十分に分節化することができない、いわば「見えない部分」をも含めた展示の重層的な構造を認識することであると思われる。たとえば、展示が小竹の機械劇場や人形劇に近い構造を持っているとしたら、こうしたメタファーは何を含意しているのだろうか。現実に展示と演劇が混淆するような事態が少なからず出来しているということは、演劇のメタファーが博物館の活動じたいに埋めこまれており、いわばルート・メタファーとして存在する可能性を示唆しているようにも思われるのである。

演劇はパフォーマンス・アプローチも再三強調してきたとおり、演者と観客のコミュニケーションとして理解されてきた。その過程は演者のメッセージが演劇を構成するさまざまなメディアを介して観客に伝わり、感動をもたらすという一方向的なものである。だが、こうした枠組は再検討してみる必要があるかもしれない。というのも、両者は私たちが想像しているよりも錯綜した関係を構成しているように感じられるのである。私じしんは日本の民俗芸能をとりあげながら、演劇におけるコミュニケーションの構造について検討してきた(29)。本章でくわしく言及することはできないが、その結果を簡単に要約しておけば、演者は観客に対して相対的に閉じた存在であるということができるだろう。とりわけ演技が複雑に構成されている演劇のばあい、演者の中心的な関心は一般的に演技の内部的な構造を成立させている技術的なディテールに集中しており、必ずしも観客の存在に向けられていないはずである(30)。

一方、観客は概して演技や演技に付着した諸要素が醸し出す全体的な雰囲気を享受しているのであり、各人の背景的な知識・態度・価値を前提することによって演劇を解釈していると思われる。それは観客の大半が演技の経験を欠いているため、演技の達成度を批評する十分な能力を持っていない事情に由来している。もちろん観客にも偏差が存在しており、演者の実践的な関心を理解する能力に濃淡が見られる。たとえば、自分も演技の経験を持っており演者の実践的な関心を大なり小なり共有することができる特殊な観客も存在するだろう。だが、演劇を社会的な実践として成立させて興行としても成功させたいと願うならば、演者は実践的な関心を理解することができない不特定多数の観客をも満足させなければならない。観客が演劇という制度を成立させる必要不可欠な要素である以上、演劇は偏差を帯びた観客を分けへだてなく満足させるためのさまざまな資源を効果的に配置することが求められているのである。

こうした事態は各種の演劇においてひろく見ることができる。私はストリップの白黒ショーで活躍していて、およそ信じられないような卓抜した技術を持つ男性ストリッパーに対してインタヴューを実施したさい、次のような話を聞かされたことがある。「客になんかに何にも期待してない。あいつら、要するに、何が見たいだけや。こっちがどれだけステージに力いれても、そんなんはどうでもいいんよ、もともと。だから自分が自分に満足するために力いれてやる。そういう意味では客は関係ないな。でも客がいないと自分たちも食っていけない。だから客の好みにあわせて、アクロバットでも何でもできることはなんでもやるよ。それでも客が感動したっていってきたり、拍手したりしたら、そりゃあうれしいけどな」

もちろん彼の所感に誇張が含まれていないということはできない。観客の評価を期待していないといってみたところで、観客の評価を得ることができなければ、彼の演技は社会的な基盤を失ってしまい、職業として成立するべくもないからである。そもそも演劇は存在の根拠じたいがうつろいやすい嗜好を持つ気まぐれな観客に握られているという意味において他律的な表現であり、彼の演技にも当然ながら観客の評価を前提した部分が存在する。だが、ここで重要であると思われるのは、彼の中心的な関心が演技の内部的な構造を成立させている技術的なディテールに向けられているということであろう。とりわけ高度な技術の連鎖によって構成されている白黒ショーのばあい、技術的なディテールに対する関心はその様式を成立させる決定的な要素としてきわめて重要である。

私じしんも数年前、中世前期の芸能である田楽を再構成した「大田楽」という演劇に監修兼俳優として参加したことがある。当時の私が俳優として最も強く意識していたのは、観客に何事か訴えかえることよりも、たとえば左足をいかにうまく扱うかということであり、私のパートナーに対して個々の演技をいかにうまく同調させるかということであった。もちろんこの種の関心は稽古の過程を通じて、ほかの俳優によっても共有されていた。「大田楽」は幸いにも大きな拍手によって迎えられて観客の好意的な反応を得ることができた。ところが、本番が終わって聞くことができた観客の評価は、その大半が神秘的であるとか昔の村祭りを思い出すとか中世を実感することができたとかいうものであった。観客は各人の背景的な知識・態度・価値を前提しながら自分勝手に解釈していたのであり、私を含む俳優の中心的な関心が享受されていたわけでも何でもなかったのである。

こうしたコミュニケーションの実際はいうまでもなく、社会における演劇の場所に大きく左右されている。共同体における社会的な実践に埋めこまれている民俗芸能のような演劇のばあい、通常は観客の大半が共同体の成員であるため、演者が共有する実践的な関心に対する評価の網の目も比較的細かく分節化されているだろう。一方、多種多様な観客によって広範に支持されている大衆的な演劇のばあい、観客に演者が共有する実践的な関心に対する評価を期待することはむずかしいが、それでも観客は各人の背景的な知識・態度・価値を前提しながら演劇を楽しむことができる。そして、現代社会における演劇がそのパフォーマンス的な状況において、どちらかといえば後者に近い場所に存在していることは、あらためて強調するまでもないはずである。

俵木悟は現代社会における民俗芸能の場所について検討しながら、「流動化の激しい現代社会においては、コミュニケートする複数の主体が常に同一の価値観をもっているとは考えられない」と述べた上で、「むしろ我々は、誤解や曲解を含みつつも、時にはそれらを上手く調整しながら、時には誤解を誤解として残しながら進行するコミュニケーションを想定しなければならない」という。また、俵木は「コミュニケーションにおける意味の構築とは、メッセージの送り手であろうと受け手であろうと、一つの主体に帰せられるものではなく、ダイナミックな相互行為という関係性の次元に属すものである」[31]ことを強調している。こうしたアイデアはコミュニケーションを複数の主体が相互に交渉する過程として理解するものであり、同時にフーパー‐グリーンヒルが博物館におけるコミュニケーションを再創造／再想像するべく依拠しているモデルとも響きあう。

したがって、前述した事態をとりあげながら、演劇におけるコミュニケーションの不可能性を強調するようなニヒリスティックな結論に到達することはまちがっている。演者の実践的な関心を共有していなくても、観客は各人各様の方法によって演劇を享受して満足しているのであり、やはりある種のコミュニケーションが成立しているといわなければならない。ここに存在するのは、演者の関心と観客の関心がすれちがっているため相互に誤解しているにもかかわらず、結果的に成立しているコミューケーションである。これをインターラクティヴ・ミスコミュニケーションとでも称してみたい。このモデルにおいて演者が提示する意図されたメッセージは意味可能性を持つ種子として埋めこまれている。そして、演劇を意味化する過程は演者のみならず偏差を帯びた観客の掌中にも等しく握られているということができるだろう。

かくして再び問わなければならない。演劇のメタファーは博物館における物を介したコミュニケーションの構造を見通す補助線として、通俗的な用法を超えていかなる効力を発揮するものだろうか。

演劇に関するインターラクティヴ・ミスコミュニケーションというモデルは、展示にも適用することができるはずである。というよりも、展示はインターラクティヴ・ミスコミュニケーションの典型をしめしている。すなわち、博物館における物を介したコミュニケーションも複数の主体が相互に交渉する過程によって成立しており、こうした過程がインターラクティヴ・ミスコミュニケーションを内在していることは否定することができないように思われるのである。ともかく演者を担当者、観客を来館者に置き換えることによって、展示に演劇のメタファーを介在させてみよう。

最初は担当者である。担当者は物を介してあらかじめ意図されたメッセージを来館者に伝えて、来館者にそのメッセージを解読することばかり期待してきたといえないだろうか。しつこいようだが、担当者はいったん展示が始まったら展示室にあまり足を運ばないといわれる。このフォークロアは博物館におけるコミュニケーションに関して、担当者が今日でも前述した古典的なモデルを手放していないことを暗示している。それは担当者が意図したメッセージを特権化するものであり、担当者が物の意味を決定する一方、来館者はそのメッセージを解読することしかできない受動的な存在に貶められるという構造を生産／再生産してしまいかねない。とりわけ同業者だけに通用する展示を洗練させることや学術的な専門書にも負けない展示図録を完成させること等々の実践的な関心に集中する担当者は、来館者に対して相対的に閉じることによって、やがて展示のインボルーションとでもいうべき事態を誘発していくだろう。

来館者はどうだろうか。現代社会における展示は原則として不特定多数の来館者を想定することによって成立しており、ひろく大衆的に開かれているはずである。したがって、来館者が担当者の意図を理解する能力に関して濃淡が存在しているのは当然であった。そう考えれば、来館者が担当者の意図を過不足なく理解することは、同業者に代表される例外的な存在を除いて、そもそも無理難題であったのかもしれない。じっさい、前述したエピソードはいずれも来館者が担当者の意図に沿わない方法によって物を意味化する過程の一端をすくいあげたものであり、伝統的なコミュニケーションのモデルが博物館における物を介したコミュニケーションの実際に必ずしもうまく合致しないことをもしめしている。

にもかかわらず、こうした事態は博物館における物を介したコミュニケーションの失敗、つまりディスコミュニケーションを意味していない。来館者は少なくとも自分の人生に関していえば担当者もかなわないエキスパートであり、各人の生活に埋めこまれた多種多様な資源を動員しながら物を意味化している。ここにも博物館において物の意味が構築されていく過程が存在しているといわなければならない。それは必ずしも担当者の意図を満足させないかもしれないが、担当者が展示した物によって来館者が触発されるという意味で、結果として屈折したコミュニケーション、つまりインタークティヴ・ミスコミュニケーションが成立している。そして、担当者が提示するメッセージと来館者が実践する解釈の個人的な過程にしばしば齟齬が発生する理由も、博物館がそもそも物を介したインタークティヴ・ミスコミュニケーションに根ざした、いわば物質文化の劇場であることに帰せられるべきであると思われるのである。

五　展示のエスノグラフィー

ピエール・ブルデューはフランスの美術館における来館者に関する統計学的なデータを縦横に駆使しながら博物館における嗜好と階級の関係を主題化して、学校教育が来館者の嗜好を生産／再生産することを指摘している。(32) すなわち、担当者の意図を理解することができる来館者は山田ほど十分な展示のリテラシーを持っていないまでも、学校教育によって一定の教養を獲得した人々にかぎられているというのである。こうした現実を容認してしまうならば、博物館がそもそも展示を享受することができる程度の教養を持った人々にのみ開かれているという結論を提出することによって、来館者に関して何の問題も存在しなくなってしまう。だが、ブルデューの試みがあくまでも来館者の経験を理解した上で、博物館を未来の来館者に対して開いていく目的を持っていることを無視することはできない。

もちろん来館者の経験は統計学的な方法によってすくいあげることがきわめてむずかしい地平であるが、近年ようやく前述したミュージアム・スタディーズが中心的な課題として扱いはじめている。とりわけ博物館の教育的な活動を重視する風潮が一般化してきた今日、来館者研究の成果は急速に増大する一方である。(33) その大半は博物館の活動を通して得た経験的な知見を開陳したものやアンケートとインタヴューの結果を駆使して実証的なデータを報告したものであり、博物館における物を介したコミュニケーションの実際について検討する手がかりが少なからず提出されている。具体的な内容をくわしく紹介することはできないが、ここでも来館者が各人の背景的な知識・態度・価値を前提しながら物を意味化する過程や物が来館者間のコミュニケーションを触発する過程を含めて、人と物が相互に交渉する多種多様な過程を積極的に評価する試みが数多く見られるのは興味深い(34)。

こうした過程はいずれも従来の一方向的なコミュニケーションのモデルを相対化する契機として重要であり、同時にインターラクティヴ・ミスコミュニケーションという新しいモデルの有効性を支持しているということができる。ブルデューの所説は博物館の関係者を少なからず落胆させるものであろうが、だからといって博物館における物を介したコミュニケーションの可能性が閉じられたわけでもないはずである。来館者は担当者の意図に沿わない方法によっても物を間断なく意味化しており、意図されたメッセージが無意味化するようなばあいすら存在している。博物館における物を介したコミュニケーションの回路は依然として開かれているのである。

それにしても、展示に関する表象の政治学は博物館の現実に対していかなる意味を持つものであろうか。博物館におけるインターラクティヴ・ミスコミュニケーションは、表象の政治学が持つ理論的かつ実践的な限界を照射しているという意味において、その基本的なアイデアを批判する視座を提供していると考えられる。たとえば、吉見俊哉はカルチュラル・スタディーズにおける重要なテーマのひとつとして「メディアを受ける側の解釈のプロセスについての研究」をあげた上で、博物館についても来館者の経験が重要な論点を提供しており、「ミュージアムのなかで送り手が描いた、つまり演出された「リアリティ」が、受け手である来館者によって、どう解釈され、受容され、そしてどのような「主体」を生産していくのか」を問うことが必要であるといっている(35)。

「演出されたリアリティが、そのまま受けとめられるわけでもなく、また完全に自由に解釈されるのでもなく、その両者の絡まりあいのなかで「主体」が生産されていく、また受け手も生産されていく」[36]という吉見のアイデアはまったく正当なものである。といっても、吉見はその自己申告にもかかわらず、来館者の経験に対する視座を大きく欠いているように思われる。たとえば、吉見は博物館が文化に対する批評機能を持った問いかけの場でなければならないという所説を開陳している。それはけっしてまちがっていない。現代社会における博物館の場所を再創造／再想像するためにも必要不可欠な視座であり、ことさら異論を唱える博物館の関係者はおそらくいないだろう。現実にもこの種の展示を企画することを心がけている担当者は少なくないのである。

だが、吉見の所説は文化に対する批評機能を来館者に強要していないだろうか。それは博物館の理想を語る一種の「べき」論として同意することができたとしても、博物館が持つ（と考えられる）文化に対する批評機能を特権化してしまっているように思われる。吉見がカルチュラル・スタディーズの成果を参照しながら想定する来館者は、あたかも吉見じしんの教養が物象化した存在であるかのようである[37]。こうした来館者は展示を通して批評的な視座を構築することができる「高級な」来館者であり、ブルデューが発見したあらかじめ期待されている来館者である。私じしん博物館が持つ批判力を積極的に評価したいと思っているひとりであるが、にもかかわらず吉見がいう受け手のリアリティはけっして文化に対する批判力を獲得することにかぎられないはずである。早い話、来館者は博物館に対してこの種の機能を必ずしも期待していないかもしれないのである[38]。

博物館における物を介したコミュニケーションを扱った、いわば展示のエスノグラフィーが要請されるのも以上の文脈である。それはあるべき来館者の体験を仮定するよりも、現実にある来館者の体験を論証する試みである。実際は技術的な困難が少なからず存在しており、ミュージアム・スタディーズにおいてすら必ずしも十分な成果を蓄積していないが[39]、来館者の経験に関する知見を展示に反映させている博物館であれば、日本にも少数ながら存在する。たとえば、日本を代表する地域博物館[40]のひとつである秋田県立博物館は「わかりやすい展示」をめざすべく、アンケートと聞き取りによって展示に対する来館者の反応を調査した上で、その結果を以降の展示に反映させる興味深い試みを継続している[41]。

秋田県立博物館の試みはあくまでも展示の実践的なレヴェルに貢献することをめざしているが、調査研究活動の一環として位置づけられているという意味で、日本版ミュージアム・スタディーズとでもいうべきものである。また、ミュージアム・マネージメントやミュージアム・マーケティングの発想に大きく先行しつつも呼応しているが、残念ながら博物館人類学の成果として考えられることはなかった。だが、博物館人類学はこうした試みを通してこそ、表象の政治学が内在する限界を克服して博物館において現実に生起している出来事、つまり来館者が展示された物をどう解釈しているのかという未知の地平に到達することができるだろう。そして、博物館を未来の来館者に対して開いていくという現実的な課題にとりくむ手がかりを獲得することもできるはずである。

かくして、私たちは民族学・文化人類学の基本的な構図が博物館において奇妙に反転していることに気づかされる。ふつうエスノグラフィーの目的は当事者が共有する実践的な関心の所在をつきとめ、ローカルな知識の構造を解明することであろう。人類学者は現地の人々が構成する実践の共同体に第三者として関与して、学術的な関心を触発するさまざまな対象を解釈してきたか、しばしば当事者の実践的な関心がまったく異なったところに存在していることを休験してきた。だが、人類学者が担当者として展示を企画するばあいは、担当者の意図こそが当事者の実践的な関心である。一方、来館者はいつも人類学者が立っている場所に現われて、各人各様の理論に立脚しながら展示を自分勝手に解釈している。すなわち、博物館において両者の役割は逆転しており、いわばエティックとエミックの関係じたいが入れ替わっているのである。

博物館において特殊な知識を持っているのは人類学者じしんである。しかも、それが自明な事実であるため、博物館は人類学者にとって通常のフィールドワークを規定しているルーティーン・リフレクシヴィティーを欠いている[42]。こうした事態は現地の人類学者が現地でフィールドワークを実践するさいにも例外なく表面化するが[43]、より純化されたいわば原色の事態こそが博物館における人類学者が日常的に体験している現実であった。一方、博物館は大半の来館者にとってあくまでも自明性を持たない謎めいた場所であり、さまざまな物を展示することによって来館者を興奮させたり退屈させたりしている。

ここで篠原に倣って、博物館は「不思議な場」であるべきであるといってしまえば、ある意味で何もしなくてもいいとも考えられるから話は簡単であろう。だが、博物館は文化の意味を生産するシステムとして、そもそも来館者の存在を前提することによって成立している。来館者が展示という制度を成立させる必要不可欠な要素である以上、展示は偏差を帯びた来館者を分けへだてなく満足させるためのさまざまな資源を効果的に配置することが求められているのである。じっさい、人類学者が当事者の知識に依存しながら対象を解釈するように、博物館に現われる来館者も当事者である担当者が意図したメッセージに大なり小なり依存しながら展示を解釈している。博物館は「不思議な場」として出発しながらも、来館者が展示を解釈する過程を触発することを期待されているのである。

したがって、担当者はいわば来館者のフィールドワークに貢献することを義務づけられたインフォーマントとして、気まぐれな来館者のパフォーマンスに悩まされて時々うんざりしながらも、担当者が提示する意図されたメッセージと来館者が実践する解釈の個人的な過程を調停することに努めなければならない。とりわけ近年の博物館は展示によって来館者を満足させることが以前にも増して強く求められている。そして、一般的な風潮としても数多くの博物館が教育的な活動に力点を置きはじめている以上、もはや担当者も意図されたメッセージだけに拘泥することはできないだろう。展示のエスノグラフィーが要請される所以である。

これが通常のフィールドワークにおけるインフォーマントであったならば、実践の共同体に埋めこまれた特殊な知識を護持するあまり人類学者に非協力的な態度を見せたとしても、けっして誹られることはないと思われる。要はそのインフォーマントが人類学者の関心を満足させないというだけの話である。一方、鏡像としての博物館において、人類学者は理想的なインフォーマントを演じなければならない。そう考えれば、来館者が物の意味を構築するべく動員する放恣な想像力は、人類学的な実践に対する気の利いたパロディであるようにも思われる。こうした教訓は博物館における物を介したコミュニケーションの構造について検討するさいも十分生かされていない。だが、そもそもインターラクティヴ・コミュニケーションが成立する場として現われた博物館は、現代社会において民族学・

文化人類学を実践するための、いわば恰好のレッスンを提供しているのかもしれない。

【謝辞】

本章は平成九年度文部省在外研究員（中核的研究機関支援プログラム）としてアメリカのインディアナ大学民俗学研究所において実施した「日米の博物館における民俗展示の方法に関する共同研究」、および平成九年度笹川科学研究助成によって実施した「博物館等における民俗芸能展示の表象に関するデータ集成的調査研究」の成果に依拠している。本稿を構想、執筆するさいは、インディアナ大学のGeoffrey W. Conrad、Lois Silverman、Gregory Hansen、小田弘美、インディアナポリス美術館のJames Robinson、ニューヨーク大学のBarbara Kirshenblatt-Gimblett、アイオワ大学のScott Schnell、秋田県立博物館の島田忠一、名古屋市立博物館の犬塚康博、国立教育会館社会教育研修所の廣瀬隆人、神奈川大学の川越仁恵の諸氏から多大な教示と助力を得た。深く謝意を表する。とりわけ島田氏と犬塚氏は卓抜した論文と私的な対話を通して、私にとって職場でしかなかった博物館について考える数々の手がかりを気前よく提供してくれた。本章でその成果を十分生かすことはできなかったが、ともかくこの先達たちに対して最大限の謝意を捧げておきたい。

1　民族学・文化人類学において博物館を主題化した代表的な成果として、以下のようなものがあげられる。Ames, Michael M. *Cannibal Tours and Glass Boxes: The Anthropology of Museums*. UBC Press, 1992. Stocking, George W., Jr. (ed.), *Objects and Others: Essays on Museums and Material Culture*. The University of Wisconsin Press, 1985. こうした成果も、とりわけ博物館が持つ基本的な性格のひとつである収集に留意しながら、博物館の政治的かつイデオロギー的な機能を批判的に検討している。

2　たとえば、以下のようなものをあげることができる。吉田憲司「「異文化」展示の系譜――もうひとつの人類学史・素描」『岩波講座　文化人類学12　思想化される周辺世界』、岩波書店、一九九六年、二三四-六七頁、Bennett, Tony, *The Birth of*

Museum: History, Theory, Politics. Routledge, 1995. Cannizzo, Jeanne, "Negotiated Realities: Towards an Ethnography of Museums." In *Living in a Material World: Canadian and American Approaches to Material Culture*. Gerald L. Pocius (ed.), pp.19–28. Institute of Social and Economic Research, 1991. Cook, Lynne and Wollen, Peter (eds.) *Visual Display: Culture Beyond Appearances*. Bay Press, 1995. Dorst, John D., *The Written Suburb: An American Site, An Ethnographic Dilemma*. University of Pennsylvania, 1989. Greenberg, Reesa, Ferguson, Bruce W, and Nairne, Sandy (eds.) *Thinking about Exhibitions*. Routledge, 1996. Kirp, Ivan and Lavine, Steven D. (eds) *Exhibiting Cultures: The Politics and Poetics of Museum Display*. Smithsonian Institution Press, 1991. Luke, Timothy W., *Shows of Force: Power, Politics, and Ideology in Art Exhibitions*. Duke University Press, 1992. Lumley, Robert (ed.) *The Museum Time-Machine: Putting Cultures on Display*. Routledge, 1988. Macdonald, Sharon and Fyfe, Gordon (eds.) *Theorizing Museums: Representing Identity and Diversity in a Changing World*. Blackwell Publishers, 1996. Sherman, Daniel J. and Rogoff, Irit (eds.) *Museum Culture: Histories, Discourses, Spectacles*. University of Minnesota Press, 1994. Vergo, Peter (ed.) *The New Museology*. Reaktion Books, 1989.

3 Clifford, James, *The Predicament of Culture: Twentieth-Century Ethnography, Literature, and Art*. Harvard University Press, 1988, 215–251.

4 展示に関する表象の政治学は博物館人類学において、もはや定番化しているといってもいいだろう。たとえば、American Anthropological Association 傘下の Council for Museum Anthropology が発行している Museum Anthropology も、博物館とナショナリズムやナショナル・ナラティヴに関する諸問題をさかんにとりあげている。

5 パフォーマンス・アプローチの基本的な視座を提示した成果として、以下のようなものがあげられる。リチャード・バウマン、岩竹美加子編訳「アメリカの民俗学研究と社会的変容――パフォーマンスを中心としたパースペクティヴ」『民俗学の政治性――アメリカ民俗学一〇〇年目の省察から』、未来社、一九九六年、二三三―二五二頁、Bauman, Richard, *Verbal Art as Performance*. Waveland Press, 1977. Parades, Americo and Bauman, Richard (eds.) *Toward New Perspectives in Folklore*. University of Texas Press, 1972.

6 Kirshenblatt-Gimblett, Barbara, "Objects of Memory: Material Culture as Life Review." In *Folk Groups and Folklore Genres: A Reader*. Elliott Oring (ed.), pp.329-38. Utah State University Press, 1989.

7 Jones, Michael Owen, "Why Take a Behavioral Approach to Folk Objects ?" In *History from Things: Essays on Material*

Culture. Steven Lubar and W. David Kingery (eds.), 1993. pp.182–96. Smithsonian Institution Press.

8　Appadurai, Arjun (ed.) *The Social Life of Things: Commodities in Cultural Perspective*. Cambridge University Press, 1988. や Csikszentmihalyi, Mihaly and Rochberg-Halton, Eugene, *The Meaning of Things: Domestic Symbols and the self*. Cambridge University of Press, 1981. これらはその好例である。とりわけ後者は自己を構成もしくは提示する過程における物の役割について検討したものであり、カーシェンブラット・ギンブレットのアイデアとも響きあう。

9　Young（1987）は唯一に近い成果であり、パフォーマンス・アプローチが人類学博物館の展示における人と物の関係を分析する視座として有効であることを強調している。Young, M. Jane, "The Value in Things: Folklore and the Anthropological Museum Exhibit." In *Folklife and Museums: Selected Readings*. Patricia Hall and Charlie Seemann (eds.), pp.99–107. The American Association for State and Local History, 1987. だが、その具体的な方法を提示しているわけでもパフォーマンス的な状況の実際を扱っているわけでもないという意味で概論の範囲を出ていない。なお、この論文も含めて博物館に関する十五本の論文を集成した次の本は、博物館に関するアメリカ民俗学の動向を知る上で有益である。Hall, Patricia and Seemann, Charlie (eds.) *Folklife and Museums: Selected Readings*. The American Association for State and Local History, 1987.

10　たとえば、佐々木亨は北海道立北方民族博物館の活動をとりあげながら、ミュージアム・マーケティングの理論と実践についてくわしく検討している。佐々木亨「"ミュージアム・マーケティング"は博物館運営の救世主となるか。」『北海道立北方民族博物館研究紀要』第二号、北海道立北方民族博物館、一九九三年、七一–八八頁、同「ミュージアムのマーケティング・プロセスモデル構築に向けて（1）――北方民族博物館の事例から」『北海道立北方民族博物館研究紀要』第四号、北海道立北方民族博物館、一九九五年、八七–一一二頁。

11　Hooper-Greenhill, Eilean, "A New Communication model for Museums." In *Museum Languages: Objects and Texts*. Gaynor Kavahagh (ed.), pp.49–61. Leicester University Press, 1991. この論文を収録した *Museum Languages: Objects and Texts* 以外にも、博物館におけるコミュニケーションに関するまとまった成果として、以下のようなものがあげられる。Hooper-Greenhill, Eilean (ed.) *Museum, Media, Message*. Routledge, 1995. Kirp, Ivan, Kreamer, Christine Mullen, and Lavine, Steven D. (eds.) *Museums and Communities: The Politics of Public Culture*. Smithsonian Institution Press, 1992.

12　Hooper-Greenhill, Eilean, *Museums and the Shaping of Knowledge*. Routledge, 1992.

13　Barthes, Roland, *Mythologies*. Annette Lavers (trans.). Hill and Wang, 1972.

14 Mounin, Georges, *Semiotic Praxis: Studies in Pertinence and in the Means of Expression and Communication*. Catherine Tihanyi (trans.). Plenum Press, 1985.

15 Hooper-Greenhill, Eilean, *Museums and Gallery Education*. Leicester University Press, 1991.

16 国立歴史民俗博物館編『変身する――仮面と異装の精神史』、国立歴史民俗博物館、一九九一年。

17 篠原徹「不思議な場としての博物館」岩井宏実編『民俗展示の構造化に関する総合的研究』、国立歴史民俗博物館民俗研究部、一九八八年、二五-三三頁。

18 篠原徹、同論文、三三頁。

19 インディアナポリス子ども博物館における展示 Mysteries in History の理論と実践は、以下の論文がくわしく検討している。Gonis, George, "History in the Making." History News 40 (7), 1985, 12-15. Robinson, Cynthia and Leon, Warren, "A Priority on Process: The Indianapolis Children's Museum and 'Mysteries in History'," In *Ideas and Images: Developing Interpretive History Exhibits*. Kenneth L. Ames, Barbara Franco, and L. Thomas Frye (eds.), 1992, pp.211-32. The American Association for State and Local History. また、橋本裕之「過去を知る方法――インディアナポリス子ども博物館の歴史展示」参照（本書所収）。

20 湯浅隆「歴史系博物館の研究と展示――既存の文献史学との関連で」『MUSEUM』第四六六号、東京国立博物館、一九九〇年、四-一二頁。

21 湯浅隆、同論文、五頁。

22 山田尚彦「展示批評：国立歴史民俗博物館企画展示「動物とのつきあい――食用から愛玩まで」」『民具研究』一一二号、日本民具学会、一九九四年、一〇四-一一一頁。

23 梅棹忠夫『メディアとしての博物館』、平凡社、一九八七年、一八〇頁。

24 福田アジオ「民俗資料と民俗展示」岩井宏実編『民俗展示の構造化に関する総合的研究』、国立歴史民俗博物館民俗研究部、一九八八年、四二-五〇頁。

25 福田アジオ、同論文、四九頁。

26 リヴィング・ヒストリー・ミュージアムを扱った成果はいくつか存在するが、最も基本的な文献として、以下のものをあげることができる。Anderson, Jay, *Time Machine: The World of Living History*. The American Association for State and Local History, 1984. また、Snow はアメリカを代表するリヴィング・ヒストリー・ミュージアムであるプリマス・プランテーションをとりあげながら、解説員として参与観察した結果をエスノグラフィーにまとめ、展示と演劇の境界が溶解して新しい文化的なジャンルが誕生する過程について、くわしく論じている。Snow, Stephen Eddy, *Performing the Pilgrims: A Study of Ethnohistorical Role of Playing at Plimoth Plantation*. The University Press of Mississippi, 1993.

27 博物館劇場の今日的な状況を提示したものとして、以下のようなものがあげられる。Alsford, Stephen and Parry, David, "Interpretive Theatre: A Role in Museum ?" *Museum Management and Curatorship* 10 (1). 1991, 8-23. Cannizzo, Jeanne and Parry, David, "Museum Theatre in the 1990s: Trail-blazer or Camp-follower ?" In *Museums and the Appropriation of Culture*. Susan Pearce (ed.), pp.43-63. The Athlone Press, 1994.

28 こうした所説はけっして少なくないが、偶目した文献として以下のものをあげておきたい。Kulik, Gary and Sims, James, "Clarion Call for Criticism." *Museum News* 68 (9): 1989, 52-56.

29 橋本裕之「演技の民俗誌——松戸市大橋の三匹獅子舞」松戸市立博物館編『松戸市立博物館調査報告書1 千葉県松戸市の三匹獅子舞』、松戸市立博物館、一九九四年、一八七-二〇三頁、同「「民俗芸能」における言説と身体」福島真人編『身体の構築学——社会的学習過程としての身体技法』、ひつじ書房、一九九五年、一四三-二〇六頁、同「歌詞が引き出す身体技法」『岩波講座 日本文学史16 口承文学1』、岩波書店、一九九七年、三三三-三四三頁。

30 橋本裕之「「民俗芸能」における言説と身体」も収録されている福島真人編『身体の構築学——社会的学習過程としての身体技法』は、日本の各種の芸能をとりあげながら演者が身体技法を習得する過程を比較研究したものであり、全体としても演者の中心的な関心が実践的なレヴェルに存在することを具体的にしめしている。

31 俵木悟「民俗芸能の実践と文化財保護政策——備中神楽の事例から」『民俗芸能研究』第二五号、民俗芸能学会、一九九七年、四六頁。

32 ピエール・ブルデュー他、山下雅之訳『美術愛好』、木鐸社、一九九四年。

33 その代表的な成果である以下の書物は、来館者研究に関する非常に充実した参考文献を付しており有益である。Hooper-Greenhill, Eilean, *Museums and Their Visitors*. Routledge, 1994. アメリカにおける来館者研究の動向は、International Laboratory for Visitors Studies が発行している ILVS Review: A Journal of Visitor Behavior や The Visitor Studies Association が発行している Visitor Behavior などによって知ることができる。また、フランスにおける来館者研究の動向は、大塚和義が簡潔にまとめている（大塚和義『博物館学Ⅱ』、放送大学教育振興会、一九九一年、一一六-一二七頁）。

34 フォークとディアーキングが著した以下の書物は、来館者が物の意味を構築する過程を主題化した最も重要な成果である。ジョン・H・フォーク・リン・D・ディアーキング、高橋順一訳『博物館体験――学芸員のための視点』、雄山閣出版、一九九六年。また、関連する成果として、以下のようなものがあげられる。Graburn, Nelson, "The Museum and the Visitor Experience." In *Museum Education Anthology 1973-1983: Perspectives on Informal Learning, A Decade of Roundtable Reports.* Susan K. Nichols (ed.), pp.177-82. Museum Education Roundtable, 1984. Pearce, Susan M.(ed.) *Objects of Knowledge.* The Athlone Press, 1990. Pearce, Susan M., *Museums, Objects and Collections: A Cultural Study.* Leicester University Press, 1992. Silverman, Lois, "Tearing Down Walls." *Museum News* 70 (6): 1991, 62-4. Weil, Stephen E., *Rethinking the Museum and Other Meditations.* Smithsonian Institution Press, 1990.

35 吉見俊哉「「批評空間」としてのミュージアム」『Cultivate』六号、文化環境研究所、一九九七年、四一頁。

36 吉見俊哉、同論文、四一頁。

37 Graeme Turner はイギリスのカルチュラル・スタディーズにおける問題群を要領よく整理しており、メディアの受容者、つまり観客という問題についても言及している。その基本的なアイデアは観客が言説のイデオロギー的な構築物であり一枚岩的な実体を持っていないことを強調して、「フィクションとしての観客」という視座を提出しながらエスノグラフィーの不可能性を宣言するというものである。Turner, Graeme, *British Cultural Studies: An Introduction (Second Edition)*, Routledge 1996, pp.122-55. その認識論的な必要性は十分理解することができる。だが、それはむしろエスノグラフィーの出発点であり、エスノグラフィーの効用を否定するものであるとも思われない。また、こうした発想じたいイデオロギー的な偏向を含むものであるということもできるはずである。

38 来館者が博物館に期待する機能は、各人の立場によって大きく異なる。山本珠美は近年のスミソニアン航空宇宙博物館におけるエノラ・ゲイの展示をめぐる論争をとりあげながら、博物館は神殿かフォーラムかというディレンマについてくわしく検討している。山本珠美「博物館のディレンマ――スミソニアン航空宇宙博物館の原爆展論争に関する一考察」『東京大学大学院教育学研究科紀要』三六巻、東京大学大学院教育学研究科、一九九六年、四六五-四七三頁。

39 Tamar, Katriel が著した以下の書物は、展示のエスノグラフィーとして例外的かつ本格的な成果である。といっても、やはり来館者の経験を直接とりあげることはむずかしかったのであろうか。実際は来館者に対して展示を解説するガイドの言説を扱っている。Katriel, Tamar, *Performing the Past: A Study of Israeli Settlement Museums.* Lawrence Erlbaum Associates, 1997.

40 地域博物館という概念が胚胎する理論と実践の可能性について検討した成果として、以下のようなものをあげておきたい。伊藤寿朗『市民のなかの博物館』、吉川弘文館、一九九三年。

41　その最終的な成果はいうまでもなく展示じたいであるが、展示に対する来館者の反応を分析した成果として、以下のようなものがあげられる。島田忠一「わかりやすい展示を考える——反応調査とシナリオから」『秋田県立博物館研究報告』第一〇号、秋田県立博物館、一九九五年、八七-九五頁。また、芳井敬郎（一九七七）は奈良県立歴史民俗博物館における子どもの反応をとりあげた興味深いレポートである。芳井敬郎「博物館展示の教育的効果」『博物館学雑誌』第二巻第二号、全日本博物館学会、一九七七年、三六-四二頁。こうした試みはアメリカのスミソニアン協会でも組織的に実施されており、Institutional Studies Office が来館者の反応に関する多数のレポートを刊行している。

42　Macdonald, Sharon, "The Museum as Mirror: Ethnographic Reflections." In *After Writing Culture: Epistemology and Praxis in Contemporary Anthropology*. Allison James, Jenny Hockey, and Andrew Dawson (eds.), 1997, pp.161-176. Routledge.

43　Strathern, Marilyn, "The Limits of Auto-anthropology." In *Anthropology at Home*. Anthony Jackson (ed.), pp.16-37. Tavistock Publications, 1987.

第Ⅳ部
対話編

第11章　神と鎮魂の民俗学を遠く離れて
――俗なる人々の芸能と出会うために

一　「民俗芸能」という言葉は戦後生まれた

◇橋本さんはこれまで、山口昌男的なコスモロジー論に刺激を受けた形で精力的に各地の「民俗芸能」を調査研究されると同時に、もうずいぶん以前から民俗学・民俗芸能研究という学問そのものを批判的に再検討する作業も進めてこられました。その方面の主なお仕事でいえば、「文化としての民俗芸能研究[1]」で、民俗芸能研究が学問として成立する前提条件として明治末期の鉄道網や郵便制度、メディア環境の整備が必要だった、という議論を展開されています。さらに「これは「民俗芸能」ではない[2]」では、「民俗芸能」という言葉そのものがどうやら一九五〇年頃にはじめてできたらしいことを指摘された上で、その概念が何を指しているのか相当曖昧だという問題を扱っておられます。

特に、今回お話をうかがうきっかけになったのは「保存と観光のはざまで――民俗芸能の現在[3]」という論文です。そこでは、民俗芸能研究という学問そのものが、実は大正末から昭和初期にかけて、「日本の源郷」や「ふるさと」というようなイメージを振りまきながら、鉄道網の整備に伴う観光ブームを煽る役割を担って生まれてきた可能性が高いことを明らかにしておられます。しかも、研究対象である「民俗芸能」の方も、日本の民族的伝統の反映というように語られながら、実態としてはすでに当時から舞台映えするような派手派手しさを追い求め、競い合っていた。芸態も相当変化している。結局、「日本の源郷」や「ふるさと」は、研究者の妄想の中にしかなかった。

実はこの『たいころじい』が主に扱っている和太鼓芸能というのは、これまで温泉芸能とか町おこし・村おこしの太鼓とかいわれて「民俗芸能」と区別されてきましたし、知的な関心を払ってもらえなかったのが実情なんです。和太鼓の人たちの方でも、「民俗芸能」に妙なコンプレックスを感じたりしてきた。しかし橋本さんが平成四年（一九九二）の「おまつり法」制定を意識しつつ、「民俗芸能」と観光のかかわりを戦前にさかのぼって明らかにされたおかげで、そういう区別、あるいは差別がかなり恣意的なものだということがバレてしまったと思うんです。

創作太鼓の世界じたいも、都市圏の青年層を中心とするワールド・ミュージック的な関心と、地域振興の流れを汲む新しい郷土芸能的な取り組みとに二分しつつあります。おまつり法等は、後者の和太鼓を「地域伝統芸能」として行政の側から地域活性化のために活用していこうという動きですね。これはある意味で、昭和初期の「民俗芸能」に起こったことと似ているといえないこともない。そこで、今後の和太鼓芸能の展開を考えるためにも、これは重要な問題だと考えて、今回の特集企画を立てたわけです。

前置きが長くなりましたが、まず導入として橋本さんが観光と「民俗芸能」との深いかかわりを意識され始めたきっかけのようなことからお聞きできますか？

橋本　一つには、従来の民俗芸能研究というのは、まず事例の紹介や細部の記述があって、さて分析となったらいきなり神とか鎮魂とかいう議論に飛ぶのが常套だったんですよ。しかし私じしん、いろんな所へ調査に出かけるうちに、それでは現在行なわれている「民俗芸能」を捉えられないんじゃないかと、強く思うようになったんです。

たとえば花祭という有名な「民俗芸能」があります。写真集なんて開くと、今なお土地には神々が跳梁しているように見える。けれど実際にまつりに行ってみると、実は自分の同類、つまり研究者の存在がすごく大きい。いったい観客の何割が研究者なり、その筋の人なのかというほどです。歌を詠みに来る中年の女性たちであるとか、写真を撮りに来るオッチャンたちとかも、大勢いる。新聞社、さらにテレビ局が入る。NHKが煌々とライトを照らして、白く照明されてほとんどスタジオみたいな雰囲気になっている。NHKのカメラは周りを取り巻いているアマチュア・カメラマンとか、いってみれば神々しさを台無しにする変な挾雑物がフレームに入らないように、非常に巧みに撮影していく。現場に行けば、そういういろんな現代的な要素が「民俗芸能」を根本的に規定していることが、あからさまにわかってしまう。

もちろん昔の民俗学者であれば、ひょっとしたら私なんかよりもっと霊感が強くて、本当に神を実感できたのかもしれないっていう程度の謙虚さは持ち合わせているつもりなんです。多くの「民俗芸能」が宗教儀礼として伝統的に行なわれているのも事実ですし、神仏や鎮魂を引き合いに出す一見神秘主義的な記述の仕方が、一概にまちがっているとは思わないんですよ。かつて本田安次のような人がある山を下りてきたとき、何か太鼓の音が聞こえてきてその方向に歩いていったら、それまで誰も知らなかった素晴らしい芸能を演じる光景があってすごい感動したとか。しかしこういう経験って、私たちにはないんですよね。じゃあ私たちがどういうふうに「民俗芸能」に出会うかというと、『日本の行事祭り事典』なんていう本を見る。たとえば六月上旬、壬生の花田植、第一日曜日、広島県千代田町とあって、町役場の電話番号、行き方が載っている。冒険家のように未知のものと劇的に出会う快感が奪われているという意味で、これは不幸なんですけど、そうすると、あんまり「神が、鎮魂が」なんていえないですよね。現在フィールドワークをしている人間なら、たいていそういう違和感を感じていると思うんです。ただ、そういう違和感をどういう言葉で表現したらいいのか、ほとんど実験されていない。だからいまだに、ちょっとディテールを記述したら、すぐに神仏や鎮魂の話に行っちゃう。

ＮＨＫ教育テレビで毎週日曜七時から四十分間放送している『ふるさとの伝承』なんかでも、画になりやすいこともあるんでしょうけど、主に民俗芸能関係が取り上げられる。そこでの語り口は、やはり最初に出てくるのは「日本人とは……」なんていうキャプションで、「民俗芸能」を使って一種の日本文化論を展開しているわけですよね。おまつり法みたいな法律が出てきたこともあって、現在の民俗学の中でも民俗芸能研究の占める位置は特別大きくなっている。マスコミから行政から、いろんな要素を含めて「民俗芸能」をいかに記述するかが、急速に重要になってきている。そういうときに、おまつり法なんかでも意識されている観光の問題は、現在の「民俗芸能」を捉えていくための手がかりの一つになるだろう。そう思ったわけです。

ただ、「観光」という言葉で限定されたくはないですね。回りくどいですけど、「観光」という言葉に代表されるような現代社会の構造、ということでしょうか。「民俗芸能」という文化現象を取り巻く現代社会の状況や、文化財保護法やおまつり法のような国の施策とか、そういう大きな社会的文脈の中で、「民俗芸能」っていうのはどんなふうに存在しているか、存在させられているか、規定されているか。あるいは規定されているように見えて、実はそんなものに関係なく存在しているのかもしれない。そういうふうに問題を立てないと、社会という次元が抜け落ちてしまうと思うんです。

◇橋本さんたちの世代の研究者が調査の現場で感じる違和感から出発して、民俗芸能研究に社会的な文脈を入れて記述する必要性を感じられたというお話ですが、ただそのばあい、神や鎮魂ではなく、社会構造から芸能を考えるという方法そのものは、現在ばかりではなく中世だろうが古代だろうが、あらゆる時代に適用できるわけですよね。じっさい、この問題を扱われた橋本さんの論文を読むと、いずれも明治末から昭和初期の社会状況に遡って考え方を組み立てておられますよね？　そうした時代から議論をスタートさせることの意味って、何なのでしょうか？

橋本　一つは「民俗芸能」という概念の問題なんですね。「これは「民俗芸能」ではない」という論文でも考えようとしたことですが、まず確認したいのは、「民俗芸能」という芸能は存在しない、ということなんです。

歌舞伎っていう芸能はある。能もある。神楽っていう芸能もあるし田楽という芸能もある。女相撲とかストリップとかいう芸能もあります。しかし「民俗芸能」は、そういう意味でのジャンルの名前ではないわけです。ふつうに「民俗芸能」というばあい、田楽とか神楽、獅子舞、盆踊り、このあたりがいちばん代表的ですよね。折口信夫や早川孝太郎が調査していた花祭等も、よく例に挙げられるものです。そういうものは、大昔とはいいませんが、それなりに古くからあった。花祭も文献的にはまちがいなく江戸時代まで遡れますし、田楽なんかは中世前期まで行くことは確実です。だから、私たちが「民俗芸能」と呼んでいるものが近代の産物だと強弁するつもりはないんです。

しかし本来、神楽は神楽でしかなかったし、獅子舞は獅子舞でしかなかったんです。もっというと、花祭なんて地元では昔はそう呼んでいなかった。花、あるいは単にまつりだったわけですよね。自分たちの共同体でやってるんですから、別に名前なんかつける必要はないんですよ。しかしまつりっていうだけでは、『日本の行事祭り事典』とかつくるときに全部まつりになっちゃって、わけがわからない。結局、ただのまつりを花祭というふうに差異化していくことを誰が必要としたのかと考えると、外部で分類している人間ですよね。そして、比喩的な意味でですが、そういう人間が花祭をつくったというういい方ができると思うんです。ただのまつりを花祭や雪祭にしていき、同様にして、ただの歌や舞いや踊りを「民俗芸能」として分節化し、対象化していった。

では「民俗芸能」という言葉はいつ生まれたのかというと、これはむちゃくちゃ新しい。戦後なんですよ。誰がつくった言葉かというのも、ほとんどわかっている。本田安次や三隅治雄のような人たちが考えたんです。戦前は「郷土芸能」、「民間芸能」、「巷間演芸」とか、いろんないい方をされていた。そういう言葉はちょっと俗っぽすぎる、もう少しアカデミックな雰囲気を持たせたいというんで考えたあげくに「民俗芸能」という言葉をつくったわけです。

しかし「郷土芸能」なんていう言葉だって、やはり誰かがつくったんです。田楽とか神楽とか獅子舞とか盆踊りとか、そういうものをまとめて「民俗芸能」とか「郷土芸能」とか呼びましょうといいだした時期がある。いつか？　これはもうはっきりしている。近代以降です。誰がいい出したかっていうと、民俗学者とか民俗芸能研究者。

二　観光ブームの中で出現した民俗学

◇結局そうするとですよ、「民俗芸能」誕生の以前と以後、つまり近代を境にして、外部の視線がプラスアルファされたということが変化である、と。素朴に考えると、視線や言葉なんか加わったって、芸能そのものは変わりはしないという話になるんですが、ところがそこが循環し始めるわけですよね。いわば即自的にあったものが対自化される。外部の視線が加わることで、その視線を内面化して、対象そのものも変化し始める。

そこでお聞きしたいのは、まずなぜその時期、具体的には大正末から昭和初期にそういう外部の視線が生まれたのか、という問題。次に、その視線によって対象の側に起こった変化はどのようなものだったのか、という問題です。

橋本　「文化としての民俗芸能研究」でくわしく触れたんですが、まず人間がものすごく移動し始めます。これは芸能だけではなく、日本の近代全般にかかわる現象です。鉄道、道路といった、移動のための技術的基盤が飛躍的に整備されるんです。

今、「民俗芸能」誕生の以前と以後とおっしゃいましたけど、近代以前にも民俗芸能研究者のご先祖様っていると思うんですよ。松尾芭蕉とか菅江真澄とかって、民俗学者じゃないですか。随筆家、あるいは探検家でもいいですが、そういう人間は近代に突然生まれたわけじゃない。しかし象徴的なのは、彼らにとって旅というのは徒歩の旅、ほとんど命懸けの体験であって、事実、旅先で死んでいる。もちろん現在でも時々そういう人類学者がいますけど、それは異常な出来事であって、普通はそういうことを想定していないわけです。

芭蕉とか菅江真澄は、明日の自分が生きているかも保証されない旅の中で、私たちが「民俗芸能」と呼んでいるものを記述している。ところが、私たちの民俗学的な旅っていうのは鉄道に乗っかって行なっている。私たちの旅の経験は、日本が近代国家を形成するための重要な要素として張り巡らせていった鉄道網という、社会技術史的な基盤の上に立っているんです。現在なら高速道路網もありますが、そういうことを押さえておく必要があります。

では、鉄道に乗っかって安全に旅することによって、何が変わったかというと、たぶんいろんなものが簡単に分節化・対象化されるようになると思うんです。

◇簡単に全国を旅することができれば、あちこちの芸能を記述したり、比較・分析したりすることも容易になりますよね。「民俗芸能」を発見しやすくする条件が整うということですね？

橋本　はい。それから田舎からも、大量の人間が鉄道に乗って東京や大阪に出てきます。そこで石川啄木の歌じゃないですけど、「ふるさと」を懐かしむ感覚なんかも出てきます。都市に流出した人々がもう一度農村とか、自分たちの故郷を振り返ったときに、懐かしいとか素朴であるとか伝統であるとか、そういうノスタルジックな眼差しというのも、社会的に形成されていく。もちろんそういう感情は昔からあったはずですけど、その規模が爆発的に広がっていくんです。その過程ではじめて「ふるさと」というものが発見される。前近代に「ふるさと」という概念がなかったとはいいませんが、近代社会に社会的な意識として芽生えてきたものだと思います。

◇猪瀬直樹が『「ふるさと」の誕生』という本を書いていますよね。唱歌「ふるさと」が、明治期にどういう経緯で生まれたかを追った内容でしたが。

橋本　今でも「民俗芸能」というと、自分の故郷の芸能でなくても何だか懐かしいとか、古風な感じ、素朴な印象を受けるとかいうのも、そういう社会の動きの中でつくられてきた感覚なんだろうと思うんですよ。

こういう現象は、芸能にかぎらずいろんな所で起こっています。民俗学っていう学問に関していうと、もう一つ郵便制度の整備も大きかった。柳田國男なんて、地方の知識人と葉書で連絡を取りながら、情報収集しているんです。柳田は、「解釈してはいけない。事実をそのまま書いてよこしなさい」といっていたらしい。葉書というメディアを使ったのも、手紙だとたくさん書けるので、情報提供者の方でもつい解釈を交えてしまうからだろうと睨んでいるんですけどね。

その後、ラジオとか、近代的なメディアの態勢が整備されていく過程で、命懸けの冒険野郎がはじめて組織化されていきます。地方の芸能を調査することだって、命を懸ける必要のない、制度的に安心な行為として一般化していった。誰でも簡単かつ安全に、菅江真澄みたいなことができるようになった。そこでようやく民俗学という行為が始まり、「民俗芸能」という概念が生まれ、民俗芸能研究という行為が始まった。これは全部、ほぼ同時なんですよ。

じゃあ、あちこち出かけて民俗や芸能を調査する人間というのは何者かと考えると、実はこれ、今でいう観光客とほとんど変わらない存在なんです。

◇ええ、そこをお聞きしたかったんです。旅行雑誌が旅行ブームを煽ったという点に、橋本さんは注目されてますよね。

橋本　初期の民俗芸能研究、あるいは民俗学研究でもいいんですが、それがどういう場所に発表されたかということが重要なんです。『旅と伝説』とか『民俗芸術』とかいう雑誌が非常に代表的です。これ、一種の旅行雑誌なんですね。両方とも昭和三年（一九二八）に創刊されています。それからもう一方に『郷土芸術』という雑誌があって、ラブレターの蒐集家として知られている久米龍川を編集人にして、昭和七年（一九三二）に『郷土風景』という誌名で創刊されました。はじめは非常に俗っぽい旅行雑誌だったんですが、翌年に『郷土芸術』と誌名を変えてから、今でいう「民俗芸能」に関する記事を多く掲載するようになります。こちらは趣味的に思われていたようです。『旅と伝説』とか『民俗芸術』の方にはより高級な民俗学者が書き、『郷土芸術』にはやや身分の低い民俗学者、趣味家みたいな人たちが書いた。

一つのエピソードですけど、民俗学者で漫画家の宮尾しげをが久米のことを、「あいつは鉄道省の無料パスが欲しくて雑誌をつくった、ただの旅行好きにすぎない」と批判していた、という話を聞いたことがあります。何かっていうと、当時の鉄道省は旅行ブームを煽るために、旅行雑誌のように旅客数の増大に貢献しそうなメディアに無料パスを配っていたらしいんですよ。おおげさにいうと、これは国家的プロジェクトという側面があって、鉄道省としてはせっかく鉄道をつくったのだから、利用者を増やさなければいけない、と。日本社会の構造変動で農村部から都会に人が出てきますけど、それをさらに掻き混ぜるようなことをやっているんです。皆さん、旅行に行きましょうと。旅行というと私たちにとっては自然な行為のように思ってるけど、実は歴史的に形成されたものですからね。その中に、民俗学者が関与していってるんです。

民俗学、民俗芸能研究というのはまちがいなく、そういう観光ブームの中で出現してきたものなんです。今の民俗芸能研究者は認めたくないことかもしれませんけど、大した氏素性じゃないんです。

◇七〇年代のディスカバー・ジャパンの大キャンペーンと共通するものを感じますね。

橋本　ところが戦後、民俗学者は自分たちの観光的なルーツを隠蔽していく。たとえば『旅と伝説』

に書いている民俗学者は、「久米龍川のような人間は民俗学者ではない、自分たちは同類ではない」といったふうに、差異を強調していくんです。観光という商業主義的なものから始まったルーツを自己否定していく。じっさい、民俗学というのはその後ずっと、観光客を差別していくんです。あるいはアマチュア・カメラマンとか、短歌を詠みに来るオバチャンとかを、「ああいうの、困るんだよね」なんていうんです。そうやって、民俗学は学問として成り上がっていったという経緯があるんです。

だから、ディスカバー・ジャパンのときになると、多くの民俗学者はけっして好意的に見てはいなかったですよね。「ああいうことをすると、正統的な民俗芸能が観光によって汚染される」なんていっていた。もっと最近ではおまつり法とか、地域伝統芸能フェスティバル等に対する民俗学者の態度も、大体ネガティヴですよ。でも、自分たちが扱っている研究対象じたいが、戦前の同じような観光ブームの中で生まれたものであって、自分たちじしんの出所だって相当うさんくさいってことは、歴史的事実なんです。

◇そこで先ほどの疑問の二番目、外部の視線が生まれることで対象の側にどういう変化が生まれたか、という問題についてお聞きしたいと思います。

つまり、国の側が積極的に観光化を推進する。民俗学がそれに協力する。そのときに、地方の人々もそれに呼応しちゃうと考えていいんでしょうか。「ふるさと」と呼ばれた地域の人たちも、「ふるさと」というイメージに沿って自分たちを再組織化し始めたといっていいのか、という点なんですが。

橋本　それは地域毎の事情も異なるでしょうから調べる必要がありますけど、まず少なくともいえるのは、地方で「民俗芸能」を演ってた人間も一方的に見られていたわけではなくて、自分から都会に出てくるんです。現在も毎年秋にやっている全国民俗芸能大会がそれで、戦前は郷土舞踊と民謡の会といっていました。友人の笹原亮二さんが「引き剥がされた現実――『郷土舞踊と民謡の会』を巡る諸相」(4)の中でくわしく論じていますが、大正十四年（一九二五）に日本青年館の落成記念行事として行われたのが最初です。

当時の主だった民俗学者たちが仕掛けて、折口信夫なんか「東京の年中行事にしたい」といっていたらしい。それは都会に出てきた人たちが、「ふるさと」を懐かしむ場所にしたいということでしょう。日本青年館をつくって、そこの目玉のイベントとして郷土舞踊と民謡の会をやる。田舎の人たちを連れてきて、主催者側はできるだけ現地で演っているとおりに再現しようとするんですけど、舞台の上だから全然環境がちがうんですよね。照明なんかも浴びて。

◇笹原さんの論文でおもしろかったのは、田舎から出てくる方は晴れの舞台ですから、衣装を新調したり、地元では演らないような派手な身振りを入れたり、受けねらいで歌詞を変えたりして準備してくるという話です。それを演出の小寺融吉が、演者の善意を無にしないよう気を遣いながら、極力地元での形に戻そうとする。柳田國男なんかは完全に「郷土舞踊や民謡というのは、素朴で純粋、かつ田舎風であることを旨とすべき」で切って捨てるんですよね。学者先生が、現実の「民俗芸能」を自分たちのイメージどおりの「民俗芸能」の枠に無理やり押し込めようとしている、典型的な場面だと思いました。

橋本　演者たちはそこで、地元で演っているときには体験しないような眼差しを浴びるわけです。「懐かしい」とか、学者が来て「歴史的に価値がある」とか。そういう過程で、演ってる人たちの方も「自分たちの芸能は古風な、伝統的なもので、郷土の誇りなんだ」という意識を持たされていくんですね。

もう少し広い文脈でいうと、昭和十年（一九三五）前後に「民俗芸能」の競演大会が全国規模でものすごく流行するんですよ。仕掛け人はだいたいは商工会議所とか、今でいうと観光協会みたいな機関です。当時、小寺融吉が報告してるんですけど、特に爆発的に流行したのが中国地方だそうです。それから九州、東北とか。近畿のばあいは「民俗芸能」って宮座の組織なんかに支えられているんで、儀礼としての性格が強くて競演大会のような形になりにくい。でも東北の「民俗芸能」って、あんまり神社と結びついていなくて、まつりの部分が薄いんですよ。鬼剣舞や鹿踊りは、どこでも演るんです。元々は神社のまつりで行なわれたのかもしれないけど、そういう儀礼的な部分が小さくなって芸能の部分が拡大しているのが東北の特徴ですね。そういう地域的特徴が出てきたことには、何らかの歴史的な背景があると思います。

◇先走っていうと、そういう特徴が近代以前からあったのではなくて、昭和初期の競演大会の流行によって生じた地域的特性ではないか、ということですね？

橋本　そうでしょうね。ただ、競演大会が定着したのは、ひょっとしたら、それ以前から芸能にイカレやすい気風があったのかもしれない。たとえば漁師町は芸能好きな所が多いとか、瀬戸内海でも島民の大部分が三味線弾けるなんていう芸人島がありますから、そういう気風は近代的な環境でつくられたというよりも、もう少し以前からあったものだと思いますけど。

で、競演大会について書いてる小寺は、「困ったこっちゃ」と匂わせてる。競い合いの中でどんどん変えていくから、伝統的なものを残そうとしていないって。

この競演大会の流行と、先ほどの鉄道網の話や観光ブームの話がどの程度結びつくか、まだ十分に調べてないんですけど、時期的には昭和初期で一致します。郷土舞踊と民謡の会も大正十四年（一九二五）に始まって、昭和初期に向けて定着していくんです。こういう動きは遡れば明治の末とか、日露戦争の前後くらいから始まっていると思います。人が農村から流出して都会に流れていくんですね。その流れの中で、「民俗芸能」のようなものがどういう社会的機能を果たせるか、どういう意味を持っているのかっていうことが、各地で発見されていったんじゃないでしょうか。

◇発見というのは、つまり外からの視線を取り込むっていうことですか？

橋本　そういうことはあったんだと思います。

三　「壬生の花田植」のばあい

◇「保存と観光のはざまで」の中で、橋本さんは広島県千代田町に残る「壬生の花田植」について、競演大会とも絡めて書いておられますよね。

橋本　「壬生の花田植」は元々、大地主が小百姓を動員して田植えをしていて、そのときの囃し田だったんですね。ところが明治中期から大地主が衰退した上、明治三十六年（一九〇三）には広島県知事令で戸外での「楽」が禁止されて、息の根を止められてしまう。しかし、まさに今話題になっていた昭和初期、復興の気運が盛り上がる。具体的には壬生と川東、二つの集落が田楽団を結成。壬生の方は商工会が中心になって、広島電鉄の観光バスを呼んだりしているのに対し、川東は観光より復元に力を入れる。それが、競演大会が開かれるようになって、両集落の囃し田も参加し、一挙に観光化するわけです。競演大会は戦時中に休止して、戦後も一時復興したけれど、資金不足で自然消滅してしまった。それでも昭和三十四年（一九五九）にまず川東の囃し田が県の指定を受ける。壬生はかなり遅れて、昭和五十年（一九七五）に県指定。昭和五十一年（一九七六）、壬生と川東が「壬生の花田植」の新名称の下に合同して、国の重要無形民俗文化財指定第一号になるんですね。とはいえ、壬生と川東が合同で演るのは年一回、六月最初の日曜だけで、これは昔の形を復元している。でも各々独自に、競演大会的なノリの花田植は続けている、というのが現状です。

◇特に競演大会についてもう少し具体的な様子もお聞きしたいんですが。

橋本　基本的にはイベントを仕掛けることによって、観客を集めるということをやっていたようです。地域の経済を促進するために周辺の各地からいろいろな芸能を招待して、競演させて観客を喜ばせて、地元の商品も買ってもらってというのが目的。他の地域と一緒に舞台に乗せるうちに、比較をするような観点も生み出しました。審査員もいて、順位をつけて団体賞と個人賞、景品や賞金も出したんです。壬生とか川東はそういう競演大会の常連で、特に壬生は強豪チームだったらしい。

花田植というのは囃し出ですから、田植えの作業にお囃子をつけるわけですね。当然、昔は農耕用に牛を使います。元々はこの牛を巧く使いこなす技術を楽しむ部分が大きかった。別に儀式として演るのではなく、それぞれの芸を鑑賞したり、競い合ったりする性格があったんです。だから競演大会ではそれぞれの村から応援団が駆けつけて、ワーッといったりすれば有利だろうと、サクラを連れていって大騒ぎをしたとかいう馬鹿話をいっぱい聞きましたよ。

順位をつけますから、勝たないといけない。で、勝つための原則は何かというと、文化財保護法に基づく戦後の「民俗芸能」とはちがいますから、同じことをやっていてはダメなんです、飽きられちゃって。毎年新しい趣向を持ち込む。衣装を変えるとか、コスチュームを統一しようとか、太鼓の撥を変えるとか、昔は普通に叩いていたのに、大きく背伸びをして叩くとか、岩国の錦帯橋をイメージして皆でいっせいに反っちゃうとか（笑）。しかもそうやって一等賞をとると、翌年は他のチームが真似したりする。

壬生の人におもしろい話を聞いたんですけど、稽古のときに必ず誰かがスパイに来るというんです。夜、神社の境内で練習していると、石灯籠に人影がある。「誰や！」というと、いっせいに逃げていく。「あれは川東の奴にちがいない」というわけです。それで私が「じゃあ、壬生の人たちもスパイやったんですか」って訊いたら、困って「ウーン、いや、やってない」と（笑）。とにかくできるだけ自分たちが一等賞になるように、相手が今年はどんな趣向を出してくるか、かなり真剣に情報合戦をしてるんですよ。だから次から次に新しいアイディアを持ち出してこなきゃいけないんです。戦争になると一時中断するわけですけど、昭和十年（一九三五）過ぎてもそういうことをやってたみたいです。文化庁の人が聞いたら真っ青になるような話ですけどね（笑）。

◇でも、生きてる芸能なら、それが当然ですよね。

橋本　こういうことはね、壬生の花田植とか、中国地方の囃し田を研究するばあいに、まったく見過ごされてきた点なんです。

芸能史的にいうと、囃し田には中世の田植草紙以来の、非常に価値のある歌謡があるというので、主に国文学的な民俗学が扱ってきました。囃し田で使われている歌詞は本当に中世の歌謡と同じだったりしますから、それが当時どういうふうに上演されていたのかをしのばせる非常に重要な歴史資料なんです。そしてもう一つが牛尾三千夫のように、囃し田の中に素朴な土地の人々の信仰深い姿を見て、麗しく描いたりというスタイル。牛尾さんは囃し田について、『美しい村』なんていう本を書いています。

しかしですよ、牛尾さんが囃し田を見たのは、まさに今お話ししたスパイ合戦とか、そういうことを繰りひろげていた時期なんですよ！　民俗学者から見ればとんでもないことをやってるんですけど、彼の文章にそういう水準は全然引っ掛かってこない。目の前の現状が競演大会みたいなものになってきていても、その中で辛うじて痕跡としてしのばれるような農耕儀礼的側面とか、そういうものだけを民俗学者は汲み取っていたんです。

◇要するにはじめから物語が用意されていて、現実の人間は単なるダシみたいなものだったんでしょうね。「美しい村」であってほしい、神々が跳梁していてほしいという自分たちの幻想に当てはまらないものは、全部無視した、と。

橋本　だから地元の人たちはね、競演大会の芸能というのは、彼らは別に恥とも何とも思っていないんです。きちんと調査すればすぐわかることで、彼らはまさにそれがおもしろくて芸能演ってたわけですよ。そのことを評価するべきだと思う。研究者の芸能史的な資料として価値があるということも大事ですけど、その研究上の価値の名において、当事者である彼らの喜びとか楽しみとか価値観とか、そういうものを否定する権利は誰にもない。むしろそういう現実、そういう人たちの心性を捉えていくことが民俗学のやるべき仕事なんじゃないかと思うんです。

じっさい、何か神がかりとか宗教的な理由に根ざしたものであれば民俗学者は喜んだんでしょうけど、何といっても商工会議所が仕掛けたイベントですから、歴史的な価値を大事にする研究者からすると頽廃と映った。しかし当事者にしてみれば、単に変わったっていうことにすぎないんです。昔は牛を操作することを楽しんでいた。しかし競演大会は学校の校庭なんかで開かれることが多いですから、田んぼじゃない。だから牛なんて意味がない。「まあ一応、牛はそのへんに繋いどいたけどな」なんて平気でいってる。

実は田んぼから校庭へという変化は重要なんです。田んぼでは、やはり足を取られる、足が動かない。だから、より古い形の囃し田は上半身の動きが主で、後は牛の操作技術なり、早乙女のきれいな唄なり、一糸乱れぬ植え方とか、そういうものだった。ところが陸に上がった囃し田というのは、校庭では足が自由だからいろんなことができる。次々にアクションが入って、足がものをいい始めるんです。だから当事者の関心も、牛の操作法から身体の動かし方や曲芸的な技術等の、動きをより華麗に仕立て上げていく方向に移っていった。

今、地元には二種類の花田植があります。六月の第一日曜日に壬生と川東が合同で、正統的な花田植を演っています。これは年一回です。ただ正統的といっても、競演大会の舞台で培った身体技法というのは流れ込んでいます。演じている人間は同じなんですからね。だから歴史的に見ればこれだってけっして正統的じゃないし、そもそも正統的なものなんてどこにもないんですけど、一応建前として正統的なものとして、オールドファッションの花田植を演っています。最近は牛を飼っている農家なんてほとんどないですし、一年に一回の花田植の行事のために牛を飼うなんて、よっぽど物好きじゃない限りしないですから、八方手を尽くして借りてくるんです。何しろ国指定の無形文化財ですからね。それ以外は、壬生と川東がそれぞれ、もっと思いっきり競演大会的な花田植を楽しんでいる。もう当事者の関心は陸の上でのパフォーマンスに移ってますから。

でもこういう変化は、何もはじめて起こったわけじゃなくて、何度も何度も繰り返されてるにちがいないんです。牛の操作を楽しんでいたのだって、ひょっとしたら江戸時代末期のある時期に何かの原因でそうなったのかもしれない。それ以前はもっとちがったことを楽しんでいたのかもしれないでしょう?　一種の、現場の論理みたいなものがあるはずなんですよ。

◇極端なことをいいますと、農耕に使っていた牛の操作術の競い合いが「民俗芸能」と呼ばれるなら、今ならトラクターの操作術競技とか、軽トラックで農道を走るラリー大会とか、そういうものだって現代の「民俗芸能」になるはずですよね。だって同じことなんですから。

橋本　だから民俗学者や文化財保護法からすると、元々持っていた資源なら使っていいけど、外から来たものはダメだと。しかし誰にそんなことをいう資格があるのか、と思いますよ。観光イベントに出るのはよろしくない、とか。モルモットじゃないんですから、「昔のままでいろ」というのなら、「毎月のお手当て払えよ」というふうになっちゃう。生きているのに死んでくれといってるのに等しいですからね。有形民俗文化財の民具とか、法隆寺とか墳墓とか、元々死んでるものだったらいいですけど、今生きてるものを死んでくれなんて無茶な話で、それは本来変わるのが当たり前のものを無理に変えないということですから、もうそこで「変えてる」んですよ。文化財保護法だったら保存、おまつり法だったら観光で商業主義だから破壊だというのはおかしな話だと思うんです。

四　社会的文脈の中でどう振る舞うか

◇おまつり法に関しては、民俗学者はほとんど否定的な反応を示したわけですよね。

橋本　あれはちょっと奇妙な法律で、罰則規定がないんです。ソフト法と呼ぶらしくて、要するに奨励・促進する法律。でも法律ですから、個人の好みで「いや、俺は認めない」といったって、否も応もなく日本国全体を覆うわけですし、革命でもないかぎりは部分的な改正以外、まず絶対に廃止されることはない。これまでお話ししてきた民俗学のルーツから考えても、ついに来るべきところまで来たという感じがあります。おおげさにいえば柳田國男や折口信夫を生み出した近代の、一つの完成ですよね。

◇象徴的なのは、おまつり法の策定過程で、最初は文化庁は蚊帳の外だったらしいですね。自治省は当然でしょうけど、建設省や農林省なんかが主導した部分があると聞いています。地域の芸能を取り巻く力学が、ここへ来て大きく変わろうとしているような印象を持っています。

橋本　農林省は農林省で独自にグリーンツーリズムなんていう政策を持っていて、その中にも「民俗芸能」があがっています。それから最近全国各地の主要道路に整備されている「道の駅」という施設がありますけど、あれにはよく民俗展示コーナーがあるんです。「民俗芸能」とかも出てきていますよ。これも文化庁と関係ありません。建設省の事業ですから。離島振興法にだって「民俗芸能」が入ってきますよ、当然。そういうふうに、いろんな行政的な意味付けが、予想もしなかった方向から飛び出してくる。

　そもそもおまつり法は「民俗芸能」という言葉を周到に避けて、「地域伝統芸能」といういい方をするんですが、現代日本の地域文化を考える上で、非常に興味深い現場になっています。民俗学としても、そういう現実とちゃんと向き合って、それを踏まえて自分の問いをもう一度組み立てないとしようがないんです。

◇橋本さんのばあい、それは社会という視点になるんですね？

橋本　それはそうなんですが、やはり民俗学の方法論の限界もあります。つまり聞き書き、人と会って話すという手法ですね。伝統的に百人以下の、一望できるような小さな共同体しか扱えない、できの悪い学問なんです。だから私としては、社会とか国家を直接研究しようというよりは、そういう社会的な文脈の中で人間がどう振る舞うか、ということに興味が向きます。

◇競演大会に向けて人々がスパイ合戦を繰りひろげたり、その楽しさに引きずられて芸能の形態が変化していったり、そういう部分でしょうか?

橋本　それもありますけど、私じしんかつて演劇をやっていましたし、最近でも「大田楽」の舞台に踊り手として参加したりしているわけです。そうすると、たとえば四人で踊る場面で、音を出してクルッと回ったときに、何でもないことなんだけどピタッと合う。ピタッと合うことは本当にまれなんですけど、それが合う。そういう感覚の喜びというのがすごくあるんです。本当に些細な、どうでもいい、地球の未来とはほとんど関係ない、くだらない馬鹿みたいな喜び。しかし技術的な裏付けがないと、けっして到達できない。すごい稽古をしても、そういうふうにピタッと合うことはめったにないんですからね。この喜びを再現したくて、再現できる保証なんてまったくないんだけど、それに向かってやってるだけなんですよ。観客なんてどうでもいい。いや、観客がいることが前提なんだけど、演じ手の喜びは観客が見ている部分とは全然別のところにあるというミスコミュニケーション、つまりすれちがいの構造とでもいったらいいんでしょうか。

◇しかしそれは、今までの橋本さんの議論を一挙に引っ繰り返しかねないような、かなり刺激的なお話ですね。お話として非常に納得はできますが。

橋本　(笑)

◇たしかに「保存と観光のはざまで」でも、論文の最後で、牛尾三千夫が幻視していた「美しい村」をある意味で救っていますよね。場所として実在するわけではないけれども、演者たちが舞い、踊る時ときに感じる「弾む」感覚とか、「のぼせる」感覚の中に「美しい村」はあるのだ、と。これって、従来の民俗学が切り札にしてきた神や鎮魂という概念のかわりに、当事者の、演じる喜びみたいなものを置いてるわけですよね。それが歴史を貫いているんだ、と。

橋本　そうですよね。たぶんそういうことになっちゃうんでしょうね。そのへんは私にとってもあまりに本質的な問題すぎて、うまく整理できないんですけど。

実はマルクスが『経済学批判』の中ですごい気になることを書いてるんです。ギリシャ悲劇を観て感動する現代人がいる。で、古代にギリシャ悲劇に感動した古代人もいただろう。でも、それは全然関係のないことである、とマルクスは書くんです。古代人はいろんな歴史的制約の中で、古代人なりの社会的文脈で感動していたのであって、現代人が感動する文脈とはちがっている。でもそこまで書いといて、次にこういうんです。しかし、一定の芸術の形式が人間に一定の心的変化を与えるという事実は残るではないか。これは超歴史的に残るじゃないか、と。これはどう説明できるのか、どうもうまく説明できないな、ようわからんな、とね（笑）。

その点では、折口信夫の議論にも通じるものを感じています。彼は芸能史のことを「史前の史」とか「史外の史」とかいうんです。歴史の前の歴史、歴史の外の歴史。編年体的な、成立と展開風の叙述では、芸能の歴史は記述できないよ、と。そのあたりが、折口の特異な芸能史の出てきた根っこだと思ってるんですけどね。

たしかに神仏とか鎮魂とかで「民俗芸能」を記述するかわりに、社会構造を持ってこようとするばあい、それでも人間を芸能に向けて駆り立てる何か本質的なものがあるようにも思うんです。

ただ「のぼせる」とか「弾む」っていうのも、競演大会のような一定の近代的条件の中で出てきた問題ではあるわけですから、「のぼせる」「弾む」感覚が超歴史的なものだと、一挙に主張しているつもりはないんですよ。そのへんは注意深く書いているつもりで、そうはいっていない。それをいきなりいっちゃうと、社会的な文脈や歴史的な背景をきちんと押さえていかなければならないなんていいながら、最後に全然ひっくり返してるじゃないかという話になりますからね。ただちに一般化はできないですよね。でも実は、「そういうもんかな」って思ってるところはあるんですけど。

少なくともいえるのは、これまでの民俗芸能研究が、そういう実践者、当事者の感覚を掬い上げていくような議論、記述方法を鍛え上げてこなかったということです。今まで民俗芸能研究者が「神、神」っていってたことは、たしかにおっしゃるとおり「のぼせる」とか「弾む」とか、こうウキウキするとかですね、それこそディスコとかで踊ってたら何だか気持ちいいとかですね、運動すりゃそれなりにスカッとするとか、そういうものと変わらないような感覚のことであったかもしれない。その程度には、神なんていう言葉をもう少し自分たちの身近なところに引きつけて考えてみる必要はあると思います。

◇最後に、そういう橋本さんのお考えを踏まえた上で、創作和太鼓にかかわっている立場からずっと問題だと感じてきた点について質問させてください。

というのは、芸能というのがそもそもの昔から変化するものだったのは確かですが、近代以降、特にここ数十年の変化の仕方というのは、量的な規模と均一性の点で前の時代とは明瞭に区別できるようにも思うんです。つまり、昔だったら地域毎の個別的な事情で芸能が廃れたり、また他の土地から教えてもらって新しい芸能をつくったりした。ところが近代以降、日本全国で同じ方向に均一的な変化が起こるようになった。創作太鼓はその典型で、ある意味では行政的な方向づけに沿って皆が同じリアクションを起こしている面があるように見える。当事者はもちろんそれぞれに固有の、個別的な状況の中で個別的に決断しているはずですが、利用できる資源そのものが均一化しているために、結果としてはどこかしら似通ったものが生まれてくる。これは当事者が責任を問われるような問題ではないかもしれませんけれども、日本の近代という時代の問題として、橋本さんよりもう少し批判的に変化を捉えてみたいという気持ちはあるんです。

橋本　それは皆が同じことをやっている、貧しくて頽廃的な、平準化した現実があるんじゃないか、というご指摘ですよね。私は創作太鼓についてはまったくくわしくないですけど、しかしそんなこともないだろうと思いますよ。

まず、人間ってそれほど自己反省的に戦略を立てて、遠い将来まで見通しながら主体的に生きていくものじゃなくて、さまざまに身の周りにある資源を無節操に使い回しながら、自分たちにいちばん都合のいい形でそのつど再構成していくんだろうと思うんです。人間の主体性なんて、その程度のものではないでしょうか？　たしかにおっしゃるような議論は成り立つだろうとは思いますけど、でも共同体内部の原理によって変化しようが、たとえば国家のような、共同体の外の原理によって変化しようが、そんなものは研究者とか外部の人間が価値評価しているだけの話でしょう？　どっちにしても、当事者にとっては自分のやりたいことをつくり上げていくためのステップというか、崖をよじ登っていくときに摑まるキッカケみたいなものにしかすぎないという意味で、まったく同じだと思います。

「そんなことはない」というのにはもう一つ理由があって、それは私が以前三匹獅子舞の調査をした経験(5)なんです。三匹獅子舞というのは、おそらく日本最多の「民俗芸能」で、全国で八百カ所くらいあるといわれています。で、これは単調に、延々と演っている。正直いって私は最初、「これ、文化財指定受けてるから、やらされてるんだな。可哀相に」と思っていた。ところが数年前に松戸市立博物館から委嘱されて、松戸市にある三匹獅子舞を三カ所、三年くらいかけて調べたんです。三カ所とも見分けがつかないほど同じなんですけど、「おや？」と思ったのは、文化財指定にしては皆ずいぶん一所懸命、楽しそうに演ってる。それで、これは演らされてるんじゃなくて、演ってるんだなと思ったんです。でも、何がそんなにおもしろいのか理解できなかった。そのとき考えたのは、たぶん、私がおもしろさの秘密を知らないから退屈になるだけなんだろうと。で、三年間付き合った結果、松戸市内にある三つの三匹獅子舞が、それぞれまったくちがうものだということを発見したわけです。芸のパフォーマンスの組み立て方が、まったくちがっていたんですよ。つまり、できあがったものからは見えないんだけれども、ずっと練習に付き合うことではじめて、互いの動きを調整する原理やタイミング、視線、目印、全部ちがうことがわかってきたんです。まとめて三匹獅子舞と呼ぶのをためらうくらいにね。

いわゆる三匹獅子舞が全国にあれだけ多くあって、しかもお互いそっくりだということは、歴史のどこかで今の創作太鼓と同じような根っこを持っているんだと思うんです。それでも、同じ松戸市の中でさえあれだけちがう内実を持つようになるということが、芸能には起こるんです。だとすれば、創作太鼓だって、本当にどれもこれも同じなのか、もう一度検証してみる余地はあるんじゃないでしょうか？　そうしたら、きっと今までとはまったくちがう創作太鼓の姿が見えてくると思いますよ。

（インタビュー・構成：『たいころじい』編集部）

1　橋本裕之「文化としての民俗芸能研究」『民俗芸能研究』第一〇号、民俗芸能学会、一九八八年。
2　橋本裕之「これは「民俗芸能」ではない」小松和彦編『これは「民俗学」ではない』、福武書店、一九八九年。
3　橋本裕之「保存と観光のはざまで——民俗芸能の現在」山下晋司編『観光人類学』、新曜社、一九九六年、本書所収。
4　笹原亮二「引き剥がされた現実——『郷土舞踊と民謡の会』を巡る諸相」『共同生活と人間形成』三・四合併号、和敬塾、一九九一年。
5　橋本裕之「演技の民俗誌——松戸市大橋の三匹獅子舞」松戸市立博物館編『松戸市立博物館調査報告書1　千葉県松戸市の三匹獅子舞』、松戸市立博物館、一九九四年。

第12章　祭・イベント・民俗芸能
——交流で地域の誇りとアイデンティティを

一　伝統の保存か観光か——「おまつり法」をめぐる議論

民俗芸能は、以前はもっぱら文化財保護法によって保護され、活用か図られてきました。この法律は、民俗芸能の歴史的価値・文化的価値、つまりその学術的価値を強調するもので、簡単にいえば古いまま保存することを主旨としているわけです。

ところが近年、まったくちがった立場から民俗芸能がクローズアップされてきました。典型的には、いわゆる「おまつり法」、正式には「地域伝統芸能等を活用した行事の実施による観光及び特定地域の商工業の振興に関する法律」というものが平成四年（一九九二）に制定されました。この新しい法律は当時の運輸省主導でつくられ、通産省・自治省・農水省・文部省の五つの省がかかわっているのですが、伝統芸能を観光資源として地域経済の振興に使おうというのだから、文化財保護法の精神とはまったくちがう方向です。

だから、おまつり法に対して、文化財保護の立場の人々からは、「本質を歪めるものだ、商業主義で伝統文化を破壊するものだ」という批判がわき起こりました。文化財保護法が対象とする民俗芸能と、おまつり法の地域伝統芸能とは、いくらかちがうところがあるものの、ほとんど重なっているとみてよいでしょう。その同じ領域に対して、今、まったく相反するアプローチが出てきて、論議が起こっているということです。

二　農村に住む人が、魅力の再発見を

そうしたなかで、かなり独自な政策を出しているな、と私が考えるのが農水省のグリーンツーリズムです。一見すると、おまつり法同様に観光目的かと思えるのですが、よくみると、経済振興とか金のほうを向いているのではなく、そこの地域に住んでいる人々のためということがベースにありそうです。それは、これまでの名所・旧跡巡りの旅とはまったくちがいます。旅行者を呼ぶための、城とかそういうものをつくるのではありません。

何をやるかといえば、名所も何もない農村の自然や暮らしそのものを都会の人に体験してもらうのです。これは、農村の人には当たり前になっていることが、都会の人には魅力的で憧れの対象であるという、生活環境の落差を利用した、観光といえば観光です。けれども、その最終目的は、そこの土地に住んでいる人が魅力的だと思える農村をつくることでしょう。

これまで、農村の人々や農村出身者が自分のふるさとに誇りをもつということは少なかったし、今も社会的地位や収入条件は、厳しい国際的な農業環境のもとで、難しい状況にあります。そこでどう

するか。農家を民宿として都会の人に開放するのです。自分たちは「何にもないところ」と思っていたふるさと、農村のあるがままの暮らしを、都会の人がきて喜んでくれる。そのような新たな外からの認識というものを使って、農村に暮らす誇り、アイデンティティを再構築していこう、そのきっかけとしてのグリーンツーリズムだと思うのです。

観光客を呼ぶことじたいが目的ではありません。今、農村は構造的に疲弊しているといわれますが、これは日本の国全体の問題です。その問題は農村の内部だけでは解決できないところまできています。そのときに、むしろ外部との交渉とか交流によって、解決とまでいかなくても、変えていく可能性が残されているのではないでしょうか。外部世界と交渉するチャンネルは、観光でなくてもいいのですが、ヨーロッパなどの実績もみて、最も交流しやすい方法として、グリーンツーリズムという方針を打ち出していると思うのです。

三　村のなかだけでは地域文化は守れない

福井県美浜町宮代の弥美《みみ》神社は非常に古い神社ですが、私は長らくここに伝わる祭の調査をしています。その祭のなかで、中世前期からの民俗芸能である王の舞や獅子舞が伝承されています。この地域には、私が調査のなかで知り合った若者で、有限会社をつくるなど新しいチャレンジをして専業農家としてやっていこうという人もいますし、就職先も割合とあって、人口がそれほど減っているということもないのです。

図23　弥美神社の祭に登場する王の舞と獅子舞

ところが今、王の舞が伝承の危機にさらされています。王の舞はそもそも麻生という集落の若者が経験する通過儀礼の一つで、一人前の男になるという意味合いをもち、毎年新しい人が舞う、一生に一回だけ経験するものなのです。一時間くらいの非常に美しい舞なのですが、習得するために一ヵ月ものつらい稽古をしなければなりません。

舞い手は二十歳前後で、昔は農家の若者、近年ではサラリーマンや大学生も加わりますが、今は村に若者はいても、その引き受け手がいなくなってしまった。昔なら二十歳前後といえば、地域のなかで中心的な働き手だったのですが、今はちょうど大学受験だし、就職している者も会社を一ヵ月も休むことはできないからです。受験生をもつ親、とくによそから来た母親たちの反対も強い。入試に落ちたらどうしてくれるのだ、と。そしてついに、史上初の、同じ人物が二年続けて舞うという事態が起こってしまったのです。こうしたとき多くは保存会をつくって伝えていくという方法をとるのですが、ここの若者たちは自分たちでやっていきたい、村に任せたくはない、とがんばっています。

四　外との交流で地域に新しい意味づけを

もはやこれは村のなかだけでは解決できない問題です。受験勉強というのは、日本社会の問題ですから。私はここで、外の人間に何かできることがあるのではないか、村の内側で解決できない問題があるとき、せめて何か新しい変化をもたらすことはできるのではないか、と考えたのです。民俗学をやっていて、社会とどうかかわりをもつのか、ということについてかなり動揺して躊躇した挙げ句のことですが。

ちょうどＮＨＫの『ふるさとの伝承』という四十五分番組で、弥美神社の王の舞をとりあげることになり、私も編集協力という形でかかわりました。すると全国に放送されますから、あの村は中世からの古くて歴史的価値、学術的価値のあることをやっている、というように見られるわけです。これは、村の若者たちが伝承してきた理由、「言い伝えだから、運命だから」というのとはまるでちがうものです。昔ながらの理由では、受験勉強という現代社会を生きていくための原理に対抗できません。それとはちがう、内部にはなかった理由や解釈が今必要だし、外からそれがなされるわけです。

私のささやかな願いは、この番組をたまたまでも村の若者が見て「おれたちのやっていることはそんなに価値のあるものなのか」と気づいてくれること、そしてこれはほとんどないかもしれませんが、ひょっとして「おれもやってみようか」という人が出てきてくれることです。テレビで紹介したことで、取り返しのつかない変化をもたらしてしまったかもしれない、という危惧もありましたが。

今、民俗芸能さらには地域文化というものは、すべからく外部との交渉を通じて、内部の人々が新しい解釈、意味づけをしなおす必要があるのではないでしょうか。そのために、方法は何でもいいから、農村と都会との間の交流を、個人レベルでも政策レベルでも促進していく。これは、博物館やコンサートホールといった箱物をつくるのとはちがう、お金のかからない精神的な生き残り作戦です。お金をかけて物をつくって景色が変わるということがなくても、人々の心の持ち方が変わることのほうに可能性があるのではないでしょうか。

五　恥かしい街から、一番住みたい街への転身

こういう試みはアメリカでも行なわれています。興味深い例としてペンシルベニア州のピッツバーグがあげられます。ここは鉄鋼の街で、カーネギーなど鉄鋼王といわれる大金持がいた一方、労働者や移民の人々も多く住んでいますが、最近まで、空は灰色に煙り、空気は臭く、うす汚れた街というのがここのイメージでした。外へ出た人は、この街の出身だと語ることをはばかり、ペンシルベニア出身とはいうが、ピッツバーグ出身とはいえなかったという話もあるほどでした。

私は、アメリカにいたとき、何度かピッツバーグをみて歩く機会を得たのですが、ここで、パブリック・フォークロリストという文化行政に携わる民俗学者たちが大きな働きをして、市をあげて街の悪いイメージを払拭しているのを目の当たりにしたのです。

要するに「ピッツバーグ出身だ」と胸を張れるようになろうという取り組みですが、彼らとピッツバーグ市が何をしたかというと、新たに観光の目玉をつくるというようなことは何もしないで、「街の歴史を掘り起こそう」ということをしたのです。鉄鋼を支えた古い工場がある。使われなくなった駅が残っていて、物騒な場所になっている。しかし、彼らはこういう物をつぶしてこぎれいな美術館とかコンサートホールに変えるのでなく、工場や駅にまつわるさまざまな人々の思い出を聞いていったのです。工場は、カーネギー家などの資本家にとっては自分たちの栄光のシンボルですが、働いていた労働者にとっては搾取の象徴で、これを忌まわしいものとする人もいます。一つの場所でも、解

釈は人によって異なってくる。これを民俗学者たちは、どれかを選択するのではなく、ここにはこんなにいろいろな物語がある、と市民に紹介していったわけです。

六　あるがままの地域に多彩な物語を育てる

住民の素晴しい思い出、つらい思い出、哀しい思い出の聞き取りにもとづいて、駅も工場も、貧しい労働者が住んでいた地域も文化財に指定し、これらをパネル展示で紹介して、遊歩道をつくって、報告書や歴史マップやイベントも用いながら、さまざまな街の記憶を回復していく仕掛けをつくっていったのです。廃墟となった駅は、そのまま少し手を加えて利用し、感じのいい煉瓦づくりのレストランとショッピングセンターとなっています。新しいものをつくるのではなく、地域のあるがままのもののリサイクルです。

こうして、地域住民のいろいろな思いが込められ、表現された具体的な場所、いわばポリフォニック（多声的）な空間ができていく。それが住民が共通してアイデンティティやプライドを持てるピッツバーグをつくっていく過程なのです。あるとき、このピッツバーグが、有力な住宅情報雑誌で、全米で一番住みやすい街に選ばれました。外から見てもイメージが一新し、観光客もたくさん訪れるようになったのです。しかし、ここは、大都市で産業はあるのですから、観光客誘致の必要はないところです。それはあくまで結果であって、地域住民がプライドを持てる街づくりの副産物であることが重要です。

七　地域アイデンティティの資源はそこにある

こういう取り組みに、ここでは民俗学者ですが、学者が社会的活動にかかわっているということも、私たち研究者にとって大いに参考にすべきことです。関連して紹介すれば、アメリカのポストモダン民俗学者、ジョン・ドーストの"The Written Suburb"という本があります。「書かれた郊外」とでも訳せますが、Writtenというのは、いろいろな人のいろいろの解釈がなされ、書き込まれたという意味でしょう。ドーストは、チャーツフォードというごく平凡な郊外が、住民や外部の人によって、どのように解釈され、書かれ、そのことによって地域がどのように自己を再構成しているか、ということを、詳細に調査しているのです。

チャーツフォードは、アンドリュー・ワイエスという有名な画家が住んでいるところです。ワイエス美術館があるということを活用しながら、地域住民と外部の人々がどのように交流し、それを通じてどのように地域を解釈し意味づけしているか。歴史民俗資料館、あるいは博物館ではどうか。これらも地域について何らかの解釈をする場の一つとみます。また、各種イベントやカントリーフェア（農業フェア）も外部と交流して地域農業や農村文化の持つ意味を再構成していく重要な拠点とみるわけです。

このドーストの仕事には、農村のアイデンティティを育てていくためのヒントが示されているのではないでしょうか。日本でも今、各地に「道の駅」がつくられています。ここでは地域の農産物の販売や地域文化の展示などが行なわれていますが、これもその地域にあるものの新しい解釈、意味を来訪者との交渉を通じて発見し、つくりかえていく拠点となり得る可能性をもっています。

地域のプライドとかアイデンティティを育てていく資源は、すでに地域に豊かに存在するのです。それに、どのように意味づけするかは、そのまま地域の未来を選択することであり、地域の人々の生き方の選択でもあるのです。

八　「農村の仕事は芸術だ」

もう一つアメリカの民俗学者の本を紹介しましょう。レスリー・プロスターマンの"Ordinary Life, Festival Days"、「普段の暮らし、祭の日々」という本ですが、この副題が「中西部のカントリーフェアにおける美学」なのです。農業フェアを美学に結びつける研究など、日本ではちょっとありません。プロスターマンがやろうとしていることは、農民は日常の習慣として牧畜をして小麦をつくり、農産物を加工して工芸品をつくることを当たり前に続けてきているわけですが、農業フェアがその新しい意味を発見し認識しなおす場になっているということです。

じっさい、たとえばインディアナ州のステイトフェアには大変な数の人々が集まります。州全体から農民がやってきて、それぞれのコーナーで農産物や工芸品の展示販売、イベントやコンサートをするわけです。牛や豚もいる。そして、都会からの客は、新鮮で安い農産物や地域性豊かな工芸品、つまり農村文化に喜ぶ。最近では、エコロジーブームもあって、農業は身体の健康によい、環境に好ましいことをやっているという見方もされます。農民はそういうことのために農業を続けてきたわけではないが、交流を通じて今まで考えもしなかったストーリーが生まれるわけです。農民相互の情報交換も行なわれます。

そして、そのなかから「自分たちのやっていることはアート、芸術なんだ」と考える人々が出てくるのです。そういうアイデンティティの熟成。これをプロスターマンは美学といっているわけです。

民俗芸能にしても、祭にしても、すべて地域住民がそこで生きていくための意味があることが重要です。その意味を、現代は農村のなかだけでは完結できない時代ですから、外部との交渉のなかで新たに再構成していくことが必要です。古い文化財だから、ただ昔のままで残せ、とはいえないわけです。

九　契機としての祭・イベント・民俗芸能……

祭を新しくつくるばあいも同じでしょう。観光客が来るようにと、行政主導でお祭をつくり、そのとき盛り上がっても、住民のなかに残るものは少なく、一過性に終わったという例は少なくありません。何が足りないかといえば、地域住民が祭やイベントに関与していないのではないかという気がします。ピッツバーグの例のように、地域にはいろいろな人がいてそれぞれの解釈があります。そういうものを反映させる、それらの声が書き込まれたシンボルをつくりだすことが大切です。

何が地域のアイデンティティにとって共通のシンボルになりうるか、民俗芸能なのか、恐竜か古墳か、と考えていく。そして、その表現の仕方は、祭だったり、イベントだったり、あるいは博物館だったりと、何でもいいわけです。

原子力発電所とか産業廃棄物処理場となると、住民が議論に参加していきます。これはいいことですが、祭やイベントなど、とりあえずイメージの悪くないものについては、反対の声が上がりにくい。しかし、こういうものにも、もっと反対したり、情報公開、住民論議を求めていくことが必要でしょう。企画当局は、そのように住民に開いていくべきです。

たとえば祭についても、祭といえば神輿だ、と固定的に考えないほうがいいでしょう。カントリーフェアも物産展も祭です。これを農村の日常的・非日常的なものを含めて文化全体のなかで、地域の今日的な解釈、意味づけをつくる交流の場の一つと捉えていく。最初に紹介したおまつり法にしても、法律そのものの目的は観光であり経済効果ですが、うまく運用して地域住民のプライドやアイデンティティが育つ場づくりに利用していけばいいのではないかと思います。

自分たちのあるがままの地域を大きく変えずに、当たり前の暮らしが魅力的なのだと考えて、解釈や意味だけを変えるのです。外部との交流によって、そんなふうに農村のライフスタイルを再構成していく手段としての祭やイベントであり、グリーンツーリズムであり、民俗芸能であり、博物館であると考えられないでしょうか。

今、都会の人じしんが高度成長型のライフスタイルを変えようとしています。ゆとりのあるライフスタイルとして、農村に出かけて農業を体験するとか、農村に住むとか、そういうことを求め出している時代です。こういう状況を生かして、外の力を利用しながら、あるいは学者や研究者の力も利用しながら、ここにしかない地域のイメージ、新しいライフスタイルを育てていくことが、農村の人々に求められているといえるでしょう。

第13章　「楽劇大田楽」十年の歩み

一　中世の田楽のエネルギーを再現

◇お忙しいところありがとうございます。橋本先生には、十年前「楽劇大田楽」を創作するさいに、インテレクチャル（知識人）として、監修にご参加いただいたわけですが、本日は、「楽劇大田楽」十年の歩みとしてお話を伺いたいと思っています。まず、十年前、大田楽の創作にどのようなきっかけでかかわったのですか。

橋本　あまりよくおぼえていないんですけど、何かの会のときに野村万之丞さんに会って、声を掛けられたんですよ。たしかそのときに、田楽の中のアクロバット部分、高足ですが、それについて論文を発表したんです。会が終わって飲み屋か何かに行ったとき、万之丞さんにこの「大田楽」の話をされて、おもしろそうだと思ったんです。というのは、私じしんがもともと演劇の現場にかかわってり、それから研究者になっていったというところがあったので、私じしんにとっての関心というのが、歴史的なものを掘り起こしていくことも大事なんだけど、その上で芸能が行なわれている現場に宿っている演劇的な想像力・創造力、イマジネーション・クリエイティビティ、そういうことをすごく知りたいと思っていたんです。当時の私は、中世芸能の文献的な研究とか、絵画資料を使った研究とかをすると同時に、民俗芸能をフィールドワークしていまして、福井県の若狭地方において王の舞や田楽なんかを見てまわってました。それはもちろん中世そのままの形で残っているわけではないですけど、その現場にまつわる演劇的な想像力・創造力というのを知るための一つの方法であるんです。まあ文献というのは多くのばあい、何月何日何とかまつりにて田楽あり、それだけですから、あとは絵巻物とかで想像していくしかない。もし田楽が再現できるのなら、これは、厳密な意味での研究にはならないかもしれないけれど、何か自分が知りたいと思っていることに立ち会うことができるかもしれないというふうに思ったんです。

◇作業としてはどのような感じで進んでいったのですか。

橋本　私以外に東京大学の松岡心平さんと国立文化財研究所の高桑いづみさん、それから法政大学の能楽研究所にいる山中玲子さんの四人がインテレクチャルとして呼ばれたと思うんです。松岡さん、山中さんの専門は能の研究、高桑さんは中世音楽の研究者です。そこでそれぞれ自分たちがやってきた研究を持ち寄って、学術的なところをきっちり押さえようという話で、とにかく田楽に関する資料を検討していくところから始めました。田楽は絵画資料にも文献にもけっこう残っていますし、民俗芸能としても各地に残っています。そういうものを皆で持ち寄って、ある種の研究会みたいに、ああでもないこうでもないと話をしました。私じしんについていえば、田楽の曲芸の部分ですね。高足とか幻術とかの論文を書いていましたので、何となくアクロバット担当のような感じになりまして（笑）。あと、当時フィールドワークをしていた王の舞のような民俗芸能の資料をずいぶん持っていきました。

田楽に関しては、「洛陽田楽記」ですとか「太平記」とかはよく知られています。そんな中で毛越寺の延年の中で行なわれる田楽について、かなり詳細に芸態（躍り方）について書いてある珍しい資料があったんです。それをみんなで見ながら、どんな感じで創作していくかを議論したのをおぼえてます。芸態的には那智田楽をかなり参考にしまして、総田楽の躍り方の基本的な部分は、たしか那智田楽を参考にしたと思います。那智田楽というのは大正期頃にいっぺん消滅して復活・再現したものですけど、芸態的にはかなり古い形態が残っているだろうといわれています。

大田楽をつくるさいに、これは他の先生方がどのように考えていたかはわからないのですが、私じしんは演劇崩れのようなところがありましたので、学者さんがよくやるように、文献に載っていたような古い形をそのまま再現しても、つまらないと思うわけです。そういう学術的な意味での単なる復活・再現、それはしたくないというのがありました。そのあたりは万之丞さんと意見が一致していたと思うんです。ただし、万之丞さんもいっていたんですが、まずはきちんと学術的な考証をしよう。大田楽を見にきた芸能史研究者に、何だこれはいいかげんなことしやがってと突っ込まれることがないようにしようという話をしていました。もちろん細かい音楽のこととかは残っていませんから、研究者の研究に基づくイメージになってしまうところはあるのですけど、少なくとも文献があってわかるところでまちがいはないようにしよう。その上でわからないところに関しては、大胆にデフォルメしようじゃないかと私と万之丞さんは強くいっていたと思うんです。気分としては中世の田楽の形態を復活させるというよりは、中世の田楽に宿っていた熱狂、エネルギーを再現させようと考えてやってました。

◇橋本先生は、インテレクチャルとして監修者側で参加しながら、実際に躍り手として躍ったわけですが、どうして躍ることになったんですか。

橋本　初演のときは、私は監修者側にいたわけで、稽古では万之丞さんなんかと上座にいて役者さんの動きを眺めていたわけですが、初演が終わって、自分じしんでこんなことというのはハレンチなことかもしれないけれど、すごくおもしろかったわけです。私の先生である山路興造先生もすばらしいといってくれました。それで初演を見てすごくやりたくなったんですよ。そこが私のちょっとおっちょこちょいなところなんですが（笑）。そこで私は、二回目の真鶴の神奈川国際芸術祭と、福岡のアジア太平洋フェスティバルに編木《びんざさら》として出演したわけです。初演のときとほとんどメンバーは変わっていないはずなんですけど、どういうわけか編木のポストが空いていて、というか無理矢理入ったのかもしれませんが、総勢六十名くらいの、いろんな分野の役者さんたちに混ざって、今度は役者として参加しました。日枝神社の下の広いスペースを使用させていただいて、たしかひと夏かな、毎日稽古をしました。当時勤めていた、国立歴史民俗博物館は、夏はそんなに仕事がないということをいいことに、ほぼ毎日稽古に行ってましたね。それはかなりきつかったです。今にして思えば、最初の段階では、新劇の俳優やバレエの人、日舞の人、能・狂言の人、小劇場系の人とか、本当にいろんな人がいたんです。だからお互いに何をやっているのかよくわからない。そういう意味で、私はインテレクチャルだったんですけど、役者の中に入っていったことはちょっと自分でもよかったかなと思うんです。全体のプロジェクトの雰囲気という意味でも、役者の中に入っていったことによって、インテレクチャルで考えていることをお話しする機会がたくさんできてよかったと思っています。

◇稽古や創作段階でのおもしろいエピソードなどがあれば聞かせていただきたいのですが。

橋本　今でもあると思うんですが、オバケ編木がありますでしょう。異常に大きな編木。あれは私のせいでして（笑）、民俗芸能で使用している編木はずっとずっと小さいものなんです。でも現代に通用するようなエンターテイメントにしていくときに、民俗芸能なんかで使用している大きさでは目を引かない。じゃあ大きいものをつくってしまおうと、一つ試作してみたんです。それで私たちが考証していく過程で、役者の人に文献にこう書いてあるからやってみてと無茶苦茶なことをいうわけです。そうすると役者の人は、「こんなのできません。こういうふうにするとこうなっちゃいます」みたいなことをいってくれるわけです。この編木のときなんかは、役者さんが手首を痛めてしまうんです。こういうことを重ねていくたびに、「ああ、なるほどね」と思うことがすごくたくさんあったんです。こちらは研究者ですから好き勝手なことをいって、役者の人に演じてもらっては、駄目が出るという戦いの毎日でしたね。そんなことを何度も繰り返して現在使用しているような大きさに落ち着いたと思うんです。でも、あれもまだ大きくて重いですから、どういうふうにやったらせめて楽かと役者も考えるわけですよ。私たちも文献や絵画資料をもう一度調べてみる。

これは後からですが、絵画資料などを調べなおしてみると、取っ手のところを持っている資料はないんです。もっと上の根っこのところを持って演奏している。そういうことを役者との対話の中で発見する。そしてそれが意外と合理的な持ち方だったりする。こういうことなんかは、従来の芸能史の研究では抜けてしまっている部分です。この作業は研究者としてもそうですが、役者にとっても、実際に演劇をつくっていく上ですごく勉強になったんじゃないかと思うんです。

これは私にとってはすごく刺激的なことで、芸能の研究なんかしていて、何らかの形で演劇の現場とコラボレイションを続けていけるように自分を開いていきたいと私じしんは強く思っているんですけど、万之丞さんが具体的なチャンスを私に与えてくれたというのは、今でもすごく感謝しています。役者の身体を通して書かれていない実践的、かつ演技的な問題というのを感じることができたというのは、個人的なことになってしまうかもしれないけれど、私にとってはすごい成果でした。

二　十年間の変遷

◇初演から十年が経つわけですが、その中での変遷みたいなのを聞きたいのですが。

橋本　王の舞があるでしょ。なぜ王の舞があるかというと、私の博士論文のテーマでしたから強行に、中世において祭礼の芸能は、王の舞が最初に先導をして、鎮めという形で行なわれると力説し、導入したわけですが、最初すごく長くて退屈だったんです（笑）。最初に儀式的なものがあってこそ、田楽の熱狂的なものが生きてくるんだと、一所懸命いったりしてたのをおぼえています。獅子も初期の頃は、二頭の獅子が合体していたんですよ。あれに関して何の学術的な根拠があるのかと聞かれると困るのですが、あれなんかも何か異様な感じがしたのですけど、私なんかはすごくおもしろいと思っていました。あとは高足ってあると思うんですけど、ああいう高い棒に上がるのって本当の高足ではないんです。高足は一足と二足というのがありまして、二足は高い竹馬みたいなもので、一足というのは棒につかまってぴょんぴょん跳ねるものでなかなかできないんですよ。それで難しいわりにはインパクトがないということで、目線を上に上げさせるという意図でああいう形の高足にしたと思うんです。当時、私が書いた「離脱のパフォーマンス」という論文がありまして、そこで私は、高足というのは、上に向かっていく力、「日常（重力）からの離脱」だというようなことを書いているんです。日本の芸能は、下へ、大地へというのはよくいわれるのですが、高足とか品玉（放下芸）なんかは、むしろ上に向かっていく、上昇していくベクトルだと思うのです。そういうニュアンスも込めて、実際の芸能史上の高足ではないですけれど、ああいう高足をつくったんですよ。

◇現在、大田楽の中では代表的な演目になりますす番楽がありますが、初演の頃は入っていなかったんですよね。

橋本　番楽は、私が抜けてから入ったんだと思うんです。番楽に関しては、インテレクチャルに立ち戻っていうと、歴史的な意味での中世的な芸能ではないと思うんです。万之丞さんが番楽をどこから持ってきたのかというのを、私は、抜けた後、三年くらいアメリカの大学に行って教えていたので、あまりくわしいことは知らないのですけど、たしかにおもしろいですよ。あれは中世的な躍り、中世的な身体とは少しずれたところで、万之丞さんが何か意図して組み入れたのではないかな。

◇大田楽は「躍動」をテーマにつくられた作品ですが、その躍動感をこの作品にもっと欲しいということで、田楽とは直接的には関係ないが、東北地方の山岳宗教の躍りを参考に取り入れたと聞いてます。

橋本　そうですね。番楽という名前の芸能は、東北地方の日本海側に多くて、その地方の山伏神楽とかは非常に身体的レベルが高いもので、すごくおもしろいのですけど、ただ、あの身体技法が、田楽などが行なわれていた中世前期の身体技法かというと、ちがうと思うんですね。最初期には、万之丞さんも中世的な身体というのを、かなり強く意識していまして、なおかつ現代も意識して、やがて芸術祭で賞も取ってしまうような、現代に通じるエンターテイメントにしようという考えがあった。ある種の、単なる学術的な復活とちがい、別の視点で考えていかないといけないところがあったと思うんです。そういうところで番楽を取り入れたんじゃないかと思います。私たちインテレクチャルが抜けていったあとに、現代の市民参加型のような大田楽への道筋が、徐々に始まっていたのかもしれません。

三　中世的な身体

◇今、出てきました中世的な身体というのをもう少し説明していただけますか。

橋本　最初に私たちがいっていたのは、音楽にしても身体技法にしても、中世的なものというのは、もっとシンプルで、非常に直線的なものであったのではないかということです。今でも稽古場で万之丞さんがいった言葉ではっきりおぼえているのがあるのですけど、それは、どうしても今、日本舞踊や新劇とかの役者さんは、体の末端で表現する。またテレビですと、目の動きとか、口のちょっとした動きだけで表現する。手とかでも指先だけで表現するとか、そういう表現の技法というのは、おそらくテレビの発達ですとか、演劇等の舞台芸術の中で発達してきていると思うんです。そうすると中世的な身体で大田楽をやろうとしているのですが、私たちの身体というのも現代で生まれ育ってきた身体であり、日舞や新劇などの近世・近代的な身体をくぐり抜けてきた体ですから、どうしてもそういう近世や近代の体が出てきてしまうんですよ。万之丞さんは、それをすごく注意して、点検をいつもしていましたね。

三年後くらいに、日枝神社で再演があったときに、見にいって非常に驚いたのは、三年間経っていると末端の表現というのが増えているんです。これは万之丞さんと話したことがあったと思うんですけど、それって中世的な身体から近世的な身体へ、中世的な演技から近世的な演技へと、たぶんその三年間で何度も何度も上演を重ねるたびに、変化していったものだろう。私がそのときに思ったことは、大田楽のこの三年間の動きというものは、まさに日本芸能史を演技の上でなぞっていくようなことが起こっていたんではないかと思ったんです。そして今、十年たって市民参加型で、ある意味ポストモダンな形態で田楽が文脈化されてきているというのは、おおげさにいうと、この十年間に身体とか演技のレベルで中世から現代までをなぞってきているのかなと思っている。それは私にとっても大きな発見だった。

◇今の話を聞いていてなるほどと思ったのが、私も大田楽にかかわって五年くらいになるのですが、私が参加したときは、捻る動作というのが振りの中にたくさん見られました。お話を伺っていて、たしかに中世的な身体というか昔の日本人は、捻るという動作はあまりなかったと思うんですね。最初の振り付けがどういう形かは、私もよくは知らないのですが、その三年くらいの間に、実際に役者が演じていく中で変わっていったのかと思うと、今の話は非常におもしろいですね。

橋本　やっぱり演じている人間は現代の人間ですし、現代の俳優やダンサーだったりするわけで、自己表現が現われてきたんだと思うんです。私じしんのことでいえば、左足を上げるとき、いつも腰が入ってしまうんですよ。自分ではかっこいいと思っているんですが、万之丞さんにかなり厳しく直されましたね。新劇の俳優さんなんかも、自分のやっている演劇を持ち込んでやっているのをかなり管理されたというか、潰されていた。だから万之丞さんじしんが最初考えていたのは、中世的な身体、それは学術的な考証をしながらだったというのもあると思うのですが、それを突然、現代の中につくりだしてみて、そこで沸き起こってくる熱狂が現代の観客にどの程度貫通力があるのかという非常に野心的で実験的な試みだった。そしてそれは非常に受けたと思うんですよ。観客も興奮していましたし、熱狂していましたから。ただ、おもしろいのは、田楽の芸能史的なことを考えていくと、結局、田楽は中世にしか演劇としての生命力を持ち得なかった芸能なんです。

四　市民参加型というフレーム

◇本年の日枝神社での「大田楽」に生徒さんが参加されて、久しぶりに「大田楽」をご覧になったと思うのですが、いかがでしたか。

橋本　ああ、やっぱりずいぶんちがうなというのが本心で、まあオリジナルなところにかかわった立場の人間としては、いろいろ複雑な気持ちですね。結局、自分がそういう監修とかをしていたから、すごい細かいところに気がいってしまうんですね。足の上げ方とか、手の振り方とか、正直なところ不満はあったんですけど、公演終了後、万之丞さんと少し話をしていて、こういう形で大田楽が変化していったんだろうなというのは感じました。現在は、市民参加という形でいろんな方に参加いただいていると思うのですが、そういう方向はあるべき方向だったと思うんですよ。ただ、最初期にいっていた田楽とは、いろんな意味で変化はしてきていると思うんです。演技的にも一番最初の方がレベルは高かったはずです。それは本当に激しい稽古で、プロの役者たちが、歩けなくなるくらいまで稽古しました。今では、稽古方法みたいなものもできあがっていると思うのですが、当時は、万之丞さんも稽古に立ち会って、つくっていく過程でいろいろアイデアが浮かんできては突然変わったりと、稽古の現場でつくりあげていく。役者の意見なども取り入れてどんどん変わっていくという過程でしたから、それは私にとってはきつかったですけどおもしろかったですね。

◇大田楽の今後、将来性などは、橋本先生から見ていかがですか。

橋本　中世の田楽というのは、結局二百年くらいは続いたわけです。でも田楽というのはもともと身体芸能でして、本当に異常な身体性、過剰な身体性によって観客を熱狂させていったものだと思うのですが、逆ないい方をすると二百年しか持たなかったんですよね。中世後期あたりから田楽能といって圧倒的な身体芸能であった田楽にナラティヴ（物語）が導入されてくるわけですが、それは非常に危ういことであって、結局、今残っているのは、猿楽の能です。同じ土俵に立って負けてしまったということがどうしてもある。いい方を変えると、田楽ってセリフも何もない圧倒的なアクロバットとかマジックとかの身体芸能だけで、二百年持ったわけです。少なくとも百年は乗り越えた。これはすさまじいことだったんじゃないかと思うんです。それを考えると、こういういい方はすごく自己批判にもなるんですが、冷たいいい方をすると大田楽は三年しか持たなかったかもしれないんですよね。私たちのこの現代に新劇なり日舞なりの身体をもとにつくった現代の田楽というのは、おそらく中世的な身体のみでは観客を引き付け続けることはできなかっただろう。そうすると、そこで近世的な末端の表現、手先が何かを語るとか、番楽なんかも近世の芸能です。そういうものを万之丞さんが取り入れていくことによって今、十年生きのびてきている。これは田楽能がナラティヴを取り入れていくこととかとパラレルだと思うんです。

考えてみると、散楽を担当した徐領民さんや徐領義さんのような、すさまじい圧倒的な身体を持っている人が十五、六人いたのが、中世初期の田楽なんだろう。それだったら百年くらい持ったかもしれないと思うんですよ。残念ながら私たちの身体技法はあそこまでのレベルではなかった。もし徐さんのレベルが五、六十人いたら、たぶん今でも初期の形のまま残していくということは選択としてはあったのかもしれない。中世の田楽でも実際は演劇としての生命力を持っていたのは百年くらいだと思うんです。二百年間の最後の方は、神社などの儀礼の中に組み込まれていくという形で生きのびていくわけですから。圧倒的な身体を持つ田楽法師をしても田楽が中世という時代を生きのびていくことはできなかった。能・狂言の方はそれをより的確にマーケティングというか、マーケットリサーチみたいなものがおそらく成功して生きのびたんだと思うんです。ある意味では、田楽が生まれてきて消えていったプロセスを、大田楽はもちろんまだ消えてないですけど、私じしんは、初期の三年間くらいで、ああ田楽はこういうふうにして消えていったんだと実感することができたんですね。

そこで大田楽の将来ということですが、中世の田楽には、市民参加型というフレームは存在しないわけですよね。その新しい位相というのはこの大田楽の中にのみ存在するような新しい歴史だと思うのです。それをどういうふうに伸ばせるのか、あるいは、日本の芸能史という大きな力の中で潰されていくものなのか、これからまた十年、百年先に残していくときのおもしろい部分でもあり、難しい部分だと思います。それは新しい歴史をつくりだしているわけですから。私は、生み出すときにかかわった人間としてはずっと見ていきたいなあと思っていますけどね。

◇お忙しい中、本日は貴重な話を聞かせていただきありがとうございました。

（インタビュー：「楽劇人協会」大迫久友）

あとがき

まつり、民俗芸能、そして博物館は広義の舞台の上で「見る／見られる」関係に置かれている。こうした文化現象は現代的なコンテクストにおいて、どう位置づけられるのだろうか。また、今後どう再創造されて、どう再想像されるのだろうか。本書はこうした過程を見据えることをめざした。

たとえば、民俗芸能を観光資源として対象化するため、いわゆる「おまつり法」が施行されたが、民俗芸能研究者の大半はこうした動向に対して、民俗芸能を破壊するものとして反発した。だが、私は民俗芸能を実体として存在する真正な文化現象として捉えるよりも、観光を介して生成した文化、つまり観光文化の一つとして考えたい。そして、当事者の感覚に注意しながら、真正な文化現象という視座じたいを脱中心化してみたいのである。

こうした発想は一見したところ、かなり奇異なものであるかもしれない。だが、「おまつり法」を待つまでもなく、一般に民俗芸能といわれている領域は、意外にも観光を介して生成した興味深い事例が少なからず存在するのである。「見る／見られる」関係という視座を導入することによって、民俗芸能を理解する方法は大きく変わるだろう。

また本書は、楽劇『大田楽』の監修・出演、ＮＨＫ大河ドラマ『義経』の芸能考証のような、私じしんが主体的に関与してきた現場の経験も生かしながら、舞台の上で展開されるさまざまな文化現象を内在的に理解する方法を鍛えてきた足跡も紹介した。本書で取り上げた対象は少しばかり古びているかもしれないが、各々の理念と実際は今日でも十二分に通用するものであると自負している。

ところで私は、二〇〇八年四月から勤務してきた盛岡大学を辞して、二〇一二年四月から追手門学院大学に勤務している。新しく発足した地域文化創造機構の特別教授として、教育研究活動はいうまでもないが、新作狂言『茨木童子』の監修・考証、追手門学院大学附属図書館宮本輝ミュージアム企画展『宮本輝の大阪検定I』の企画構成、追手門学院大学創立五〇周年記念将軍山会館特別展『研究者天野利武が描いた心の教育のグランドデザイン』の企画構成などを手がけてきた。いずれも文化を広義の舞台の上に置いて再創造／再想像する実践であり、本書の応用編として位置づけられるだろう。

一方、盛岡大学時代から継続してきた、岩手県（とりわけ沿岸部）の民俗芸能を支援する活動は、大阪に戻ってますます目まぐるしくなってきた。ほぼ毎週のように大阪と岩手を往復する日々の中で、本書を刊行するべく具体的な作業に従事することは困難をきわめたが、編集者として本書の産婆役を務めてくださった原章氏に支えられながら、こうして無事に上梓することができてほっとしている。

折しも追手門学院大学は、創立五〇周年記念事業として追手門学院大学出版会を創設した。本書も追手門学院大学教育・研究成果刊行支援を得て、その門出を飾るラインアップに加えていただけたことは幸運であった。追手門学院大学と追手門学院大学出版会に感謝したい。

二〇一四年新春

橋本　裕之

初出一覧

第Ⅰ部　まつり

第1章　旅人はまつりをめざす

小口孝司編『観光の社会心理学――ひと、こと、もの――3つの視点から』、北大路書房、二〇〇六年

第2章　明日があるさ――大四日市まつりに寄せて

『文化展望・四日市　ラ・ソージュ』一九号、(財)四日市市文化振興財団、二〇〇二年三月

第3章　『大田楽』がはじまりだった――芸能考証論・序説

『鼎』第九号、NPO法人ACT.JT／日本萬歳楽鼎、二〇〇五年一二月

第4章　芸能考証の現在――NHK大河ドラマ『義経』をめぐって

『楽劇学』第一三号、楽劇学会、二〇〇六年三月

第Ⅱ部　民俗芸能

第5章　保存と観光のはざまで――民俗芸能の現在

山下晋司編『観光人類学』、新曜社、一九九六年

第6章　民俗芸能の再創造と再想像――民俗芸能に係る行政の多様化を通して

香月洋一郎・赤田光男編『講座日本の民俗学』一〇（民俗研究の課題）、雄山閣出版、二〇〇〇年

第7章　狭められた二元論――民俗行政と民俗研究

『日本民俗学』第二二七号、日本民俗学会、二〇〇一年八月

第Ⅲ部　博物館

第8章　過去を知る方法――インディアナポリス子ども博物館の歴史展示
『博物館史研究』一二、博物館史研究会、二〇〇二年六月

第9章　複数の日本を展示する――国立歴史民俗博物館のイデオロギーとプラクティス
『博物館史研究』八、博物館史研究会、一九九九年八月

第10章　物質文化の劇場――博物館におけるインターラクティヴ・ミスコミュニケーション
『民族學研究』六二巻四号、日本民族学会、一九九八年三月

第Ⅳ部　対話編

第11章　神と鎮魂の民俗学を遠く離れて――俗なる人々の芸能と出会うために
『たいころじい』第一五巻、十月社、一九九七年六月

第12章　祭・イベント・民俗芸能――交流で地域の誇りとアイデンティティを
農山漁村文化協会編『祭で輝く地域をつくる：快適・彩適農村空間』、農山漁村文化協会、一九九八年

第13章　「楽劇大田楽」十年の歩み
インタビュー「「楽劇大田楽」十年の歩み」『楽劇人』第八号、楽劇人協会、二〇〇〇年一二月

索　引

著者紹介

橋本 裕之（はしもと　ひろゆき）

追手門学院大学地域文化創造機構特別教授・社会学部教授.
1961年生まれ. 早稲田大学第一文学部卒業, 同大学大学院博士課程中退. 千葉大学文学部教授, 盛岡大学文学部教授等を経て現職. 専門はパフォーマンス・スタディーズ（演劇学・民俗学）.「見る／見られる」関係, およびその社会的かつ政治的な意味について, 国内外における儀礼・演劇・博物館などをとりあげながら調査研究している. 演劇・映像・展示などの実践的な諸領域にもかかわり, NHK大河ドラマ『義経』の芸能考証も担当した. 著書に『王の舞の民俗学的研究』（ひつじ書房),『演技の精神史——中世芸能の言説と身体』（岩波書店）ほか多数.

舞台の上の文化
——まつり・民俗芸能・博物館

2014年2月10日初版発行

著作者　橋本　裕之

発行所　追手門学院大学出版会
〒567-8502
大阪府茨木市西安威2-1-15
電話（072）641-7749
http://www.otemon.ac.jp/

発売所　丸善出版株式会社
〒101-0051
東京都千代田区神田神保町2-17
電話（03）3512-3256
http://pub.maruzen.co.jp/

編集・制作協力　丸善株式会社

組版／月明組版
印刷・製本／大日本印刷株式会社
ISBN978-4-907574-03-1 C3039